U0754849

哈佛情商课

实力是成功的通行证

美绘典藏版

哈佛情商课

HAFO QINGSHANGKE

尚波 ——————— 编 著

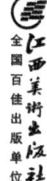

江西美术出版社

全国百佳出版单位

图书在版编目（ＣＩＰ）数据

哈佛情商课 / 尚波编著 . -- 南昌：江西美术出版社，2017.7

ISBN 978-7-5480-5465-8

Ⅰ . ①哈… Ⅱ . ①尚… Ⅲ . ①情商－通俗读物 Ⅳ . Ⅳ . ① B842.6-49

中国版本图书馆 CIP 数据核字 (2017) 第 112545 号

哈佛情商课　　尚波　编著

出　版：江西美术出版社

社　址：南昌市子安路 66 号　邮编：330025

电　话：0791-86566274

发　行：010-88893001

印　刷：三河市万龙印装有限公司

版　次：2017 年 10 月第 1 版

印　次：2017 年 10 月第 1 次印刷

开　本：880mm×1230mm 1/32

印　张：10

ISBN：978-7-5480-5465-8

定　价：38.00 元

前　言

　　哈佛大学是一座拥有三百多年历史的著名学府，是世界各国学子们梦想的殿堂，哈佛在人们心中已经成为成功的标志。数百年来，这所万人景仰的学府培养出了各个领域的高情商名人。一张哈佛的文凭，之所以成为地位与金钱的保证，也是与哈佛独特的情商教育分不开的。考入哈佛大学，亲自去学习这些方法，是多少学子梦寐以求的事情，然而，能真正走进哈佛大学的人毕竟是极少数，大多数人难以如愿以偿。为了帮助莘莘学子及广大渴望有所成就、有所作为的读者不进哈佛也一样能聆听到它在培养学生情商方面的精彩课程，学到百年哈佛的成功智慧，我们编写了这部《哈佛情商课》。

　　1991年耶鲁大学心理学家彼得·塞拉维和新罕布什尔大学的琼·梅耶首创"EQ（情商）"一词。1995年美国哈佛大学教授、著名心理学家丹尼尔·戈尔曼出版《情绪智力》一书，将情商推向高潮。EQ在美国掀起轩然大波，并逐渐风靡全世界。丹尼尔·戈尔曼曾说："使一个人成功的要素中，智商作用只占20％，而情商作用却占80％。"大量的事实证明，情商是一个人获得成功的关键，而高情商者可以充分发挥潜能、有效调节情绪，可以与周围的人和环境保持良好的亲近度，因此会获得更多的机遇，从而提前实现自己的梦想。

　　情商不仅仅是开启心智大门的钥匙，更是影响个人命运的关键因素。一个人成功与否，受很多因素的影响，如教育程度、智商、人生观、价值观，等等。要做出明智的决定、采取最合理的行动、正确应对变化并最终取得成功，情商不但是必要的，而且是至关重要的。

　　"情商"是一种洞察人生价值、揭示人生目标的悟性，是一种克服内心矛盾冲突、协调人际关系的技巧，是一种生活智慧。所以，我们有理由说：高情商的人比高智商的人更容易获得成功。

　　然而，不同于智商，情商不是与生俱来的，高情商可以通过后天努力创造出来。提高情商的过程，其实就是一种自我丰富、自我认知的过程。本书就是一部有关如何发掘情感潜能和如何运用情感能力来影响生活的书，它以哈佛大学在情商方面的成功理念、培养方法和教学案例为基础，通过哈佛及国外的大量经典实例，从多方面系统而深入地阐述了情商的相关理论，提出了很多可以帮助读者提高情商的具体措施，让读者在轻松的阅读中，犹如徜徉在哈佛大学的文化殿堂，切身感受到情商带给自己的深刻体悟与巨大能量，走出对幸福和成功的迷思，获得完美的人生指导，从而更好地驾驭自己的情绪，把握自己的命运，成就美好的未来。

目录
CONTENTS

第一篇 情商——成功人生的核心实力

第二篇　了解自我——迈向成功的第一步

第三篇　管理自我——成就人生的关键

第四篇 激励自我——创造完美人生

第五篇 了解他人——多渠道沟通减少误解

第六篇　影响他人——构建完美的人际关系

第七篇　**团队情商——放大"一股绳"力量**

第一篇

情商

—— 成功人生的核心实力

PART 01
踏上情商之旅

哈佛最重要的一课：情商

　　1990年，一个新的心理学概念的提出在世界范围内掀起了一场人类智能的革命，并引起了人们旷日持久的讨论，这就是美国心理学家彼得·萨洛维和约翰·梅耶提出的"情商"概念。1995年10月，美国哈佛大学心理学博士、《纽约时报》的专栏作家丹尼尔·戈尔曼出版了《情感智商》一书，把"情感智商"这一研究成果介绍给大众，该书也迅速成为世界范围内的畅销书。

　　丹尼尔·戈尔曼说："成功是一个自我实现的过程，如果你控制了情绪，便控制了人生；认识了自我，就成功了一半。"这句话影响着一代又一代的哈佛人，如果你拥有了高情商，那么你就可以让心中时时充满绿意。

　　随着人类对自身能力认识的深入，越来越多的人开始认识到在激烈的现代竞争中，情商的高低已经成为人生成败的关键。作为掌握情商知识的受益者，美国总统布什说："你能调动情绪，就能调动一切！"

　　不知大家有没有注意到：有些人物质生活虽然不富有，但是看起来幸福满足，生活中充满了欢笑和友谊；而那些相对富有的人却经常在抱怨生活的不公，总在花大把的时间跟每个人倾诉：为什么他们的处境这样不好？

　　学术、事业和物质生活的成功一定是幸福所必需的吗？一个人有多成功和一个人到底有多幸福，二者之间的矛盾我们应该怎么来解释？答案就是情商———种了解和控制自身和他人情绪的能力。有了它你就可以把握说话做事的分寸，去促成想看到的结果。那么什么是情商呢？

"情商"是"Emotional Quotient"的缩写，翻译过来就是情绪智慧。但这样的答案显然过于简略，要想更深入地认识情商，就有必要了解情商与智商的关系，因为在某种程度上，情商概念是作为智商的对立面提出的。戈尔曼在他的书中明确指出，情商不同于智商，它不是天生注定的，而是由下列5种可以学习的能力组成的：

★了解自己情绪的能力——能立刻察觉自己的情绪，了解情绪产生的原因。

★控制自己情绪的能力——能够安抚自己，摆脱强烈的焦虑、忧郁以及控制负面情绪的根源。

★激励自己的能力——能够整顿情绪，让自己朝着一定的目标努力，增强注意力与创造力。

★了解别人情绪的能力——理解别人的感觉，察觉别人的真正需要，具有同情心。

★维系融洽人际关系的能力——能够理解并适应别人的情绪。

心理学家认为，这些对情绪的把握能力是生活的动力，可以让我们的智商发挥更大的效应。所以，情商是影响个人健康、情感、人生成功及人际关系的重要因素。

情商的培养有利于你做出正确的选择，主导生活的各个领域。简单说，情商就是与自我、与他人和谐相处的能力，它更需要人们学会如何处理情绪：

★辨认情绪：情绪携带着数据信息，向我们暗示了身边正在发生的重要事件。我们需要准确地辨认自己和他人的情绪，来更好地传达自我的情绪，从而有效地与他人交流。

★运用情绪：感受的方式影响着思考的方式和内容。遇到重要的事情，情商确保我们在必要的时候及时采取行动，合理地运用思维来解决问题。

★理解情绪：情绪不是随意性的。它们有潜在的诱发因素，一旦理解了这些情绪，就能更好地了解周围正在发生和即将发生的事情。

★管理情绪：情绪传达着信息，影响着思维，所以我们需要巧妙地把理智与情感结合，才能更好地解决问题。不管它们受不受欢迎，我们都要张开双臂去选择、去接受积极情绪所促成的策略。

《牛津英语词典》上说："情绪是心灵、感觉、情感的激动或骚动，泛指任何激动或兴奋的心理状态。"简单来说，情绪是一个人对所接触到的世界和人的态度以及相应的行为反应，也就是快乐、生气、悲伤等心情，它不只会影响我们的想法和决定，更会激起一连串的生理反应。

情商是一种能力，是一种准确觉察、评价和表达情绪的能力；一种接近并产生感情，以促进思维的能力；一种调节情绪，以帮助情绪和智力发展的能力。这种能力的运用其实是一门艺术。

人的情绪体验是无时无处不在进行的，相信我们每个人都有过莫名其妙被某种情绪侵袭的经历。这些情绪体验既包括积极的情绪体验，也包括消极的情绪体验。并不是所有的情绪都是对人的行为有利的，所以，认识情绪，进而管理情绪，成为我们必须正视的课题，也是哈佛最重要的一课。

情商是"命运的使者"

情商是人在进化中发展出来的技能。正是因为有了情商，人才能够在进化中逐步胜出，最终成为地球上的统治者。无数事例证实：情商就是一种情绪管理的能力。情商高，代表着情绪管理的能力强，人际关系和社会适应力也比较好。反过来说，情商低，就代表一个人常常会陷入大悲大喜的情况，并且因为这种巨大的情绪起伏而最终一事无成。情商低的人相对地人际关系很容易紧张，社会适应力也较差。

美国一位来自伊利诺伊州的议员康农在初上任时就受到了另一位代表的嘲笑："这位从伊利诺伊州来的先生口袋里恐怕还装着燕麦呢！"

这句话的意思是讽刺他身上还有着农夫的气息。虽然这种嘲笑使他非常难堪，但他自己也确实如此。这时康农并没有让自己的情绪失控，而是从容不迫地答道："我不仅在口袋里装有燕麦，而且头发里还藏着草屑。我是西部人，难免有些乡村气，可是我们的燕麦和草屑，能生长出最好的苗来。"

康农没有恼羞成怒，而是很好地控制了自己的情绪，并且就对方的话"顺水推舟"，做了绝妙的回答，不仅自身没有受到损失，反而闻名于全国，被人们恭敬地称为"伊利诺伊州最好的草屑议员"。

这位议员无疑是一个高情商者：对于讽刺和攻击他的语言，他没有愤怒，而是及时控制住自己的情绪，用高情商化解了矛盾与尴尬。情商不仅仅是管理自我情绪，也管理他人情绪。

哈佛学者一直认为，情商是一种管理情绪的艺术，如果你要快乐幸福地生活，你就要学会了解和管理自己的情绪，这也是提高你情商的方法。掌握并认真利用好这门艺术，将会令你受益一生。

丹尼尔·戈尔曼宣称："婚姻、家庭关系，尤其是职业生涯，凡此种种人生大事的成功与否，均取决于情商的高低。"一份有关调查报告披露，在贝尔实验室，顶尖人物并非是那些智商超群的名牌大学毕业生。相反，一些智商平平但情商甚高的研究员往往凭借其丰硕的科研业绩成为明星。其中的奥妙在于，情商高的人更能适应激烈的社会竞争。

多年以来，人们一直以为高智商就意味着高成就，其实，人一生的成就至多只有20%归功于智商，另外80%则受情商的影响。所谓20%与80%并不是一个绝对的比例，它只是表明情商在人生成就中起着决定性的作用。尽管智商的作用不可或缺，但过去我们把它的作用估量得太高了。

　　为此，心理学家霍华德·加嘉纳说："一个人最后在社会上占据什么位置，绝大部分取决于非智力因素。"许多资料显示，情商较高的人在人生各个领域都占尽优势，无论是谈恋爱、人际关系，还是在主宰个人命运等方面，其成功的概率都比较大。

　　哈佛学者都深知一个道理，那就是情商在引领他们走向卓越，超越平庸。智商对于绝大多数的人来说是差不多的，而后天的情商教育与情商培养则可以改变我们的生命轨迹。当你相信情商的力量时，情商就会带给你意想不到的奇迹。

情商让你不抱怨

　　抱怨是低情商的表现，人在面临困境的时候，不要抱怨命运。因为抱怨不但会让自己内心痛苦不堪，而且在怨天尤人的愤怒情绪中，只会把事情搞得越来越糟，再次错过解决问题的机会。抱怨除了使自己对待他人的态度很恶劣以外，还会令自己一事无成。

　　哈佛学者说："有所作为是生活中的最高境界。而抱怨则是无所作为，是逃避责任，是放弃义务，是自甘沉沦。"不管我们遇到了什么境况，喋喋不休地抱怨注定于事无补，甚至还会把事情弄得更糟。

　　停止你的抱怨吧！让烦躁的心情平静下来。你所埋怨的根本原因就在你自身。你抱怨的行为本身，正说明你倒霉的处境是咎由自取。喜欢抱怨的人在世上是没有立足之地的，而烦恼忧愁更是心灵的杀手。缺少良好的心态，就如同收紧了身上的锁链，将自己紧紧束缚在黑暗之中，只有把抱怨赶走的人，才有获得成功的机会。

　　威尔·鲍温曾经接受一家电台晨间节目的采访，采访结束后与工作人员聊天时，一位播音员对他说："我是靠抱怨维生的，而且我靠抱怨获得了非常高的薪水。"

鲍温问他："如果把快乐分成从一到十这十个等级，你在哪个等级呢？"

很明显，播音员愣了一下，几秒钟之后他伤感地问鲍温："有负数可以算吗？"

那一刻，鲍温感受到了这位"高薪"播音员内心的不安。

其实，曾经有一段时间，鲍温也像那位播音员一样，内心充满忐忑。所以他总是想用自己的大嗓门、抱怨和对他人的指责来压抑心里的不安。当鲍温的第一任妻子离开时，她告诉鲍温在他的身边从来没有安全感，这令她身心交瘁。

从那天开始，鲍温进行了认真的反省。多年以来，他一直试图改变身边的一切以变成一个有安全感的人，但是长时间的思考之后，他才豁然明白：有安全感代表接受事物的原貌，而不是试图改变它。

对于一个常常抱怨的人来说，不安的情绪是他们在每天的生活中必然要承受的，以至于渐渐成为不可言说的习惯。

那些内心踏实的人，往往能够认同自己的长处，接受自己的缺点，悠然自得，从来不会透过他人的目光来肯定自己。而没有安全感，内心充满不安的人，常常质疑自己的重要性，他们或者将自己的成就昭告天下，以博得赞赏，或者反复诉说不幸的遭遇，以换取同情，久而久之，他们习惯了用各种方式掩饰自己的不安，而终于成为一个爱抱怨的人。

所以，真正有安全感的人能够诚实面对自己的情绪，安于自己的不安，他们不会压抑自己内心的种种情绪，而是会自然而然地接受所有痛苦的情绪带来的不适，一旦内心真正接受了，自然不需要再通过其他的途径来发泄。

情商是一种"综合软技能"

21世纪的生活竞争力越来越大，硬技能已经开始不够用了，雇主会要求雇员有高等级的"软技能"，如：

——与他人融洽相处的能力

——有效地领导团队（靠软硬兼施管理的日子已经过去）

——促进他人的进步和管理他人的知识

——自我成长

——人际交往能力强

——尽可能有效地运用认知（思考）能力

——面对困难时，依然保持活力

——积极处理批评和困境的能力

——在危机中保持冷静的能力

——作决定时，有理解和接受他人有效观点的能力

这些软技能统统可以归于情商。雇主之所以对雇员的情商感兴趣，原因很简单——你的高情商对他们的生意有好处。

我们知道情商有四大内容，均属于软技能，下面来详细分析一下这四大内容。

★自我认知的能力

我是谁？我从哪里来？又要到哪里去？我为什么要这么做？我为什么不高兴？……这些问题从古希腊开始，人们就不断地问自己，然而至今都没有得出令人满意的答案。即便如此，人们从来没有停止过对自我的追寻。

认识自我包括的内容如下：我的身体外形——有什么优势，有哪些缺陷；我的情绪个性——是易冲动还是沉着；我的气质类型——胆汁质、多血质、黏液质、抑郁质；我有什么长处，什么短处……一些人会因为自己的高矮胖瘦而不能坦然面对自我，那么他的自我认知就出现了障碍。也有一些人对自己所扮演的角色、所处的位置认识不清，导致命运的悲剧发生。

★控制自我情绪的能力

情商的一个重要内容是控制自我，没有自制力的人终将一无所成，因为哪怕是一点的小刺激或小诱惑他都会抵制不了，进而深陷其中。控制自我情绪是一种重要的能力，是人区别于动物的重要标志。人是有理性的，而非依赖感情行事。托马斯·曼告诫人们："抵制感情的冲动，而不是屈从于它，人才有可能得到心灵上的安宁。"

自制，顾名思义就是克制自己。看似不自由，殊不知，为了获得真正的自由，必须有意识地克制自己。没有自制力的人是可怕的，不但他的思想会肆

意泛滥，行为更会如此。一个失去自制能力的人是不会得到命运的眷顾与垂青的。

★自我激励的能力

自我激励就是给自己打气，鼓励自己要争气，在逆境中要奋起。而支持崛起的信念则来自于自我激励。许多不成功的人不是没有成功的能力与潜质，而是他们思想上就不想成功。他们在受到羞辱时除了暗自神伤，嗟叹命运不济时，从不给自己打气，他们会习惯"劣势"，久而久之就真的只有失败与之为伍。

一个有成功意识的人，都是允许自己失败，却不会允许自己倒下的人。因为失败是一时的，可以激励自己往上走，但倒下就是永久的失败。

★识别他人情绪的能力

日常生活中时常有人抱怨某人"不会察言观色"，或者是"没有眼力价"，无论是哪种表达，都是关于情商中识别他人情绪的表现。一个不懂得识别他人内心的人，是无论如何达不到想要的成就的。

哈佛人认为，识别他人的情绪是与人沟通方面必不可少的能力，这种能力不仅能影响他人，更能影响自己。

PART 02
智商决定录用，
情商决定提升

智商的"成名史"

智商，是一种表示人的智力高低的数量指标。智商＝智龄÷实足年龄×100。这是美国心理学家在20世纪中叶提出来的，几十年来这一概念极大地推动了人类智力的发展。

智商反映了一个人的观察力、记忆力、思维力、想象力、创造力等，是人们运用大脑进行分析、运算以及逻辑推理，从而解决问题的能力。智商高低有先天的因素，但更重要的是后天的开发和训练。美国心理学家威廉·詹姆斯认为："一个健康的人终其一生只利用了他固有能力的10％。"还有人认为只利用了4％或6％，甚至更低。

《使用你的大脑》一书的作者，美国的拉尼·布赞教授说："你的大脑就像一个沉睡的巨人。"人才开发有家庭开发、社会开发和自我开发这几个部分，而关键是自我开发，就是要有自我开发的意愿、热情、方法，并形成自我开发的习惯，这是造就人才成长重大差异的根本原因。不断地学习积累，提高智商，这是成功的基本条件。

据心理学研究表明，一个正常发育的大脑都有如下能力：

★语文能力：包括说话、阅读、书写的能力。

★空间能力：包括认识环境、辨别空间的能力。

★音乐能力：包括声音的辨识及韵律表达的能力。

★运动能力：包括支配肢体以完成精密作业的能力。

★社交能力：包括与人交往且和睦相处的能力。

★自知能力：包括认识自己并选择生活方向的能力。

以上几种能力是每个大脑发育正常的人都应具备的，但为什么每个人的各种能力表现不同呢？这是由每个人的心理状况和生理状况决定的，心理状况是功能性因素，生理状况是基础性因素，二者相互促进，相互制约。

近年来的研究显示，人类的智商是可以获得提升的，主要通过以下几种方法。

★改变饮食习惯。多吃有益增强记忆力的食物。如：蛋黄、大豆、瘦肉、牛奶、鱼、动物内脏及胡萝卜、谷类等。大脑获得更多的动力，就有利于大脑的开发，从而提高智商。

★为自己营造一个具启发性和刺激感官的环境。在我们周围，天赋极佳者当然还是少数，大多数人的智力属于中间型。智力发展虽有遗传基础，但同时还受环境因素的强烈影响。遗传基础只规定了智力发展的可能性。因此，后天教育与环境对人们的智力发展是极为重要的。

★适当培养音乐细胞，激发灵感。形容一个人聪明，有很多词语：机敏、鬼主意多、分析能力强、有第六感等，仔细研究这些词汇，你会发现一个通性：聪明人总是想得更多、更全面、眼光更准确，用一句话概括，就是"灵感强"。

★运动——发挥天赋，弥补短处。运动有很多种，有纯体力运动，如长跑、短跑；还有纯脑力运动，如下棋、打游戏；还有智力、体力相结合运动，比如足球、排球、篮球、羽毛球。

一个善于开启智慧头脑的人，一定是个善于发现机会和勇于开拓的人，成功会离他更近。善于运用智慧的人，比只会埋头苦干、不善思考的人更受欢迎。这就是智慧的作用。正是这种智慧的光芒，使我们能够力于发展完美的生活状态。因此，寻求智慧的源泉，探求智慧的培养方式，提高智商的指数，也就成为我们追求完美人生的重要组成部分。

真正带给我们快乐的是智慧，不是知识

古希腊哲学家苏格拉底曾说：真正带给我们快乐的是智慧，而不是知识。

什么是知识？知识是那些没有经过自己的思索和感悟而获得的认识和经验。我们从学校、父母、长辈那里学到的一切，从书本杂志、电影电视、朋友闲谈等等地方获得的一切信息都是知识。

什么是智慧？智慧是经过自己大脑的思考、心灵感受而获得的能力。智慧无法通过视觉、听觉、味觉、嗅觉、触觉而获得，智慧是思维的"孩子"，不经思考的人无法获得智慧。

★有知识不等于有智慧

一个人可能学富五车，但他不一定是智慧之人，因为他完全可能只是千万次地重复人家的思想，自己却不善思考，不去探究，更不会发明创造。

★掌握很多实用技能也不等于有智慧

一个人学会驾车，学会电脑，但他不一定富有智慧，因为他很可能是被迫去做，内心却对这些技能毫无兴趣，更谈不上从中悟出智慧。真正的智慧之人，都会对自己所从事的活动深感兴趣，他不是被迫去做，而是自愿去做。

哲学家马可·奥勒留对自己说："不要分心，不要虚有学问的外表而丧失自己的思想，也不要成为喋喋不休或忙忙碌碌的人。"可见，他是一个懂得区分知识和智慧的人，他追求的是智慧，而非知识。

知识是人类对有限认识的理解与掌握，而智慧是一种悟，是对无限和永恒的理解和推论。

知识是有限的，再多的知识在无限面前也会黯然失色。智慧是富于创造性的，其不被有限所困，面对无限反而显得生机勃勃。

学习知识是智育的首要目标，但不应该是最终的目标。学校的目的不在于为学习知识而学习知识，知识应该为人的发展奠定基础。

在澳大利亚的一个牧场中，人们看到有三个大学生在那里打工。这三个人都是名牌大学的毕业生。人们都非常惊异：居然让大学生来看管家畜！他们在学校接受的教育是要做领导众人的领袖，而现在却在这里"领导"羊群。牧场主雇佣的这些学生，虽然满腹经纶，能说好几门外语，可以讨论深奥的政治经济学理论，可是，要说挣钱却不能和一个没有上过学的人相比。

牧场主整天谈论的只是他的牛羊、他的牧场，眼界十分狭隘，但他能够赚大钱，而那些大学生连谋生都很困难。这其实是一场"有文化和没文化、大学和牧场的较量"，而后者总是能够占上风。

大学生在这场"较量"中失利就是因为他们只是拥有知识而牧场主却懂得赚钱的智慧。

我们都听说过"买椟还珠"的寓言故事，一个过分雕饰的盒子和一颗光彩照人的珠宝，哪一个更有价值，不言而喻。

而在人生中，追求虚有其表的学问，而没有自己独到判断和见解的人又何尝不是在舍本逐末，在珍贵的人生旅途中"买椟还珠"？

其实，大部分人之所以拥有强烈的获取知识的欲望，是因为对无知的恐惧、对人生的不安。那些见多识广的人，在危机的关头往往能沉着应对，拥有智慧的人生才是踏实的。但虚有学问的外表的人，终究是为了取悦他人而活着。

让我们的一切行为符合生命本质，摒弃外表让人眼花缭乱的光荣和浮华，追求心灵的提升，寻找真正的智慧，才是我们要做的事。

情商与智商：人生的左臂右膀

有人说成功者是"80%情商+20%智商"，失败者是"20%情商+80%智商"。对于人类来说，情商与智商都很重要，如同人生的左臂右膀，缺一不可。

情商的水平不像智力水平那样可用测验分数较准确地表示出来，它只能根据个人的综合表现进行判断。心理学家们认为，情商水平高的人具有如下特点：社交能力强，外向而愉快，不易陷入恐惧或伤感，对事业较投入，为人正直，富有同情心，情感生活较丰富但不逾矩，无论是独处还是与许多人在一起时都能怡然自得。专家们还认为，一个人是否具有较高的情商，和童年时期的教育培养有着密切的关系。因此，培养情商应从小开始。

达尔文在他的日记中说："教师、家长都认为我是平庸无奇的儿童，智力也比一般人低下。"但他却成了伟大的科学家。爱因斯坦在1955年的一封信中写道："我的弱点是智力不好，特别苦于记单词和课文。"但他成了世界级的科学大师。洪堡上学时的成绩也不好，一次演讲中他说道："我曾经相信，我的家庭教师再怎样让我努力学习，我也达不到一般人的智力水平。"可是，20多年后他却成为杰出的植物学家、地理学家和政治家。

丹尼尔·戈尔曼用了两年时间，对全球近500家企业、政府机构和非营利性组织进行分析，发现成功者除具备极高的智商以外，其卓越的表现亦与情商有着密切的关系。在一个以15家全球企业，如IBM、百事可乐及富豪汽车等数百名高层主管为对象的研究中发现，平凡领导人和顶尖领导人的差异，主要是来自情绪智商。

卓越的领导者在一系列的情绪智商，如影响力、团队领导、政治意识、自信和成就动机上，均有较优异的表现。情商对领导者特别重要，是因为领导者的精髓在于使他人更有效地做好工作。一个领导者是否卓越，在很大程度上表现于他的情商。

正确认识智商和情商这两种心理品质之间的差异和联系，有利于更好地认识人自身，有利于克服"智力第一"和"智力唯一"的错误倾向，有利于培养更健康、更优秀的人才。

★智商和情商反映着两种性质不同的心理品质

智商主要反映人的认知能力、思维能力、语言能力等。它主要表现人理性的能力。而情商主要反映一个人感受、理解、运用、表达、控制和调节自己情绪的能力，以及处理自己与他人之间的情感关系的能力，它是非理性的。它们是相对理性与相对感性的集合，是不同类型的比较。

★智商和情商的形成基础有所不同

智商和情商虽然都与遗传因素、环境因素有关，但是，它们与遗传、环境因素的关系是有所区别的。智商与遗传因素的关系远大于社会环境因素。而情商与环境因素的关系大于遗传因素。

★智商和情商的作用不同

智商的作用主要在于更好地认识事物。智商高的人，思维品质优良，学习能力强，认识深度深，容易在某个专业领域做出杰出的贡献，成为某个领域的专家。情商主要与非理性因素有关，它影响着人类认识和实践活动的动力。它通过影响人的兴趣、意志、毅力，加强或弱化认识事物的驱动力。智商不高而情商较高的人，学习效率虽然不如高智商者，但是，有时能比高智商者学得更好，成就更大。因为他们锲而不舍的精神使得勤能补拙。

智商诚可贵，情商"价"更高

成功不仅取决于个人的谋略才智，在很大程度上还取决于正确处理个人的情绪与别人情绪之间关系的能力，也就是自我管理和调节人际关系的能力。

人类在关于怎样才能成功的问题上从来不曾停止过探索的脚步。爱看电影的人们一定都会记得《阿甘正传》，这是一部好莱坞大片，男主角汤姆·汉克斯更是凭借它而一举夺得奥斯卡"小金人"。

影片中的男主角名叫"Forrest Gump"，他从小就是一个有点行动不便的男孩，准确地说是有点残疾。然而不幸的事情不只这样，他的母亲到处为他找学校，却没有一所学校愿意接收他，原因在于他的智商只有75。但是后来Forrest的表现让每位观众都为之感动。他凭借执著、善良、守诺、勇敢的个性，一度成为美国人民心中的英雄。

故事也许是虚构的，而它却向我们揭示了这样一个道理：智商的高低与人生的成就不能直接画等号！阿甘的重情重义、执著乐观的个性，是他成功的重要因素，这便是来自于情商的魅力。

情商的高低，可以决定一个人的其他能力，包括智能能否发挥到极致。情商比智商更重要，如果说智商更多地被用来预测一个人的学业成绩的话，那么，情商则能被用于预测一个人能否取得事业上的成功。

有些人在潜力、学历、机会各方面都相当，后来的际遇却大相径庭，这便很难用智商来解释。曾有人追踪1940年哈佛的95位学生中的成就（相对于今天，当时能够上哈佛的人比上不了哈佛的人，差异要大得多），发现以薪水、生产力、本行业位阶来说，在校考试成绩最高的不见得成就最高，对生活、人际关系、家庭、爱情的满意程度也不是最高的。

波士顿大学教育系教授凯伦·阿诺德曾参与上述研究，她指出："我想这些学生可归类为尽职的一群，他们知道如何在正规体制中有良好的表现，但也和其他人一样必须经历一番努力。所以当你碰到一个毕业致辞代表，唯一能预测的是他的考试成绩很不错，但我们无从知道他适应生命顺逆的能力如何。"

总之，智商对于我们固然重要，但是如果少了情商，你将会失去人生中最重要的部分。

实力是成功的通行证

按照现代人力科学的理论来说，成功的实力有两种，即"硬实力"和"软实力"。

所谓硬实力无非是财力、背景等那些外界给予的东西，而软实力则是你内心与生俱来的，同时又经过后天磨炼打造的内在的东西。而在人的一生中，软实力更加重要，因为它不能被剥夺。想要成功光靠运气是下下策，没有实力而成功的概率如同中彩票一样低。

百富勤曾经是香港金融市场里叱咤风云的明星级证券行，但是在亚洲金融风暴中宣告清盘，存活的时间仅仅10年。

1987年的股灾之后，香港的股票市场一片狼藉，百富勤国际公司就是在这个时候成立的。在天时、地利、人和的配合下，抓住了每一个可以实现丰厚利润回报的机会，勇于开拓。所以，在短短的10年间，百富勤就由一间3亿港元的小经纪行发展到总资产240亿港元的跨国集团公司，被认为是股市的神话。

表面上百富勤一帆风顺，其实投资风险一直伴随在它身边，它忘记了投资的要诀——分散风险，导致它的投资金额过于集中，而且忽略了亚洲市场的风险，孤注一掷地把资金投入到亚洲市场。

由于百富勤的投机心理太强，越高风险的业务就投入得越多，所以在印度尼西亚和韩国的投资过大，投资金额将近6亿美元，相当于总投资的25％～30％。很快，因为印尼盾和韩元大幅贬值，百富勤的投资产生了巨额的亏损。在沉重的打击下，百富勤终于支撑不住，宣告清盘。

百富勤忽略了自身的承受能力，在实力还不充沛的情况下想碰运气捞一把，这样的决策显然是错误的。机遇没有降临，风险却不期而至，所以只得以失败告终。

很多人在现实生活中也有赌博心理，就像百富勤一样，最终一无所有。人不能靠赌博和投机来奢求成功，无论什么时候，你一定要谨记，能让你获得最终成功的必定是你的实力而非运气。实力并非知识，而是能力。

人们通过学习，掌握一种能力，并让这种能力适应千变万化的社会需求，这样人们才能更好地生存和发展。有人说，真正的"铁饭碗"，不是在一个地方总有饭吃，而是走到哪里都有饭吃，也就是到哪里都有生存的能力。

身处竞争的年代，一切都靠实力，靠实力说话，靠实力办事，影响别人靠的也是实力。只有实力增强，别人才能信服，才能心甘情愿地接受你、追随你。

PART 03
情绪智商激活
无限潜能

你挖到自己的潜能宝藏了吗

在每个人的身体里面，都潜伏着巨大的力量。人体内都存在着巨大的内在力量，所以人人都能成就不朽的事业。一个人一旦能对内在的力量加以有效地运用，他的生命便永远不会陷于卑微贫困的境地。

"我创造，所以我生存。"哈佛教授尼古拉斯·罗杰斯的这句话，被无数哈佛学子奉为至理名言，无数事实也为这句话作了很好的佐证。

每一个人身上都蕴藏着无限的创新力，问题是看你如何认识"我能创新"这一点。创新力的开发受后天的诱导，特别是自身努力的程度和方式不同而出现很大的差异，只要认真培养与开发自己的创新力，就有可能收到意外的效果。

马克·扎克伯格是美国社交网站Facebook的创办人，被人们冠以"盖茨第二"的美誉。他是哈佛大学计算机和心理学专业的辍学生。据《福布斯》杂志保守估计，马克·扎克伯格拥有15亿美元身家，也是历来全球最年轻的自行创业亿万富豪。

在群雄逐鹿的互联网时代，他只是一个普通的大学生，没有什么突出的成绩，然而为什么能够在无数创业者中脱颖而出？很多人都想知道他成功的原因。在别人还在沿着老路进行创业的时候，2004年2月，还在哈佛大学主修计算机和心理学的他，要建立一个网站作为哈佛大学学生交流的平台。

当时，他也不知道自己能不能把这项任务完成，但他对自己有信心。他只用了大概一个星期的时间，就建立起了这个名为Facebook的网站。意想不到的是，网站刚一开通就大为轰动，几个星期内，哈佛一半以上的大学部学生都登记加入会员，主动提供他们最私密的个人数据，如姓名、住址、兴趣爱好和照片等。

学生们利用这个免费平台掌握朋友的最新动态，和朋友聊天，搜寻新朋友。很快，该网站就扩展到美国主要的大学校园，包括加拿大在内的整个北美地区的年轻人都对这个网站饶有兴趣，如今更是风靡全球。

马克·扎克伯格是一个再普通不过的哈佛学生，他没有过高的智商，但他创造了比哈佛高才生还要好的成绩，这是为什么呢？是因为他成功挖掘了自己身上的宝藏。

人们体内的亿万细胞中，有着巨大的潜在力量。这种潜力要是能够被唤醒，就能做出种种神奇的事情来。然而大部分人好像都不明白这一点。有的病人在病势垂危、呼吸困难时听了医师或亲友的一席热烈恳切的安慰话后，竟然会起死回生。这种情况在医生看来，也是常有的事。一般来说，疾病之所以置人于死地，首先是因为病人失掉了对生命的渴望。

运用智慧来开发自身无限的潜能，就仿佛用一把万能金钥匙打开未来之门，它将带给你不可胜数的意外惊喜。思想、精神等是人类取之不尽、用之不竭的巨大宝藏，是伟大的造物者赋予我们珍贵无比的财富。

德国诗人歌德说过："人的潜能就像一种力量强大的

动力，有时候，它爆发出来的能量会让所有人大吃一惊。"所以，不管你是谁，你的生命潜能都如同一座取之不尽、用之不竭的宝藏。

哈佛大学的前校长科南特曾经说过："垃圾是放错了位置的财宝。"所以，天才和凡人也只是一线之隔。只要你相信自己是一块金子，那么，你就能发现一种永不坠落、永不衰败、永不腐蚀的力量，这就是人的潜能。

人的潜能是永远挖掘不尽的，而我们作为无限能量的代言人，自然也不应以自信破产的面貌出现。开发自己的潜能吧，这会让你受用不尽。

登陆自己的"新大陆"

美国学者詹姆斯根据其研究成果说："普通人只发展了他蕴藏能力的1/10。与应当取得的成就相比较，我们不过是在沉睡。我们只利用了我们身心资源的很小的一部分，而大部分甚至可以说一直在荒废。"没有人知道自己到底具有多大的潜能，因而没有人知道自己会有多么伟大，所以我们应该找寻内心真实的自我，激发自己无穷的潜能。

有这样一个笑话。说一个人夜晚走到坟墓附近，不小心掉进一个墓穴里，墓穴很深很滑，他怎么爬也爬不出去。已经是半夜了，几乎没有出去的可能了，他便在墓穴里闭目养神等待天明。过了一会儿，忽然有个喝醉酒的人也掉了进去，拼命爬也没爬出去。这时，坐在一旁养神的人突然开口说："不用爬了，我试了，爬不出去的。"这时，那个酒鬼被吓得忽的三两下就爬出去了。

这不禁让我们产生疑问：到底是什么因素使酒鬼产生这种"超常力量"呢？显然，这并不仅仅是身体的本能反应，它还涉及人的内在潜力在关键时刻所爆发出的巨大力量。

著名作家柯林·威尔森曾用富有激情的笔调写道："在我们的潜意识中，在靠近日常生活意识的表层的地方，有一种'过剩能量储藏箱'，存放着准备使用的能量，就好像存放在银行里个人账户中的钱一样，在我们需要使用的时候，就可以派上用场。"

每个人都具有某种特殊的才能。这种特殊才能就是你的新大陆，要想成功，不仅要善于发现它，更要利用好它。

所以，不妨试着用小方法来提升自己的身价，找出对自己人生有利的新大陆：

★重新估价自己的某些"长处"。

★"鬼主意或小才能不重要"的观念，是大错特错的。

★不要钻牛角尖，不要去探求才能是从哪里来的。

★刚开始利用这些才能时，可能需要相当的勇气，一旦突破之后，就易如反掌了。

★告诉自己能行，每天自我激励。

你不妨自己好好审视一番。你所具有的任何才能，都是暗示你身价即将大涨的前兆，所以你必须慎重仔细地考虑如何运用，这些都是使你拥有自信以及迈向成功的契机。

精神激励，激活内在潜能

"你改变不了环境，但你可以改变自己；你改变不了事实，但你可以改变态度；你改变不了过去，但你可以改变现在；你不能控制他人，但你可以掌握自己；你不能预知明天，但你可以把握今天；你不能样样顺利，但你可以事事尽心；你不能延伸生命的长度，但你可以决定生命的宽度；你不能左右天气，但你可以改变心情；你不能选择容貌，但你可以展现笑容。"这是一位身患癌症的女士用生命写下的诗句。这段话告诉我们，你要不断给自己鼓励，这是一种动力，更是一种能量，它能激活我们的内在潜能。

哈佛告诉学生：阻碍我们成功的，不是我们未知的东西，而是我们已知的东西。

每个人都会有"自身携带的栅栏"，若能及时地从中走出来，则是一种可贵的警悟。与生俱来的独一无二的创造自由的态度，勇于进取，绝不自损、自贬，在学习生活中勇于独立思考，在日常生活中善于注入创意，在职业生活中精于自主创新，以上正是能够从自我囚禁的"栅栏"里走出来的鲜明标志。

要从自囚的"栅栏"里走出来，还创造力以自由，就要还思维以自由，不断给予自己精神鼓励。在此基础上，对日常生活保持开放的、积极的心态，对创新世界的人与事，持平视的、平等的姿态，对创造活动，持"成败皆为收获、过程才最重要"的精神状态。

这些道理看似简单，却总是被人忽略。然而本章开篇这位站在生命尽头的人，却用她温柔的语言告诉我们：尽管世界上有太多难以掌控的事情，但只要我们选择恰当的方式，调动生命的能量，生活便能随我们的心意改变。无独有偶，美国的派蒂·威尔森用自己的行动证明了这是一个真理。

派蒂在年幼时就被诊断出患有癫痫。她的父亲吉姆·威尔森习惯每天晨跑，有一天派蒂兴致勃勃地对父亲说："爸爸，我想每天跟你一起慢跑，但我担心中途会病情发作。"

她父亲回答说："万一你发作，我也知道如何处理。我们明天就开始跑吧。"

于是，十几岁的派蒂就这样与跑步结下了不解之缘。和父亲一起晨跑是她一天之中最快乐的时光，跑步期间，派蒂的病一次也没发作。

几个星期之后，她向父亲表示了自己的心愿："爸爸，我想打破女子长距离跑步的世界纪录。"她父亲替她查吉尼斯世界纪录，发现女子长距离跑步的最高纪录是80英里。

当时，读高一的派蒂为自己订立了一个长远的目标："今年我要从橘县跑到旧金山（400英里）；高二时，要到达俄勒冈州的波特兰（1500多英里）；高三时的目标在圣路易市（约2000英里）；高四则要向白宫前进（约3000英里）。"

虽然派蒂的身体状况不是很好，但她仍然满怀热情与理想。对她而言，癫痫只是偶尔给她带来不便的小毛病。她从不因此消极畏缩，相反的，她更珍惜自己已经拥有的。

高中的最后一年，派蒂花了4个月的时间，由西岸长征到东岸，最后抵达华盛顿，并接受总统召见。她告诉总统："我想让其他人知道，癫痫患者与一般人无异，也能过正常的生活。"

"如果我们完成所有我们能做的事情，我们毫无疑问地会使自己大吃一惊。"发明家爱迪生曾经这样说过，他认为每个人都拥有相当惊人的潜力。因此，我们没有理由压抑自己本身的潜能。

有一句老话说："在命运向你掷来一把刀的时候，你可能会抓住它两个地方：刀口或刀柄。"如果抓住刀口，它会割伤你，甚至使你送命；但是如果你抓住刀柄，你就可以用它来劈开一条大道。所以，只有突破内心甘于平庸的意识，才有机会握住刀柄，想要握住刀柄，就要有这个能力，想要具备这个能力，就需要激发斗志与潜能。

突破平庸，就昭示着成功，其中一条捷径就是激活潜能。有人说过："若不先离开海岸，是永远不可能发现新大陆的。"因此，当遭遇到大障碍的时候，你要抓住它的柄，换句话说就是让挑战激发你的战斗精神。战斗的意识能够引发你的内部力量，唤醒沉睡的潜能。

外力开发你的潜力

大多数人的志气和才能都深藏着，必须要外界的刺激才能表现出来。在人的一生中，无论何种情形下，你都要不惜一切代价，走入一种可能激发你的潜能的气氛中，你才能激发自我。一定要超越那些限制，和外界合为一体时，才能激发潜在能力。

有多少次我们已经触摸到了那种巨大的力量，却没有认出它；有多少次这种巨大的力量就握在我们手中，而我们却把它扔掉了；有多少次它就出现在我们眼前，然而我们没有看到它，没有认识到它可能带给我们的种种益处。其实有些时候不是我们看不到它，而是不知道用什么工具去开发它，所以，开发潜能需要利用外力。

在美国西部某市的法院里有一位法官，他中年时还是一个不识文墨的铁匠。他现在60岁了，却成了全城最大的图书馆的主人，获得许多读者的称誉，被人认为是学识渊博、为民谋福利的人。这位法官唯一的希望，是要帮助同胞们接受教育，获得知识。可是他自身并没有接受过系统的教育，为何他会产生这样的远大抱负呢？原来他不过是偶然听了一次关于"教育之价值"的演讲。结果，这次演讲唤醒了他潜伏着的才能，激发了他远大的志向，使他做出了这番造福一方民众的事业来。

我们大多数人的体内都潜伏着巨大的志气和才能，但这种潜能一直酣睡着，它一旦被激发，便能做出惊人的事业来。志气一旦被激发，如果又能加以继续关注和教育，就能发扬光大，否则终将萎缩并消失。

那么，我们就需要寻找激发潜能的力量。如果我们找不到一个正确的途径，那么这些潜能也只能被当成废物一样处理掉。

促使潜能开发应用的方法途径有许许多多，但从成功学的角度而言，主要有四个方面，即"诱、逼、练、学"。

★ "诱"就是引导

寻求更大领域、更高层次的发展，是人生命意识里的根本需求。"这山望着那山高"、"喜新厌旧"是人的根本特性。因此，具有主体自觉意识的自我，有理性的自我，是绝不愿意停留在任何一种狭小的、有限的状态之中的，而总是想要不断开拓以取得更大的发展，从而更好地生存。这种炽热的、旺盛的发展需要，是成功渴望的表现，是潜能蓄势待发的前兆。只要对这种发展意识给予有益的暗示、引发、规划和培育，就能把潜能很好地激发起来，释放出来。

★ "逼"就是逼迫

人是一个复杂的矛盾体，既有求发展的需要，又有安于现状、得过且过的惰性。能够卧薪尝胆、自我警醒的人少之又少。更多的人需要的是鞭策和当头棒喝式的促动，而"逼"就是"最自然"的好办法。人们常说的"压力就是动力"，就是这个意思。因此，被逼不是无奈，被逼是福。逼自己，来提升自己。逼自己，就是战胜自己，必须比自己的过去更新；逼自己，就是超越竞争，必须比别人更新。

★"练"就是练习

此处特指专家为开发人的潜能而专门设计的练习、题目、测验、训练，如"脑筋急转弯"、"一分钟推理"等，多做有益。

★"学"就是学习

学习是增加潜能基本储量和促使潜能发挥的最佳方法。知识丰富必然联想丰富，而智力水平正是取决于神经元之间的信息连接范围和信息量。

在人的一生中，无论何种情形下，你都要努力接近那些有利于开发你潜能的外力，这有可能是人，也有可能是知识。这对于你日后的成功，具有莫大的影响。几乎所有的人都只发挥了其能力的1/10。不能发挥其余9/10的能力的原因在于恐惧、不安、自卑、意志薄弱及罪恶感。将所有的原因综合起来，可以认为是"与外界的不调和"，因为不能包容外界，则等于是给自己的能力踩了刹车。

与外界的调和能让自己的能力发挥到淋漓尽致的地步，相信读者很容易便能了解这一个法则，因为所谓创造的行为，是向着外界去发挥，所以一旦能和外界调和时，自然会产生优异的结果。

思考掀起你的头脑风暴

迪·博诺教授说："一个人很聪明或智商很高，只是说明他有创新的潜力，并不能说明他很会思考。智力和思考的关系，就好比一辆汽车同司机驾驶技术的关系，你可能有一辆很好的汽车，如果驾驶技术不好，仍然不能把车开好。相反，尽管你开的是一辆旧车，如果驾驶技术高超的话，照样能把车开得很好。"

世界著名趋势专家约翰·奈斯比特也曾经说过："在信息时代，我们最需要学习如何思考、如何学习以及如何创新。"人人都有思考的能力。思考力具有强大的力量，唯有思考，才能开发出智慧的潜能，才能打开才智的大门。

从现在开始，让你的头脑刮起一阵"思考风暴"，用积极的思考去进行积极的创新，你的生命将无比精彩。

★要有正确的思考方式

一天晚上，英国著名的物理学家卢瑟福走进实验室，看到一位学生仍坐在实验桌前，便问道："这么晚了，你还在做什么？"

学生答道："我在工作。"

"那你白天在干什么呢？"

"也在工作。"

"那么你早上也在工作吗？"

"是的，教授，早上我也在工作。"

于是，卢瑟福提出了一个问题："那么，你什么时候思考呢？"学生看了看他，无言以对。

其实，在我们的周围不乏刻苦认真的人，但他们的成绩就是上不去；也有许多人，他们工作非常勤奋，却没什么太大的成就；许多人做事非常努力，但就是赚钱不多，囊中羞涩；许多学者埋头苦干，实验无数，但就是没有创新，无所突破……虽然原因各异，但缺乏正确的思考方式无疑是其中非常关键的一个原因。

★勤奋是思考的动力

勤奋学习书本知识而不思考，就会不辨真伪，更不能融会贯通、学以致用；如果只是苦思冥想却不认真读书，就会孤陋寡闻、才疏学浅，更不能做到标新立异。可见，勤奋学习与善于思考是相互促进、相辅相成的关系。

勤奋是思考的基础，在勤奋的基础上思考，思考才能深入；在思考的前提下，勤奋的努力才会有效。我们千万不要认为，做作业是最重要的，做实验是最重要的，看电视是最重要的，最后却说没有时间去思考，忘记了思考。

★发散性思维

发散思维又被称为辐射思维、扩散思维，它是指人在思考问题的时候，思维会以某一个点为中心，沿着不同的方向、不同的角度向外扩散的一种思维方式。

1950年，美国心理学家吉尔福特在以《创造力》为主题的演讲中首次提出"发散性思维"这个概念。经过五十多年的研究，人们从"发散思维术"中又演变出其他很多种思维术，所以我们对发散思维研究得越是透彻，对其他的思维术的了解也会愈发深刻。总的来说，发散思维有以下几个特征：

——变通性

变通性就是不断变化，克服人们头脑中某种自己设置的僵化的思维框架，按照某些新的方向来思索问题的过程。

拥有发散思维的人会沿着不同的方面和方向思考问题，这样就必须要具备变通性的特性，而变通性需要借助横向类比、跨域转化、触类旁通等方法，表现出极其丰富的多样性和多面性。

——流畅性

流畅性就是想象力自由发挥的速度。发散思维的触角就像阳光一样，很快就能遍布四周。流畅性反映的是发散思维的速度和数量特征。它是指在尽可能短的时间内生成并表达出尽可能多的思维观念以及较快地适应、消化新的思维、概念，所以我们说有发散思维的人肯定会很机智，因为机智与流畅性密切相关。

——独特性

"学我者生，似我者死"。一个人的思维如果大众化就没有任何优势了。独特性指人们在发散思维中做出不同寻常且异于他人的新奇反应的能力，可以说独特性是发散思维的最高目标。

创造是智慧的引子

随着社会的发展，创造性思维显得越来越重要，也越来越被人们所认识。你要想使自己的工作产生超凡出众的效果，在竞争中立于不败之地，就应培养和运用创造性思维。

创新思维与一般思维，尤其是逻辑思维大不相同。简单地说，创新思维就是指有创见的思维，是一种智慧的升华。是人们在已有经验的基础上，从某些事实中更深一步地找出新点子，寻求新答案的思维。创新思维是潜伏在你头脑中的金矿，它绝不是什么天才之类的独特力量和神秘天赋。

创新思维是一切创造活动的开始。因此，我们要学习运用创新思维，融会贯通，充分激发自己的创新潜能。千百年来，人类正是凭借着创新思维在不断地认识世界、改造世界。创新思维给人类前进和创造财富提供了原动力。从这个意义上说，人类所创造的一切成果，都是创新思维的物化，是智慧的结晶。

小时候的爱因斯坦一点也不聪明，到3岁时，还不会讲话。6岁上学，在学校里成绩非常差，一上课就成为老师批评的对象，老师还说他永远也不会有什么大的出息。大家一致认为他是一个天生的笨蛋。

但是，爱因斯坦在12岁时，就已经决定献身于解决"那广漠无垠的宇宙"之谜。15岁那一年，由于历史、地理和语言等都没有考及格，也因为他的无礼态度破坏了学校秩序和纪律，他被学校开除了。

爱因斯坦非常重视思考和想象。他说："想象力比知识更重要。因为知识是有限的，而想象力包括世界上的一切，推动着进步，并且是知识进化的源泉。"

他在16岁时，喜欢做白日梦，幻想着自己正骑在一束光上，做着太空旅行，这也引发了他的思考：如果这时在出发地有一座钟，从我坐的位置看，它的时间会怎样流逝呢？

从此，他开始了他的科学远征。他进行了大量的理想实验，提出了"光量子"等理论，为相对论和量子论的建立奠定了基础。

爱因斯坦从自己的切身体验出发，强调不能只是死记一大堆东西，而是要能灵活地进行思考。可见，灵活地进行思考对一个人的成功是非常必要的。

这是创造的力量，更是智慧的力量。

运用创新思维，你可以顺利解决大到宏伟的计划，小到日常纠纷中的难题。

德国心理学家邓克尔通过研究发现，人们的心理活动常常会受到一种所谓"功能固着心理"的束缚，即容易只把已存在的看成是合理的、可行的，因而在看待某些事物，思考某种问题时，很容易沿着原有的旧思路延伸，受到传统模式的严重羁绊而无法突破创新。

要想培养创新思维，必先打破这种"心理固着效果"，勇敢地冲破传统的看事物、想问题的模式，通过全新的思路来考察和分析问题，进而才有可能产生大的突破。

由于长期积压，美国的一位书商手里有批滞销书久久不能脱手，这令他陷入了困境。经过再三考虑，他有了主意，并且立即开始行动。

他给总统送去了一本书。忙于政务的总统怕他过多地纠缠，便随口说了一句："嗯，这是本好书。"于是书商便大做广告："现有总统先生喜欢的书籍出售，欲购者从速。"于是，没过几天那批滞销书便销售一空。

不久，书商又有一批书压在手中卖不出去，便又送了一本给总统。鉴于上次的教训，总统便回了一句："这书不怎么样。"书商又做广告："现有总统认为很糟的书出售，欲购从速。"书又被销售一空。

第三次，书商送书给总统时，总统想这次可不能再上当了，于是索性一言不发。书商在广告上说："现有总统也拿不准是好是坏的书出售，欲购从速。"那批书居然又被抢购一空。

其实，创造性地解决问题并不是高不可攀的事，每个人都有某种创新的能力。创新能力，是每个正常人所具有的自然属性与内在潜能，普通人与天才之间并无不可逾越的鸿沟，创新能力与其他能力一样，是可以通过教育、训练而激发出来并在实践中不断得到提高、发展的，它是人类共有的可开发的财富，是取之不尽，用之不竭的"能源"。

PART 04
影响人生成败的
五种能力

观察力：自我察觉与观察他人

　　自我察觉是情商的基本能力之一，是指了解自己感受到了什么，为什么有这种感受，以及引发这种感受的原因。

　　心理学家经研究得出："情绪的自我察觉是构建其他多数情商能力的基础。"察觉自己的情绪是成功与环境相互作用的关键。在现实生活中，人们常常把自己的内心感受投射到其他人的身上。为了提高我们的交互作用和人际关系，我们有必要审视自我内心的变化。

　　奥普拉·温弗瑞是美国王牌节目"奥普拉·温弗瑞脱口秀"节目的制片人、主持人。她的一个优势就是时刻与自己和他人保持沟通，使自己清楚自己要的是什么，清楚自己的感受，同时观察他人，并获得他人的认可与欢迎。奥普拉总是能和人们心心相印，让对方有安全感，感到安心舒适，她是一个高情商的人。

　　情绪的自我察觉很重要，因为它是做人的核心能力。对一个人影响最大的人就是他自己。理解自己是理解他人的第一步。

　　关于"自我察觉"，它不仅包含着对自身的察觉，同时也在极大程度上涵盖着对他人的察觉。我们可以通过观察他人的言行，更好地理解对方，从而更好地做到"共情"。在现今的社会中，一个人只有懂得理解与合作，才能更好地成就他自身的工作与生活，而这种对他人的洞察力，可以促使我们取得事半功倍的效果。我们只有心中有他人，把"小我"融入"大我"中，才能成为一个具有社会兴趣的人，才能让自己的生活真正具有意义。

那么怎么观察一个人呢？

★首先从眼睛开始

一个人的想法经常会从眼神中流露出来。

在和人们交谈的过程中，如果对方不时地把目光移向近处，则表示他对你的谈话内容不感兴趣或另有所想；如果对方的眼神上下左右不停地转动，无法安定下来，可能是因内心害怕而说谎，通常是有难言之隐，也许是为了不失去朋友的信任，而对某些事情的真相有所隐瞒；另外，和异性视线相遇时故意避开，表示关切对方或对对方有意；眼睛滴溜溜地转个不停的人，体现了意志力不坚，容易遭人引诱而见异思迁。

★其次是动作

一个人的动作往往会反映出他的心理。如他上身前倾，肩膀向下垂落，视线飘过你的头顶。很多人在决定吐露事情真相的关键时刻，都会不由自主做出这种姿势。这个姿势代表他的心理处于柔顺、服从的状态，并暗自希望能获得你的谅解。

如果他想说的并非是什么对不起你的亏心事，当然不会藏在心里太久。假使他欲言又止的次数愈来愈频繁，话到嘴边又吞了回去，代表事情的真相极有可能令你非常不悦。

当人们自在、无保留地表达自我感受时，双手通常会不自觉地飞来舞去，而把手垫在臀部下方，坐在自个儿的手上，代表此人正竭力控制自己，以免脱口说出不该说的话。

理解力：现实判断与人际关系

现实判断决定着我们对周围世界发生的事物的辨别程度，比如说人际关系，当一个人对人际关系有了一定的辨别能力，那么他就会根据自己的判断与人交往。

斯坦和布克强调现实判断的一个重要方面是，提出现实判断必须发生在"现在"。他们认为：现实判断包括接受直接情景。它表示人们能够客观地看待事物，按照它们本来的面目做出判断。简单地说，现实判断就是能够准确地判断直接情景。

比如说人际关系，在人际关系中，现实判断起了很大的作用。我们无法把握现在的人际关系，只能通过自己的认知获得，比如这个人的背景、人生观、价值观等，我们的认识源于他背后的一切。它们给我们描绘了一个地图，去了解他人的地图，但是无论这张地图多么准确，也永远构成不了整个版图。只有提高现实判断才能让这个版图更加丰富、准确。

布朗先生参加一个社交聚会，交换了一大堆名片，握了无数次手，也搞不清楚谁是谁。

几天后，他接到一个电话，原来是几天前见过面，也交换过名片的"朋友"，因为那位"朋友"的名片设计特殊，让他印象深刻，所以记住了他。

这位"朋友"也没什么特别的目的，只是和他东聊西聊，好像两人已经很熟了一样。布朗先生不大高兴，因为他和那个人没有业务关系，而且也只见了一次面，他就这样打电话来聊天，让自己有被侵犯的感觉，而且，也不知和他聊什么好。

拓展人际关系是名利场上的必然行为，但在社会上，有一些法则还是必须注意的，这样才能达到预期的效果，而不致弄巧成拙。那个"朋友"之所以让布朗先生不高兴，是因为在人际关系里，他缺乏现实判断的能力，从而引起布朗先生的反感。

在现代社会生存发展，的确需要拓展人际关系，积累人脉，但朋友是需要时间去交往的。太过心急，只会引起对方的反感和逃避。所以，建立关系需要循序渐进，一步一步慢慢接触，这样拓展出的人脉才是稳定的，才是正确的现实判断。

高情商者不仅会受到他人的喜爱，更易得到别人的帮助。高情商的人知道如何培养现实判断的能力，从而达到人际关系的通达。

总之，想成为一个高情商的人就需要有良好的现实判断的能力，从而促进人们和其他成员达成共识，打造良好的人际关系网。

行动力：自我实现与解决问题

巴昂说过："自我实现是追求实现潜在能力、才能和天资的过程。它要求个体具有确定和实现目标的能力和动力。它的特征是参与并感受全身心致力于各种兴趣与追求，从而解决问题。只有当人的潜力充分发挥并表现出来时，人们才会感到最大的满足。

对希望自己的人生能臻于自我实现的人，著名的心理学家马斯洛有以下建议：

★把自己的感情出口放宽，莫使心胸像个瓶颈。

★在任何情境中，都尝试从积极乐观的角度看问题，从长远的利害作决定。

★对生活环境中的一切，多欣赏、少抱怨；有不如意之处，设法改善；坐而空谈，不如起而实行。

★设定积极而有可行性的生活目标，然后全力以赴求其实现；但不能期望未来的结果一定不会失败。

★对是非争辩，只要自己认清真理正义之所在，纵使违反众议，也应挺身而出，站在正义的一边，坚持到底。

★莫使自己的生活僵化，为自己在思想与行动上留一点弹性空间，偶尔放松一下身心，将有助于自己潜力的发挥。

★与人坦率相处，让别人看见你的长处和缺点，也

让别人分享你的快乐与痛苦。

自我实现能够促进人们快速成长，随着人们潜能的不断提高，自我实现能力无可限量，它可以帮助人们解决很多问题，甚至能超越自己的能力，从而发现不一样的自己。

当遇到不顺心的事时，要告诉自己一切都会过去的，没有什么大不了的。相信自己通过努力可以改变目前的窘态，这是一种神奇的力量，来自于自我实现的力量，也是情商的重要内容之一。

控制力：控制情绪与保持平静

控制情绪是成就大事的本领。没有控制，你的强项就会顿时消失。人是一种具有思维和感情的动物，所以每个人都有情绪的波动，这也是人和其他动物的不同之处。

不能控制情绪的人，往往给人一种不成熟或还没长大的印象。只有小孩子才会说哭就哭，说笑就笑，说生气就生气。这种行为发生在小孩身上，大人会认为这是天真烂漫，但如果发生在一个成年人身上，人们就不免会对这个人的人格发展感到怀疑了，至少也会认为你还没长大，会对你失去信心，因为别人除了认为你"还没长大"之外，也会认为你没有控制自己情绪的能力。这样的人，一遇不顺就哭，一不高兴就生气，怎能做成大事？而这已经制约了你的个人能力的发挥了。

所以，在社会上行走，控制情绪是很重要的一件事。一个高情商的人往往会懂得控制情绪并随时保持平静，这才能避免不理智的行为。

控制情绪会提高生产效率和自我尊重感。通过理智和周密的理性思维克制冲动力，可以产生和释放能量。若能提高这种能力，人们应对生活中的问题时，一定会做出更好的表现。

能满脸笑容地面对烦心事的人，是能控制自己情绪的人。他们要大大强于那些一旦身处逆境便一蹶不振的人。那些能笑对逆境的人向世人表明，他是由能赢得胜利的材料构成的，因为没有哪个一般人能成功地做到这一点。

有一次，卡耐基和办公大楼的管理员发生了一场误会，这场误会导致了他们之间的憎恨。这位管理员为表示对卡耐基的不满，便给他时不时添些小麻烦。一天，管理员知道整栋大楼里只有卡耐基在办公室里时，立刻把全楼的电灯关了。这样的情形发生了好几次，最后，卡耐基忍无可忍，决定"反击"。

某个周末，机会来了。卡耐基在他的办公室里准备一份计划书，忽然电灯熄灭了。卡耐基立刻跳起来，奔向楼下地下室，他知道在那儿可以找到这位管理员。当卡耐基到那儿时，发现管理员正坐在一张椅子上看报纸，还一边吹着口哨，仿佛什么事情都未发生似的。

卡耐基立刻破口大骂了5分钟之久，他用尽了天下所有的脏字来侮辱管理员。最后，卡耐基实在想不出什么骂人的词句，只好放慢语速。这时候，管理员放下手中的报纸，脸上露出开朗的微笑，并以一种充满自制和镇静的声音说："呀，你今天有点儿激动，不是吗？"

他的话像一支利箭，一下子刺进了卡耐基的心。

卡耐基羞愧难当：站在自己面前的是一位只能以开关电灯为生的工人，他在这场战斗中打败了自己，而且这场战斗的场合和武器，都是自己挑选的。

卡耐基一言不发，转过身，以最快的速度回到办公室。他再也做不了任何事了。当卡耐基把这件事反省了一遍又一遍后，他立即发现了自己的错误。之后卡耐基到地下室后对那位管理员说道："我回来为我的行为道歉，如果你接受的话。"

管理员脸上露出了微笑，说："凭着上帝的爱心，你用不着向我道歉。除了这四堵墙壁，以及你和我之外，并没有人听见你刚才说的话。我不会把它说出去的，我知道你也不会说出去的，因此，我们不如就把此事忘了吧。"

由此卡耐基一再告诫我们，自制是一种十分难得的能力，它不是枷锁，而是你带在身上的警钟。

那些以为自制就会失去自由的人，对"自由"与"自制"的意义显然还没有深刻地领会。因为自我控制并不是要以失去自由的意志为代价，而自制恰恰是为了保证自由在最大限度内的实现。

对一般人来讲，处于这种极端的欢乐与悲哀的情绪环境不易为个体所控制，因此情绪对个体生活极具影响作用。从心理学的角度来讲，情绪是个体受到某种刺激所产生的一种身心激动状态，一旦情绪状态发生，虽然个体能够自我体验，但对其所引起的生理变化与行为反应却不易为个体所控制，因此对个体生活极具影响作用。情绪一旦产生,有些人往往一度沉沦于悲哀、痛苦、抑郁、孤独的心境之中而不能自救自拔。认为这种情绪无法控制,只能听之任之的观点会给人的生活带来极大的负面影响。

可见控制情绪对于人们来说是多么的重要,它不仅有益于人们的人际交往,更能提高个人的情商。

忍耐力:忍受压力与坚持梦想

哈佛学者说:"人们在忍受压力的同时,会有一个动力支撑着,那就是坚持梦想。"曾经有一个研究机构,针对哈佛大学毕业生的事业成功规律做过一次调查。最后研究者发现:同样基础的人,那些获得巨大成功的人绝大部分是年轻时就心怀梦想,并始终坚持的那些人。而虽然同样毕业于这所顶尖大学,成绩也相当优秀的毕业生,没有梦想的那些人,往往碌碌无为。

联邦快递早在创立之初的三四年里,遇到过五六次重大危机,但是创始人弗雷德·史密斯始终拒绝放弃,设定的目标没有达成他是绝不罢休的。

1971年6月28日,联邦快递公司正式成立。创业之初,弗雷德一直在寻求与美国联邦储备系统的合作,因为当时的联邦储备系统有许多票据需要在银行间传输,是一个极大的客户。在弗雷德·史密斯看来,自己提供的隔夜传递可以为对方节省大量的金钱与时间,他坚信这笔生意肯定能做成。在与联邦储备系统进行谈判的同时,这个冒险家就已经信心十足地购买了两架飞机,还投资35万美元。

可是,几周以后,弗雷德得到的却是联邦储备系统拒绝接受"隔夜快递"服务的消息,刚刚建立起来的联邦快递公司和年仅26岁的弗雷德面临着首战失利的沉重打击。每个人都对弗雷德·史密斯说,他开创隔夜送包裹的速递服务是疯了,民用航空委员会绝不会批准这么做,可靠的送货员也不可能找到。

从1972年到1973年初,弗雷德投资75000美元成立了由专家、飞行员、技师、广告代理商等组成的高级顾问小组,再次进行市场研究。结论是,小件包裹的快递业务确实有巨大的市场潜力。就这样联邦快递不屈不挠地坚持了两年，最终迎来了重大的转机。由于对商业运输的需求突然猛增，国内主要货运机构对大城市的业务应接不暇，这使联邦的业务量迅速增加。

最后，联邦快递公司终于走出困境，并创造了奇迹。1977年，弗雷德·史密斯被纽约一家杂志评选为美国十大杰出企业家。

正如美国的托马斯·爱迪生所说："天才是1%的灵感加99%的汗水。"最重要的是在关键时刻要忍受压力，并坚持最初的梦想。在任何时候，面对困难我们都不要妥协，要坚信"再努力一次"就会有新的转机。

每个人的生命都是由自己掌控的，享受它、承受它，这是唯一真正属于你的权利。坚持自己的梦想，这样你会把压力变为动力，驱使你前进。

下面来测测你的承压指数吧！小小奇异果，不仅营养健康，还可以测试出你到底可以承受多少压力。请问奇异果给你什么感觉？

A.青涩香甜

B.点缀甜点时非常漂亮

C.小巧可爱

D.毛茸茸的外皮很可爱

E.毛茸茸的外皮不太好看

测试结果：

选择A：承受压力指数为8分

你生命力旺盛，能快速了解别人的需要，善于理解复杂的人际关系，容易成为富贵中人。品位高，条件好，并重视个人成长，是一个极有智慧的人。但这种人容易自以为是而粗心犯错，使别人深感困扰，不听别人劝导而惹来烦恼，会因此而情绪失控，要记得小心，不要触犯他人。

选择B：承受压力指数为3分

你喜欢简单朴实的人生，诚恳的生活态度，使围绕在你身边的人，很有自信和安全感，你会全力以赴地去照顾和体贴心爱的人和所有亲朋好友，多愁善感是压力指数的致命伤。使你最感骄傲的是人人都因你而有福，希望得到别人的鼓励和赞扬，这些会使你疲倦，不如放下标准，自由自在地过自己的人生。

选择C：承受压力指数为9分

诚恳地对待他人，使你能透视这个世界，找到纯真善良的一面，充满自信又肯上进。你的特长是能找到许多机会，创造健康快乐的人生，与人和平共处，人缘极佳。胆小怕事使你会包容许多人的缺点，任由他们做坏事，不知后果的严重性，小心受牵连，应该多交一些世故的朋友，帮助你认清事实。

选择D：承受压力指数为7分

你有喜感十足的性格，活泼、浪漫、天真，像未失童心的人，永远能陶醉在欢笑声中，快乐时会想欢呼或手舞足蹈，你不会让痛苦或枯燥的生活打扰你欢愉的心情，是典型的适者生存者。但是你的持续能力不长，有碍事业发展。若喜欢把事业放在娱乐之后，则更需检讨人生失败的缘由，因为你会因此而产生太多困扰。

选择E：承受压力指数为6分

这个类型的人敏感度很高，适合从事有创意的工作。工作能力很强，能主动关怀许多人与事物，即使相貌平凡也露出淳朴实在的气质。你永远都会把感情和事业放在非常重要的地位，不断地走向前方。你是勇气十足的人，胆识高人一等，但无法恰当表现自己的才华，你应该先懂得生活，人际关系才会处理好，压力才会因此而消失。

PART 05
成功，
从提升情商开始

影响情商高低的因素

哈佛学者说："情商的高低决定着一个人的成败与否。"所以情商对于一个人来说很重要。那么如果想提高自己的情商，就需要找到影响情商高低的因素。

★先天因素

据英国《不列颠百科全书》智力商数词条载："根据调查结果，70％～80％智力差异源于遗传基因，20％～30％的智力差异系受到不同的环境影响所致。"情商的形成和发展，先天的因素也是存在的。例如，人类的基本表情通见于全人类，具有跨文化的一致性。

美国心理学家艾克曼的研究表明，从未与外界接触过的新几内亚人能够正确地判断其他民族照片上的表情。但是，情感的表达方式又有很大的文化差异。民俗学研究表明，不同的民族的情感表达方式有显著差异。

★心胸

1861年，那位死后仍被世界敬仰的伟大总统林肯，当时面临着一个莫大的难题——战争已经爆发，却没有能够作战的将领。林肯听说有一位将军，骁勇善战并善于训练军队，就请他担任主将。可是，这位将军的脾气一点也不比他的本事小，他经常在公开的场合羞辱林肯。有一次，林肯去他家造访，他却让林肯在客厅看电视，自己回楼上的房间睡觉。不知道有几个总统或者元首能够忍受如此的怠慢，但是林肯做到了。

林肯的做法是杰出的，他有一句名言：我不关心个人荣辱，只在乎事态的发展。那些动不动就说"我宁愿如何，也不如何"，"我愿意，你管不着"，"我不在乎老板要我做什么，我只是受不了他的态度"的人，他们的情商首先值得怀疑，因为他们没有一个宽阔的心胸。其实一时的委屈很快就会烟消云散，而有些事情却会影响深远。高情商之人都有一个宽大的心胸。

★思想

一个人追求的目标越高，就越容易不拘小节；一个人越成功，就越能忍受不公和不如意。他们志趣高远，牢记自己的目标，知道什么才是最重要的，什么只是暂时的、无所谓的，那么就不会对一些不快的情绪和不如意的事情耿耿于怀。那些献身伟大事业的人，可以不计个人荣辱，而那些胸无大志的人常常连一句嘲讽都受不了。布莱克说：辛勤的蜜蜂永远没有时间悲哀。只有那些无所事事、浑浑噩噩的人才最容易庸人自扰。

★自控

希尔曾说："一个有自制力的人，不会被人轻易打倒；能够控制自己的人，通常能够做好分内的工作，不管是多么大的挑战皆能克服。"许多年轻人情绪易波动，自制力较差，往往从理智上也想自我锤炼，积极进取，但在感情和意志上控制不了自己。

专家们认为，要成为一个自制力强的人，需做到以下几点：

——自我分析，明确目标

——提高动机水平

——从日常生活小事做起

——绝不让步迁就

——进行自我暗示和激励

——进行放松训练

★心态

人生在世，谁都会遇到许多不尽如人意的事，关键是你要以一种平和的心态去面对这一切。平和就是对人对事看得开、想得开，不斤斤计较生活中的得失，能够超脱世俗困扰、红尘诱惑，视功名利禄为过眼烟云，有登高临风、宠辱不惊的胸怀。这样的心态，不是看破红尘、心灰意冷，也不是与世无争、冷眼旁观、随波逐流，而是一种修养、一种境界。

情商是可以改变的

情感智商不是天生注定的，而是可以通过学习而重新组成的。

★思想改变情商

如果你能积极地面对生活，令人满意的生活就会降临到你的身上；反之，如果你认为自己注定一生倒霉，那么你便永远无法得到幸运女神的青睐。实际上，人类的生活正是思想的体现，所以我们在人生之路上迈出的每一步，根源都在于我们头脑中瞬时形成的想法，想法会形成感受，从而产生行动，导致结果，并最终成为我们能够感受到、触摸到的现实生活。所以，你的想法便能改变命运。

高情商者往往都会随着时间、社会、环境的变化而改变思想。每当一个使你感到沮丧或者消极的念头潜入你的思维时，应该马上提醒自己将想法转移到使你感觉良好或者充满能量的事情上。唯有这样，你才能作正确的选择，明确地知道自己想要的是什么，才能实现"吸引力"这一宇宙法则的意义，获得行动的引导和动力。

★改变自己，改变情商

在数亿年前，恐龙曾经是地球上最强大、最活跃的物种之一，但不知道什么原因被灭种了，至今没有一个科学家能拿出确实的证据来举证。但有人曾提出一个观点，就是当环境发生剧烈变化的时候，长期安于现状的恐龙缺乏"应变"和"学习"能力，无法改变自己以适应环境的变化因而导致"灭种"。

现实生活中，存在很多恐龙式的人，我们姑且称之为"恐龙族"。"恐龙族"不喜欢改变，他们安于现状，没有野心，没有创新精神，没有工作热忱，满脑子目前的状态，不设法改进自己，不让自己有资格做更好的工作。"恐龙族"不肯承认改变的事实，他们不愿为自己制造机会，而情愿受所谓运气、命运的摆布。

如果只是随遇而安，把所谓的生活安全感放在人生的第一位，久而久之，我们就会产生一种惰性，机会来到面前也把握不住，所以一个高情商的人需要斗志，需要改变自己，这样才能更好地适应千变万化的世界。

★知识改变情商

我们说知识决定命运，主要有两方面的含义：一是指知识本身所具有的前所未有的巨大功能；二是指知识能够改变人的心态，重塑人的性格，从而改变人的情商。

歌德说："人不只是靠他生来就拥有的一切，而是靠他从学习中所得到的一切来造就自己。"培根在《论读书》中写道："读史使人明智，读诗使人聪慧，演算使人精密，哲理使人深刻，伦理使人有修养，逻辑修辞使人善辩。"显然，学习可以提升人的智商和情商。

有人则从另一个角度论述道：竞争日益激烈的环境里，等到与对手碰面时，胜负其实早已定了。竞争比的是"准备"，比的是日积月累。

这种积累和准备，广泛一点说，就是知识的积累和准备；具体点说，就是心态的准备、目标的准备和行动的准备（调整心态、明确目标、采取行动都是求知的一部分）。

知识的准备和积累，不仅仅是书本知识，而应该是广义的知识，比如说兴趣、爱好、阅历等等，这些不仅改变自己的内涵，而且还会提高自己的情商。

★改变心态，提高快乐情商

要活得快乐，就必须改变自己的生活态度。世界呈现给我们的样貌是一样的，所差别的只是对事物的看法不同而已。要活得快乐，就要试着改变自己的态度。这就是快乐的真谛。

有一次爱特到美国观光，导游说西雅图有个很特殊的鱼市场，在那里买鱼是一种享受。同行的朋友听了，都觉得好奇。

那天，天气不是很好，但市场并非鱼腥味刺鼻，迎面而来的是鱼贩们欢快的笑声。爱特好奇地问当地的鱼贩："你们在这种环境下工作，为什么会保持愉快的心情呢？"对方说，事实上，几年前的这个鱼市场本来也是一个没有生气的地方，大家整天抱怨。后来，大家认为与其每天抱怨沉重的工作，不如改变工作时的心态。于是，他们不再抱怨生活的本身，而是把卖鱼当成一种快乐。

爱特又问："为什么一整天在这个充满鱼腥味的地方做苦工，你们竟然还这么快乐？"对方回答说，除了卖鱼，他们已经习惯了给一些不顺心的人排疑解难。有时候，鱼贩们还会邀请顾客参加接鱼游戏。即使怕鱼腥味的人，也很乐意在热情的掌声中一试再试，意犹未尽。每个愁眉不展的人进了这个鱼市场，都会笑逐颜开地离开，手中还会提满了情不自禁买下的货，心里似乎也会悟出一些道理来。

抱怨于改善环境无益，与其做无谓的事情，不如改变心态，使自己快乐起来。

总之，情商是可以后天改变的。哈佛教授说："低智商的人不可怕，可怕的是低情商的人。"

情商教育决定孩子的未来

前些年人们还为许多"少年天才"而津津乐道，但某些"少年班"的同学中的许多人后来的成就竟然不及普通的大学毕业生。

这不禁引起人们的思考，究竟是什么原因让这些智商极高的孩子，最后取得了与其智商不相符的成绩呢？

★软糖试验与控制力

曾有这样一个实验：

让一群儿童分别走进一个空荡荡的大厅，在大厅最显著的位置为每个孩子准备了一块软糖。测试老师对每一个将要走进去的孩子说："如果你能坚持到老师回来时还没把那块软糖吃掉的话，将会得到一个奖励——再给你一块软糖，也就是说，你将得到两块软糖。但是，如果你没等到我回来就把糖吃掉的话，那么你只能得到一块。"

实验结果发现，有些孩子缺乏控制能力，大人不在，又受不了糖的诱惑，就把糖吃掉了。另外一些孩子，则牢牢记住了老师所讲的话，认为自己只要能够再坚持一会儿，就可以得到两块糖，于是，尽量控制住自己。他们并非不受糖的诱惑，而是努力地转移自己的注意力，他们有的唱歌，有的蹦蹦跳跳，有的干脆趴在桌子上睡觉，坚持不看那块软糖，一直等到老师回来。

这样，他们就得到了奖励——第二块软糖。

专家们把孩子分成两组：能够抵御诱惑、坚持下来得到两块软糖的和不能够坚持下来只得到一块软糖的孩子，并对他们进行了长期的跟踪调查。结果发现，在他们长大以后，那些只得到一块糖的孩子普遍没有得到两块糖的孩子获得的成就大。

可见，控制力对于一个孩子的重要性。人们在探寻杰出人物成才的道路上，也逐渐认识到情商教育对于他们成长的影响。

★父母是孩子情商教育的关键

一些智商普通却表现出众的人物，无一不在向世人昭示这一成功的定律：孩子的一些美德与修养来自于家庭的培养，这些都是情商的培养。父母是孩子们情商学习的榜样。对待孩子的教育，身为父母一定要表里如一，切不要对孩子要求做到的品格修养，自己却完全做不到，这样的情商教育只会让孩子产生怀疑，要么他也学会了不好的品质，要么有可能对父母不尊重。

如同杨澜所言："关于孩子的培养，我并不看重他会弹什么琴，画什么画，我更在意培养他面对困难时的性格以及健全的人格。"这就是情商教育。

★情商培养有助于发挥孩子的潜能

人在绝境或遇险的时候，往往会发挥出不寻常的能力。人一旦没有退路，就会产生一股"爆发力"，这种爆发力就是潜能。人的潜能是多方面的，包括体能、智能、情绪反应等。然而，由于情境的限制，人只发挥了1/10的潜能。

人的潜能是最宝贵的资源。

当今世界鼎鼎大名的控制论奠基人N.维纳认为："可以完全有把握地说，每一个人，即使他是做出了辉煌创造的人，在他的一生中利用他自己的大脑潜能还不到百亿分之一。"

20世纪30年代，英国一个不出名的小镇里，有一个叫玛格丽特的小姑娘，她自小就受到严格的家庭教育。父亲经常向她灌输这样的观点：无论做什么事情都要力争一流，永远做在别人前头，而不能落后于人。"即使是坐公共汽车，你也要永远坐在前排"。父亲从来不允许她说"我不能"或者"太难了"之类的话。

对年幼的孩子来说，他的要求可能太高了，但他的教育在以后的年代里被证明是非常宝贵的。正是因为从小就受到父亲的"残酷"教育，才培养了玛格丽特积极向上的决心和信心。她总是抱着一往无前的精神和必胜的信念，尽自己最大努力克服一切困难，做好每一件事情，事事必争一流，以自己的行动实践着"永远坐在前排"。

玛格丽特上大学时，学校要求学5年的拉丁文课程，她凭着自己顽强的毅力和拼搏精神，硬是在1年内全部学完了。令人难以置信的是，她的考试成绩竟然还名列前茅。

其实，玛格丽特不光是学业上出类拔萃，她在体育、音乐、演讲及学校的其他活动方面也都一直走在前列，是学生中的佼佼者之一。当年她所在学校的校长评价她说："她无疑是我们建校以来最优秀的学生，她总是雄心勃勃，每件事情都做得很出色。"

正因为如此，40多年以后，英国乃至整个欧洲政坛上才出现了一颗耀眼的明星，她就是连续4年当选保守党领袖，并于1979年成为英国第一位女首相，雄踞政坛长达11年之久，被世界政坛誉为"铁娘子"的玛格丽特·撒切尔夫人。

其实玛格丽特·撒切尔夫人年幼时和大多数孩子一样，都有同样的智力，为什么她能获得如此高的成就呢？这和她父亲的教育是分不开的。那种一往无前的精神正是父亲给她灌输的情商教育，正是如此才能够激发她的潜能，使她成为一代传奇。

一位哲人说过：无论做什么事情，你的态度决定你的高度。撒切尔夫人的父亲对孩子的教育给了我们深刻的启示。

每个人身上都有巨大的宝藏有待我们来发掘，潜能帮助我们把工作、学习做得更出色，只要你相信，一切皆有可能。

情商高的人工作易于成功

高情商的人做领导能带领团队向更大的辉煌迈进，高情商的人即使是个职场新人，也能获得良好的人际关系，为自己的晋升创造良好的条件。

★高情商领导的智慧

说到情商之高，不得不提到一位人物，他就是战胜许多不利条件而最终取得辉煌的美国的罗斯福总统。

罗斯福是一个真正的公关高手，懂得如何引导公众舆论的走向。他当上总统后立刻加入了新闻俱乐部，以此拉近与新闻记者的距离。他对每一个采访他的记者都一视同仁、以诚相待，和新闻界建立起了一种合作互助的关系。他在公众心目中始终保持着高大、坚强、富于人情味的形象。

为了从情感上赢得公众的支持，罗斯福入主白宫后发表了一次广播讲话，他一改过去播音时正襟危坐的做法，而是采取了围坐在壁炉边拉家常的形式，在轻松的气氛中分析局势，畅谈政见。这种讲话方式让公众感到十分亲切，被人称为"炉边谈话"。第二次世界大战爆发时，美国国内反战呼声很高，罗斯福以"炉边谈话"的方式安抚对战争心有余悸的国民，向他们保证美国不会介入冲突。

但是，当法西斯暴行愈演愈烈时，罗斯福在"炉边谈话"中号召国民抛开同法西斯势力和平共存的幻想，随时做好战斗准备。他的呼吁从情和理两方面都得到了多数国民的支持，得以顺利两次修改《中立法》以适应形势的需要。当战火终于从珍珠港烧向美国时，罗斯福再次发表"炉边谈话"，到了这时候，"美国参战"不仅是总统的命令，也是公众的强烈呼声。

在罗斯福走向成功的过程中，情感因素起到了非常重要的作用，情商中的各项能力在他身上得到了近乎完美的体现。

情商的高低直接关系到一个人事业能否成功、成就的大小，在懂得了情商的内容之后，我们或许可以学习一下，让自己的情商也得到提升。

★情商会让你与上级处理好关系

一个人从出生到成熟，甚至到死亡，都有自己的上级——不同阶段的上级也不同，做学生时，老师就是你的上级；走出校门，做了普通的职员，部门主管是你的上司；拼命努力，做了主管，经理是你的上级……

一个高情商的人会主动寻求管理上司的方法。许多人都爱挖空心思地琢磨怎样管理下属，却不费点精神想想怎样管理我们的上级。这确实是个值得关注的问题，因为，对上级的不了解将直接导致你晋升无望。那么什么是与上级相处之道呢？

——首要的目的是要了解你的上级的目标、压力。这样你可以得心应手地与他交谈，因为你知晓他的希望与动力。

——了解上司的长处和弱点。了解这些可以帮助你适应他的领导风格与相处模式。比如一个喜爱追求细节的上司，你给他的报告就可不厌其烦地细议，因为他要的就是追求细节。反之，一个喜爱关注大局的上级，他大概欣赏的是三言两语把问题讲清楚的下属。

——了解上司的领导风格。要清楚地知晓你的上司爱听口头汇报，还是喜欢一个人花时间看报告，这也很有必要。

——了解上司的性格特征与兴趣爱好。这样便于你和他的沟通，使之能够有效交谈，同时容易寻找出共同的交谈话题。

管理上级是门大学问，当然远不止以上几方面，如果你是个有心人，自然会发现还有许多值得学习的地方。

情爱情商的培养

每个人的心，都像上了锁的大门，任你用再粗的铁棒也撬不开。唯有关怀，才能把自己变成一只细腻的钥匙，进入别人的心中，进而了解别人。

★爱要用沟通来表达

婚姻使处于两个不同家庭中的男女走到一起，共同开始了后半生的生活，这就意味着在认识、结婚以前，你和你的爱人都已经有了自己的生活经历，都已经形成了自己的人生观、价值观。

这样的两个成年男女为了爱、为了家庭走到一起，但如果在婚后不能及时地进行更深、更全面的了解与沟通，要想幸福是很难的。

然而，沟通并不是如想象的那般容易，良好的沟通可以使夫妻建立起信任、理解的关系，使彼此更加亲密。而那些缺乏技巧的沟通，却往往会得到相反的效果。沟通是一门深奥的学问与技巧，不善沟通的人们只会感到对方与你不在同一世界，认为对方不理解你。而一个不想沟通或直接把心事往心里藏的人，与伴侣是不会有甜蜜的生活的。因为只有沟通才能促成彼此间的理解，也只有沟通好了，对方才能感到你对他/她的爱意。

★理解对方的角色转换

一个家庭中无论是男性还是女性，一般都身兼数职：父亲、儿子、丈夫或者母亲、女儿、妻子等。如何处理好家庭成员之间的关系，是我们每个人关注的焦点。正因为这种身兼多职的因素，使得我们面对不同的对象需要展现不同

的自己，作为配偶一方需要有一颗理解对方角色转换的心。

理解对方的角色转换，避免因此而产生沟通障碍与激烈的矛盾，其中尤其要做到的是接受"恋爱"到"结婚"的角色转变，以及互相理解。对于角色转换的适应，还要求夫妻间要有足够的信任与理解，夫妻双方的互相理解是基于同理心的理解。

有个英国谚语说："要想知道别人的鞋子合不合脚，就穿上别人的鞋子走一英里。"这句谚语讲的就是同理心。

普遍认为"同理心"是个心理学概念。它的基本意思是说，你要想真正了解别人，就要学会站在别人的角度来看问题。很多时候，人们总是以自我为中心，很少站在别人的角度考虑问题，使得人际交往中总是充满了矛盾。因此我们应该学会站在别人的角度理解别人，这样才能达到良好的沟通效果。

★用情商营造轻松的家人世界

我们总是习惯自私地将包袱甩给他人，尤其是我们的伴侣，其实对方本无义务承受。"家"是一个硬件，"人"是发挥功用的软件。如果每个人都携烦恼与不快进来，一定是愁云惨雾。

当然，我们并不是告诉大家"报喜不报忧"，家人之间要互相分享，也要互相分担，这是家的功用之一。但分担的意义是通过沟通以达到目的，而不是成天绷着脸，将心中怨气毫无道理地扔给其他人，或是老觉得别人对不起自己。

沟通，对双方而言是绝对必要的，有话坐下来好好地讲，这样伴侣才能知道你的想法，也帮你自己整理思绪、稳定情绪。

总之，无论是恋人还是家人，都需要用情商经营。爱情是最神圣的，它可不是用智慧就能解决的问题。家，应该是最舒服、安全、稳定、快乐的地方，但是，这些内在境界绝不可能凭空就有，而是需要家人一起努力共同经营才会形成的。

第二篇

了解自我
——迈向成功的
第一步

PART 01

解救被情绪绑架的理性

换个视角看人生

当我们面临困惑时，如果能够静下心来，坦然面对，那么当我们从出口走出去时，就有可能看到另一番天地。问题的出口其实就是自己的人生蜕变，是自己理性地坦然面对问题的勇气和决心，是洒脱后的平静。

战时，汤姆森太太的丈夫到一个位于沙漠中心的陆军基地去驻防。为了能经常与他相聚，她搬到那附近去住，这样就可以解除相思之苦了。可是现实使她非常痛苦。那里实在是个可憎的地方，她简直没见过比那更糟糕的地方，对于她来说，那里简直是个噩梦。

她丈夫出外参加演习时，她就只好一个人待在那间小房子里。没有人跟她说话，由于是住在沙漠里非常热，汗都没有来得及出来就晒干了。她不敢出去，怕晒晕过去，而且外面风沙很大，到处是沙子，能见度极低，说不定走着走着，就迷路了，所以她只好乖乖地待在房子里。

汤姆森太太觉得自己倒霉透了，于是她写信给父母，告诉他们她放弃了，她准备回家，她一分钟也不能再忍受

了，这个地方像是牢房一样，什么也干不了，没有亲人，没有朋友，她很孤独，她宁愿离开丈夫也不想待在这个鬼地方。

过了一个月，她的父亲回信了，信上只有一句话，之后这一句话常常萦绕在她的心中，并改变了汤姆森太太的一生：有两个人从铁窗朝外望去，一个人看到的是满地的泥泞，另一个人却看到满天的繁星。

她把父亲的这句话反复念了很多遍，忽然间觉得自己很笨，于是她决定找出自己目前处境的有利之处。她开始和当地的居民交朋友，他们都非常热心。当她在家无聊的时候，她就开始写作，当她需要书籍的时候，就让家人给邮寄过来。就这样日复一日，年复一年。最终她的稿子被一家出版社看中，并发行成书，从此，汤姆森太太成为一名著名的作家。

汤姆森太太的故事也恰好说明了这样一个朴素的道理：人可以通过改变自己的心境来改变自己的人生。对于身处逆境中的人来说更是如此。如果你不满意自己的现状，想改变它，那么首先应该改变的是你自己，如果你有了积极的心态，转换一个角度，你就会看到不一样的风景，并且能够积极乐观地改善自己的环境和命运，你周围所有的问题都会迎刃而解，这是理性的控制情绪的方法。

有这样一个歌谣："别人骑马我骑驴，仔细思量总不如，回头再一看，还有挑脚夫。"这首歌谣虽理浅，却足以醒世。哲人说：人生是块多棱镜，从不同的角度比较，会产生不同的效果。

所以，我们需要换个视角看人生，这样你就会从容、坦然地面对生活。当痛苦向你袭来的时候，不要悲观气馁，要寻找痛苦的原因、教训及战胜痛苦的方法，勇敢地面对多舛的人生。

情绪产生的原因及种类

是什么原因使我们产生了情绪？情绪来自何方？

科学研究表明，我们大脑中枢的一些特殊的原始部位明显地掌控着我们的情绪。但是，人类语言的使用和更高级的大脑中枢又影响和支配着比较原始的大脑中枢。影响着我们的情绪和行为的主要原因是我们自己的思维。

另外，有些专家也指出：遗传结构只是在很小程度上决定着你是倾向于安静还是倾向于激动。而孩提时的经验和当时周围人的情绪则影响着你的情绪。各种生理因素（如疾病、睡眠缺乏、营养不良等）可能使你变得容易激动。由此可见，情绪是因多种情感交错而引起的一连串反应，与环境有着密不可分的互动关系，它并不是呼之即来、挥之即去的。

对大部分人来说，这些因素并不能完全决定着我们对周遭满意的程度，也不能决定我们能否免受焦虑、愤怒和抑郁之苦。我们的情绪在很大程度上受制于我们的信念、思考问题的方式。这正是情绪不易控制的真正原因。

情绪的种类很多，一般分为以下5种：

★原始的基本的情绪

具有高度的紧张性，包括快乐、愤怒、恐惧和悲哀。

★感觉情绪

包括疼痛、厌恶、轻快。

★自我评价情绪

主要取决于一个人对自己的行为与各种行为标准的关系的知觉。包括成就感与挫败感、骄傲与羞耻、内疚与悔恨。

★恋他情绪

这类情绪常常凝聚成为持久的情绪倾向或态度，主要包括爱与恨。

★欣赏情绪

包括惊奇、敬畏、美感和幽默。

情绪无所谓对错，它常常是短暂的，会推动行为，易夸大其词，可以累积，也可以经疏导而加速消散。情绪的好和坏事上与我们自己的心态和想法有关，与刺激关系并不大，一件事，在别人眼中看着是悲哀的，在你眼中也许就是喜乐的，主要看自己怎么想了。

情绪的表现形式是多种多样的，我们可以依据情绪发生的强度、持续的时间以及紧张的程度，把情绪分为心境、激情和应激反应3种类型：

★心境

心境是一种微弱、平静、持续时间很长的情绪状态，也就是我们大家常说的"心情"。心境是受到个人的思维方式、方法、理想以及人生观、价值观和世界观影响的。同样的外部环境会造成每个人不同的情绪反应。有很多在恶劣环境中保持乐观向上的例证，那些身残志坚的人、临危不惧的人都是值得我们学习的榜样。

★激情

激情是迅速而短暂的情绪活动，通常是强有力的。我们经常说的"勃然大怒"、"大惊失色"、"欣喜若狂"都是激情所致。很多情况下激情的发生是由生活中的某些事情引起的。而这些事情往往是突发的，使人们在短时间内失去控制。激情是常被矛盾激化的结果，也是在原发性的基础上发展和夸张表现的结果。

★应激反应

应激反应是由出乎意料的紧急情况所引起的急速而又高度紧张的情绪状态。人们在生活中经常会遇到突发事件，它要求我们及时而迅速地做出反应和决定，应对这种紧急情况所产生的情绪体验就是应激反应。在平静的状况下，人们的情绪变化差异还不是很明显，而当应激反应出现时人们的情绪差异立刻就显现出来。加拿大生理学家塞里的研究表明：长期处于应激状态会使人体内部的生化防御系统发生紊乱和瓦解，随之身体的抵抗力也会下降，甚至会失去免疫能力，由此就更容易患病。所以我们不能长期处于高度紧张的应激反应中。

控制自我是高情商的体现

一个成功的人必定是有良好自我控制能力的人，控制自我不是说不发泄情绪，也不是不发脾气，过度压抑会适得其反。良好的控制自我就是不要凡事都情绪化，任由情绪发展，而是要适度控制，这是一种能力的体现。

20世纪60年代早期的美国，有一位很有才华、曾经做过大学校长的人竞选美国中西部某州的议会议员。此人资历很高，又精明能干、博学多识，非常有希望赢得选举的胜利，而且他的威望也很高。

就在他竞选过程中，一个很小的谎言散布开来：3年前，在该州首府举行的一次教育大会上，他跟一位年轻的女教师"有那么一点暧昧的行为"。这其实是一个弥天大谎，而这位候选人不能很好地控制自己的情绪，他对此感到非常愤怒，并极力想要为自己辩解。

就在这个时候，他的妻子对他说："既然这是一个谎言，那为什么还要为自己辩护呢？你越辩护，越说明这件事是真的，与其让其他人看笑话，不如我们不把它当回事。"

果然，他把这件事当成小事，当有记者问他时，他说："这是一个误会，是一个谎言，时间会证明一切。"虽然只是简短的几句话，但是他赢得了更多人的支持。最后他竟竞选成功。

在关键时候，故事的主人公能控制自己的情绪，控制了自我，这是能力的体现，他更是一个情商高手。他没有因为别人的误解而发怒，而是转换角度，从容面对，所以他成功了。

其实，人的情绪表现会受众多因素的影响，例如，他人言语、突发事件、个人成败、环境氛围、天气情况、身体状况等等。这些因素可以按照来源分为外部因素（刺激）和内部因素（看法、认识）。两种因素共同决定了人的情绪表现和行为特征，其中个人的观点、看法和认识等内部因素直接决定人的情绪表现，而个人成败、恶言恶语等外部因素则通过影响情绪内因而间接影响人的情绪表现。

电影《空中监狱》中有这样一段情节：从海军陆战队受训完毕的卡麦伦来到妻子工作的小酒馆，正当两人沉浸在重逢的喜悦中时，几个小混混不合时宜地出现了，对他漂亮的妻子百般骚扰。卡麦伦在妻子的劝阻下，好不容易按下怒火，离开酒馆准备回家去。没想到在半路上又遇到那帮人，听着他们放肆的下流话语，卡麦伦再也无法忍受了，他不顾妻子的叫喊，愤怒地冲过去和他们搏斗起来。混乱中，一个小混混从衣兜里掏出一把锋利的匕首，卡麦伦不假思索地夺过匕首，一刀捅入对方的胸膛……那人当场死亡了，卡麦伦因为过失杀人，被判了10年徒刑。无论他有多么后悔，也只得挥泪告别刚刚怀孕的妻子，在狱中度过漫长的痛苦时光……

卡麦伦的悲剧难道不是他自己造成的吗？如果他能够控制自己的情绪，不正面与小混混冲突，又怎会酿成如此悲剧？制裁坏人并不一定要靠拳头和武力，当时，如果卡麦伦能稍微理智一些，向警方求助，事情一定不会演变到这种地步。

美国研究应激反应的专家理查德·卡尔森说："我们的恼怒有80%是自己

造成的。"这位加利福尼亚人在讨论会上教人们如何不生气。卡尔森把防止激动的方法归结为这样的话："请冷静下来！要承认生活是不公正的。任何人都不是完美的，任何事情都不会按计划进行。"理查德·卡尔森的一条黄金法则是："不要让小事情牵着鼻子走。"他说："要冷静，要理解别人。"他的建议是：表现出感激之情，别人会感觉到高兴，而你的自我感觉会更好。

哈佛教授告诉我们当你抑制不住生气时，你要问自己：一年后生气的理由是否还那么重要？这会使你对许多事情得出正确的看法。控制住自我，你的能力就会彰显出来。

情绪发电机

情绪就好像发电机一样，控制不好，它就会源源不断地充电，让我们招架不住，如果是好情绪，当然好，但如果是坏情绪，那么，就会影响我们的心情，情绪就成为真正的主人。所以，想要成为情绪的主人，就要学会怎么控制住这个"发电机"。

因为《名利场》一书而享誉世界的英国作家萨克雷有一句经典的话：生活是一面镜子，你对它笑，它就对你笑；你对它哭，它也对你哭。得意的时候高兴，失意的时候伤悲，这都是情绪这个发电机的作用。

在生活中，我们不可避免地会产生一些坏情绪，比如愤怒、怨恨、痛苦

等，这些情绪虽然都会在一定程度上会消耗我们的能量。但是，这些表面负面的感受也会有一些积极价值。在感到痛苦的时候，我们可以不断成熟，在逆境中可以不断成长。所以说，情绪发电机用好了，会帮助我们在人生的道路上少走许多弯路。

那么我们怎样把握好这个发电机、把握好自己的生活呢？

★自如的生活有属于自己的目标。有时，人们变得焦躁不安，是由于碰到自己所无法控制的局面。此时，你应承认现实，然后设法创造条件，使之向着自己的目标方向转化。

★要有一颗无限空间的心灵。大凡乐观的人往往是憨厚的人，愁容满面的人又总是那些不够宽容的人，他们看不惯社会上的一切，希望人世间的一切都符合自己的理想模式，这才感到顺心。

★当你变得浮躁、悲观之时，不如冷静地承认发生的一切，放弃生活中已成为你负担的东西，终止不能取得结果的活动，并重新设计新的生活，让自己的人生桌面换上属于自己的壁纸。

当你发现自己不会因为任何外在的改变而改变时，你就不会再因为一时的得意而沾沾自喜，也不会因为一时的失意而捶胸顿足；同样，你就不会因为别人的成就而感到暗淡，也不会因为别人的侮辱而冲动。

忙碌让你忘记痛苦

詹姆斯·墨塞尔是哥伦比亚师范学院的教育学教授。他在这方面说得很清楚："痛苦最能伤害到你的时候，不是在你有所行动的时候，而是在你没有什么事可做的时候。那时候，你的想象力会混乱起来，使你想起各种荒诞不稽的可能，把每一个小错误都加以夸大。在这种时候，你的思想就像两部没有载货的汽车，乱冲乱撞，撞毁一切，甚至自己也会变成碎片。消除痛苦的最好办法，就是要让你自己忙碌起来，去做一些有用的事情。"

如果我们觉得生活郁闷，做什么事都提不起精神，这时不妨让自己的手头忙起来，用行动驱除忧闷，这样你就会不知不觉地快乐起来。

苏茜是一位五十多岁的美国女性，她婚姻幸福，有两个十多岁的女儿，她自己开了一家公司，专门为名人制作特许产品。她还是一位艺术家，她梦想开办个人画展——墙上挂满了画，被家人朋友簇拥着，用香槟酒招待来宾。

苏茜在纽约大学读研究生，研究电影制作。苏茜女士游泳游得不错，网球也打得不错，还是一位技术不错的摄影师。她滑雪、玩帆船，还做得一手好菜，喜欢招待朋友。她很有学问，风趣诙谐，是一个充满了快乐的人。

苏茜知道怎么寻找乐趣。她始终保持精力充沛的秘密就是主动找事做。如果邻居家的玫瑰花开得特别好看，她就会带着相机从自己家里飞奔出来给这些花拍照，而且会一连用掉三卷胶卷。然后她会为此画一幅粉笔画，去参加园艺展。她在不断奔忙中找到乐趣。如果她星期六早上在农产品的集市上买了十几个绿色鸡蛋，晚餐时她就会找几个邻居到家里的露台上一边吃煎蛋卷，一边看日落。高高兴兴地到处找事做，永远忙个不停——这就是她的快乐秘诀。

当我们开始行动起来时，整个世界似乎都会与我们的目标协调一致。我们的心中也会像满帆的船只一样，充满了前进的乐趣。因此，如果你要取得内心的快乐，就要紧随心灵的声音。

不管是哪个心理治疗医生，他都会告诉你：工作——让你忙着——是精神病最好的治疗剂。

已故的哈佛大学医学院教授李察·柯波特博士说：“我很高兴看到工作可以治愈很多病人。他们所感染的，是由于过分迟疑、踌躇和恐惧等等所带来的病症。工作所带给我们的勇气，就像爱默生永垂不朽的自信一样。”

要是你和我不能一直忙着——如果我们闲坐在那里发愁——我们会产生一大堆被达尔文称之为“胡思乱想”的东西，而这些“胡思乱想”就像传说中的妖精，会掏空我们的思想，摧毁我们的行动力和意志力。萧伯纳把这些总结起来说：“让人愁苦的原因就是，有空闲来想想自己到底快不快乐。”

所以不必去想它，摩拳擦掌地让自己忙起来，你的血液就会加速循环，你的思想就会开始变得敏锐。

PART 02
敢于认识你自己

看清镜子里的你

生活中，很多人习惯把别人当作认识自己的镜子，透过别人来看自己。而事实上，那面最明亮的镜子正是自己。

自欺欺人改变不了人们眼中的事实，所以，人都需要以"己"为镜，看清自己，认识自己，随时正衣、去污，保持真实的自己，从而做一个高情商的人，生活才能潇洒自如。

著名的理论物理学家爱因斯坦的一些奇闻逸事在哈佛学子中一直广为流传。在普林斯顿大学授课时，爱因斯坦曾这样讲述：

"昨天，"爱因斯坦的父亲说，"我和我们的邻居约翰大叔去清扫南边工厂的一个大烟囱。那烟囱只有踩着里边的钢筋踏梯才能上去。你约翰大叔在前面，我在后面。我们抓着扶手，一阶一阶地爬了上去。下来时，你约翰大叔依旧走在前面，我还是跟在他的后面。后来，钻出烟囱，我们发现了一件奇怪的事情：你约翰大叔的后背、脸上全都被烟囱里的烟灰涂黑了，而我身上竟连一点烟灰也没有。"

爱因斯坦的父亲继续微笑着说："我看见你约翰大叔的模样，心想我肯定和他一样，脸脏得像个小丑，于是我就到附近的小河里去洗了又洗。而你约翰大叔呢，他看见我钻出烟囱时干干净净的，就以为他也和我一样干净，于是只草草洗了洗手就大模大样地上街了。结果，街上的人都笑痛了肚子，还以为你约翰大叔是个疯子呢。"

爱因斯坦听罢，忍不住和父亲一起大笑起来。父亲笑完了，郑重地对他说："拿别人做镜子，白痴或许会把自己照成天才的。"

爱因斯坦听后顿时满脸愧色。

原来，小时候的爱因斯坦总是喜欢和一群顽皮的孩子在一起，不爱学习。父亲的话让爱因斯坦醒悟过来，从此以后，他告别了那群顽皮的孩子，爱因斯坦时刻用自己做镜子来审视也映照自己，终于映照出了他生命的熠熠光辉。

其实，谁也不能做你的镜子，只有自己才是自己的镜子。拿别人做镜子，白痴或许会把自己照成天才。这是爱因斯坦的父亲对这个故事的总结。

自己给自己做镜子，就是用自己的目标检验自己的行动。这一辈子，你想做个什么样的人？你想办成什么样的事？你想学到什么样的知识？你想达到什么样的高度？你想让自己的人生如何度过？如果你不想让生命虚度，你就应该每天用自己的理想和目标衡量一下自己的言行。看一看，脸是不是需要洗，手是不是需要动，脚是不是需要走，腰是不是需要挺，你是否真正地认清了自己。

聪明的人认识自己，知道最好的镜子就是自己，聪明的人更善于利用自己这面镜子，为成功作点滴的积累。聪明的你抓紧擦拭自己这面镜子吧！

描绘自己的心灵地图

无论是面对自我，还是面对世界，每个人都有一定的思维方式。思维对一个人的发展来说，是至关重要的，它决定了我们对待自我、对待世界的态度。思维可以说是对于我们所能感知的世界的一个认知缩写，无论这个认知正确与否。

我们可以把思维比作地图。这幅地图并不代表一个实际的地点，只是告诉我们有关地点的一些信息。思维也是这样，它不是实际的事物，而是对事物的诠释或理论。

著名的英国戏剧家王尔德曾经说过："那些自称了解自己的人，都是肤浅的人。"这的确是无可争辩的事实，因为对每个人来说，要想完全了解自己，并不是一件容易的事情。

所以，我们要用思维来为自己描绘一个心灵的地图，这样你才不会迷路，才会真正认识自己。

当帕瓦罗蒂还是个孩子时，他的父亲，一个面包师，就开始教他学习歌唱。父亲鼓励他刻苦练习，培养歌唱的功底。

后来，在他的家乡意大利的蒙得纳市，一位名叫阿利戈·波拉的专业歌手收帕瓦罗蒂做他的学生，那时，帕瓦罗蒂还在一所师范学院上学。在毕业时，他问父亲："我应该怎么办？是当教师还是成为一个歌唱家？"父亲这样回答他："卢西亚诺，如果你想同时坐两把椅子，你只会掉到两个椅子之间的地上。在生活中，你应该选定一把椅子。"

晚上，他失眠了。他在想："唱歌是自己的梦想。我是谁？我明天将成为谁？我的未来是什么？"后来，他想明白了，今天的我要给自己指对前方的路，未来的我一定要成为歌唱家。他忍受失败的痛苦，经过7年的学习，终于迎来第一次正式登台演出。

随后，帕瓦罗蒂应邀去澳大利亚演出及录制唱片。1967年，他被著名指挥大师卡拉扬挑选为威尔第《安魂曲》的男高音独唱者。从此，帕瓦罗蒂的声名节节上升，成为活跃于国际歌剧舞台上的最佳男高音。

当一位记者问帕瓦罗蒂成功的秘诀时，他说："我的成功在于我在不断的选择中选对了自己施展才华的方向。我觉得一个人如何去体现他的才华，就在于他要选对人生奋斗的方向。"

帕瓦罗蒂是一个有思想的人，他选择了适合自己的路，在人生的道路上，他没有迷失，他敢于为自己的心灵描绘地图，他按着这个地图走向了成功。

但是，很多人过早地停止了描绘地图的工作，他们不再汲取新的信息，而以为自己的心灵地图完美无缺，让自己在原地踏步，不肯向前走，当发现别人的脚步追赶上自己的时候，他们又开始焦虑、迷茫，殊不知，他们已经错过了修改心灵地图的最佳机会。

而那些成功人士往往能自觉地探索现实，永远扩展、冶炼、筛选他们对世界的理解，他们的精神生活也丰富多彩。

所以，我们要有一个属于自己的心灵地图，并不断地修改这幅反映现实世界的心灵地图，要不断地获取世界的新信息，这样你离成功的殿堂才会更近一步。

自知之明让你情商更高

人贵自知，有自知之明的人，知道自己的优点和弱点，知道自己应该做什么，不该做什么，同时也会得出自己能做什么的结论。知道自己想要追求什么，才会变得更强大；懂得避开自己的弱点去做事情，就会减少错误的机会。这不仅只是自知，还是借鉴他人的经验教训，避免自己走弯路，使自己陷入不利的境地。

一个圆滚滚的鸟蛋，不知为什么，忽然从灌木丛上的鸟窝里骨碌碌地滚了出来，跌在灌木丛下厚厚的落叶上。奇怪的是居然没有跌破，一切完好如初。

鸟蛋得意了，对着鸟窝大声笑着说："哈哈，我是一只跌不破的鸟蛋！你们谁有我这样的本事，就跳下来比试比试看！"窝里的鸟蛋们听了，一个个探出头来看了一眼，吓得忙缩进头说："我们害怕，不敢跳呀。""哼！我早就料到你们没有这个胆量！"地上的鸟蛋神气地向窝里的鸟蛋们大声嘲笑起来。

这只鸟蛋在地上滚来滚去，一会儿滚到一棵小草边，向小草碰了碰，小草连忙仰起身子往后让；一会儿鸟蛋又滚到一株树苗边，向树苗撞了撞，树苗也仰着身子，给它让路。

鸟蛋更得意了。它认为自己力大无比、天下无敌，更加勇气十足地在山坡上滚过来，滚过去。就在鸟蛋得意之时，被山坡上一块小石头挡住了去路。鸟蛋气愤地说道："居然敢挡我鸟蛋的去路？"小石头昂着头说："一个鸟蛋对我也如此神气？"鸟蛋更气愤了，说："小草和树苗都已经领教过我的厉害，别人怕你小石头，我可不怕。"

这时鸟蛋为了显示它的勇气，不听小石头的警告，鼓足气猛地一滚，向小石头冲去。只听到"啪"的一声，鸟蛋碰得粉碎，流出一摊蛋汁。

小鸟蛋在一次又一次"畅通无阻"之后，过于沉浸于自己取得的成就，沾沾自喜，不能自拔，于是变得盲目自大，更加猖狂。它没有看清自己的处境和地位，以至于敢与比自己强大百倍的石头碰撞，所以它的结局就只能是自取灭亡。

尼采说过："聪明的人只要能认识自己，便什么也不会失去。"人贵有自知之明，难得真正了解自己，战胜自己，驾驭自己。自以为自知同真正自知不同，自以为了解自己是大多数人容易犯的毛病，真正了解自己是少数人的明智。

客观地评价自己，给自己一个准确的定位，清醒地认识到自己还存在哪些不足，并且在此基础上找到需要改进的地方，加强学习的力度。这样才能够真正有效地提高自己。

哈佛教授告诉我们，自知之明，不仅是一种高尚的品德，更是一种高深的智慧。高情商的人都有自知之明。一方面，他们能看到自己的缺点；另一方面，又会经营自己的优势。

出色源于本色

出色来自本色，自信来自于实力。想要变得出色，那么只要把自己的本色彰显出来，那么我们就是一个优秀的人。

索菲娅·罗兰是意大利著名影星，自1950年从影以来，已拍过60多部影片，她的演技炉火纯青，曾获得1961年度奥斯卡最佳女演员奖。但是在她没出名之前却是一个极为普通的女孩，是什么力量让她发光发彩呢？那是因为她始终相信自己的本色是最出色的。

她16岁时来到罗马，要圆她的演员梦。但她从一开始就听到了许多不利的意见。她个子太高，臀部太宽，鼻子太长，嘴太大，下巴太小，根本不具有一般的电影演员的容貌。

制片商卡洛看中了她，带她去试了许多次镜头，但摄影师们都抱怨无法把她拍得美艳动人，因为她的鼻子太长、臀部太"发达"。卡洛于是对索菲娅说，如果你真想干这一行，就得把鼻子和臀部"动一动"。她断然拒绝了卡洛的要求。她说："我为什么非要长得和别人一样呢？我知道，鼻子是脸庞的中心，它赋予脸庞以性格，我就喜欢我的鼻子和脸保持它的原状。至于我的臀部，那是我的一部分，我只想保持我现在的样子。"

她决心不是靠外貌而是靠自己内在的气质和精湛的演技来取胜。她努力着，奋斗着，终于她用演技征服了每一个观众。而她那些所谓的缺点反倒成了美女的标准。

索菲娅·罗兰在她的自传《爱情与生活》中这样写道："自我开始从影起，我就出于自然的本能，知道什么样的化妆、发型、衣服和保健最适合我。我谁也不模仿。我从不去像奴隶似的跟着时尚走。我只要求看上去就像我自己，非我莫属……衣服的原理亦然，我不认为你选这个式样，只是因为伊夫·圣·洛郎或迪奥告诉你，该选这个式样。如果它合身，那很好。但如果还有疑问，那还是尊重你自己的鉴别力，拒绝它为好……衣服方面的高级趣味反映了一个人的健全的自我洞察力，以及从新式样中选出最符合个人特点的式样的能力……你唯一能依靠的真正实在的东西……就是你和你周围环境之间的关系，你对自己的估计，以及你愿意成为哪一类人的估计。"

索菲娅·罗兰的出色源于她的本色，即使她的本色在别人的眼里曾是缺点，但是她认为本色是最美的，无须更改，因为她相信终有一天别人会以她的缺点为荣。这是一种自信，更是对自己的肯定。

出色源于本色，是需要我们有足够的自信。自信是我们通往成功彼岸的一座桥梁。自信是一株可以结出硕果的植物。哈佛学子爱默生说得好："自信是成功的第一秘诀，自信是英雄主义的本质。"在我们努力培养自己自信心的同时也不要忘记，你的自信是建立在"出色源于本色"的基础上，不然盲目的自信就会变成自负了。

1888年，法国巴黎科学院收到的征文中有一篇被一致认为科学价值最高的论文。这篇论文附有这样一句话："说自己知道的话，干自己应干的事，做自己想做的人！"这是在妇女备受歧视和奴役的19世纪，走入巴黎科学院大门的第一个女性，也是数学史上第一个女教授——38岁的俄国女数学家苏菲娅·柯瓦列夫斯卡娅的杰作。

做本色的"我"，张扬独一无二，除了自我凝聚、甘于寂寞外，还需要勇气。出色源于本色，它是为智慧与才干开路的先导，是向高压与陈规挑战的利剑，是同权威和强手较量的能源。

认清自己的真面目

"请尽快回答10次，我是谁？"一个看似简单却又难以回答的问题，让很多人陷入沉思："我是谁？我是一个什么样的人？我应该做一个怎样的人？""认识你自己"这句古希腊时就刻在神庙上的名言，至今仍有警示意义。

认清自己的真面目，首先要了解自己的长处和短处，并根据自己的特长来自我设计，量力而行，根据自己周围的环境、条件，自己本身的才能、素质、兴趣等，确定进攻方向，你就会在某一方面有所成就。所以，每一个人都应该正确认识自己的真面目，并坚信"天生我材必有用"。

早晨，一只山羊在栅栏外徘徊，想吃栅栏内的白菜，可是进不去。因为早晨太阳是斜照的，所以山羊看到自己的影子很长很长。"我如此高大，一定能吃到树上的果子，不吃这白菜又有什么关系呢？"它对自己说。

于是，它奔向很远处的一片果园。还没到达果园，已是正午，太阳照在头上。这时，山羊的影子变成了很小的一团。"唉，我这么矮小，是吃不到树上的果子的，还是回去吃白菜吧。"它对自己说，片刻又十分自信地说，"凭我这身材，钻进栅栏是没有问题的。"

于是，它又往回奔跑。跑到栅栏外时，太阳已经偏西，它的影子重新变得很长很长。

此时山羊很惊讶："我为什么要回来呢? 凭我这么高大的个子，吃树上的果子简直是太容易了!"山羊又返了回去，就这样，直到黑夜来临，山羊仍旧饿着肚子。

这则寓言故事看似可笑，却为我们揭示了一个深刻的道理：不能正确认识自我是很多人失败和痛苦的原因。

那么，怎样才能真正认识到自己的真面目呢?

★在比较中认识自我

想要了解自己，那么与别人相比较，是一种最简便、有效的途径。每当我们需要反躬自问"我在某方面的情况怎样"时，就很自然地使用这种方法，去判定自己的位置与形象。我们除了要不时和四周的人相比较之外，还要经常与某些理想的标准相比较。把他们作为比较的对象，以自己能否达到跟他们同样的标准作为成功或失败的衡量尺度。

★从人际态度中反馈自我

一个人总是需要跟别人交往、共处的。因而别人对你的态度，相当于一面镜子，可以观测到自身的一些情况。我们因为看不见自己的面貌，就得照镜子；同样，我们无法准确地衡量自己的人格品质和行为时，就得利用别人对我们的态度和反应，来进行自我判断。一般说来，当对方与自己的关系愈密切时，他的态度也愈有影响力。

★用实际成果检验自我

除了根据别人对自己的态度，以及与别人相比较的结果之外，我们还可以凭借本身实际工作的成果来评定自己。由于这种方法有比较客观的事实作为依据，所以通常因此而建立的自我印象也是比较正确的。这里所指的工作是广义的，并不仅限于课业或生产性的行为。由于每个人所具有的才能的性质互不相同，如果只是看他们在少数项目上的成就，往往不能全面地衡量一个人的能力与作用，很多时候，一部分人的某些才能或许因得不到施展的机会而被淹没。

PART 03
接纳真实的自我

最优秀的人其实就是你自己

自我肯定的行为可以增加一个人选择的自由度。我们要以真诚的方式表达自己，得到自尊与自重的感受的同时也能尊重别人，才是自我肯定的真谛。在生活中学习自我肯定的行为，可以有效地处理人际关系。

晚年的苏格拉底知道自己时日不多了，就想考验和点化一下他那位平时看来很不错的助手。他把助手叫到床前说："我需要一位最优秀的承传者，他不但要有相当的智慧，还必须有充分的信心和非凡的勇气……这样的人选直到目前我还未见到，你帮我寻找和发掘一位，好吗？这是我死前唯一的愿望了，希望你能帮我实现它。"

"好的，好的。"这位助手很认真、很坚定地说，"这么多年，您一直很照顾我，把我当亲人般看待，我一直很感激您，我一定竭尽全力去寻找，不辜负您的栽培和信任。"

于是这位忠诚的助手就开始想尽一切办法为自己的老师寻找继承人。然而他找来一位又一位，总不合苏格拉底的心意。有一次，病入膏肓的苏格拉底硬撑着坐起来，抚着那位助手的肩膀说："真是辛苦你了，不过，你找来的那些人，其实还不如你……"

半年之后，苏格拉底眼看就要告别人世，最优秀的人还是没有找到。助手非常惭愧，泪流满面地坐在病床边，语气沉重地说："我真对不起您，令您失望了！""失望的是我，对不起的却是你自己。"苏格拉底说到这里，很失望地闭上眼睛，停顿了许久，又哀怨地说："本来，最优秀的人就是你自己，只是你不敢相信自己，才把自己给忽略、给耽误、给丢失了……"话没说完，一代哲人就永远离开了这个世界。

故事中苏格拉底那位优秀的助手，也许他并不缺少智慧，也不缺少做人的忠诚，却独独缺乏最重要的自信，还有告诉苏格拉底自己就是最优秀的继承者的勇气。

所以，我们要对自己有信心，要学会自我肯定，你想自己是最优秀的，那么你就是优秀的那个人。

当然，自我肯定也要把握一定的要领，你至少要做到如下几点：

★温和，但不羞怯，因为对自己有信心，就要重视自己的价值。

★坚持，但不顽固，坚持重要的原则，即使在家人或外人的压力之下也不退却。

★关怀、重视别人的权益。

★表达清楚，声调、姿势、态度都能配合语言，让别人或自己清楚感受到你所要表达的内容。

★勇敢，有自信，不会畏惧压力或嘲笑。

★有自我价值感，通过与人平等的交往，自己能从别人的尊重中更重视自己为"人"的价值。

英国著名政治改革家和道德家塞缪尔·斯迈尔斯认为，一个人必须养成肯定事物的习惯。如果不能做到这点，即使潜在意识能产生更好的作用，但仍旧无法实现愿望。与肯定性的思考相对的，就是否定性的思考，凡事以积极的方式即是肯定，而以消极的方式则是否定。

人类的思考容易向否定的方向发展，所以肯定思考的价值愈发重要。如果经常抱着否定想法，必然无法期望理想人生的降临。有些嘴里硬说没有这种想法的人，事实上已经受到潜在意识的不良影响了。

一位诗人说过："不可能每个人都当船长，必须有人来当水手，问题不在于你干什么，重要的是能够做一个最好的你。"把身边的工作做好，你就是最优秀的人。

肯定自我，只有有了乐观而积极的想法，你才会找到新的人生方向和意义。

你是上帝"咬过的苹果"

有位盲人，小时候总为自己的不幸而自暴自弃。而他的母亲却向他说：因为你可爱，上帝忍不住咬了你一口，你是上帝咬过的苹果。在母亲的鼓励下，小盲人发奋努力，终于成了一名出色的钢琴师。

金无足赤，人无完人。平凡的你我都有缺点，在茫茫的人生路上也都会遇到这样那样的波折，道理很简单，因为"上帝很馋，见谁咬谁"，所以就有了人生种种的遗憾。

有人说，上帝像精明的生意人，给你一分天才，就搭配几倍于天才的苦难。这话真不假。上帝吝啬得很，绝不肯把所有的好处都给一个人，给了你美貌，就不肯给你智慧；给了你金钱，就不肯给你健康；给了你天才，就一定要搭配苦难……当你遇到这些不如意时，不必怨天尤人，更不能自暴自弃，顶好的办法，就是像那个母亲那样去自励自慰：我们都是被上帝咬过的苹果，只不过上帝特别喜欢我，所以咬的这一口更大罢了。

维纳斯雕像因其断臂而平添了一种神秘的美；比萨斜塔由于地基有缺陷而倾斜，却因此闻名于世；邮票或钞票因其印错而成为收集者的抢手货；铅、锡熔点低，不能做导线，但因此能做保险丝。缺陷是人的有机组成部分，只是

看我们是否有能力把劣势转化为优势而已。

有些人，认为自己有了缺陷，所以常常自暴自弃，最终一事无成。有些人却没有把生理缺陷视为自己人生道路上的障碍物，而是从缺陷中获得无可比拟的力量，充分发挥自己的优势，甚至巧妙利用其生理缺陷以获得成功。

有这样一句话：当上帝给你关上一扇门的同时，他也给你开了一扇窗户。那么我们为何不去利用这扇窗户来造就自己呢？我们都是上帝咬过的苹果，但是别忘了，上帝咬的同时也留下了苹果的芬芳，这个芬芳就是我们存活的价值。世界上没有完美的事、完美的人，那么就让我们在不完美中寻找完美，从而实现自己的价值吧！

优点是靠自己发现的

我们每个人都不会一无是处。人人都潜藏着独特的天赋，这种天赋就像金矿一样埋藏在看似平淡无奇的生命中。对于那些总是羡慕别人，认为自己一无是处的人，是挖掘不到自身的金矿的。

每个人都有自己的特长、优势，要学会欣赏自己、珍爱自己，为自己骄傲。没有必要因别人的出色而看轻自己，也许，你在羡慕别人的同时，自己也正被他人羡慕着。

今天的太阳真好！动物们坐在草地上聊天。

狗熊挪了一下笨拙的身子说："说实在的，我真羡慕小兔子那么灵活，跑起来像一阵风！"

兔子不好意思了，说："我真羡慕小刺猬，长着一身刺，谁也不敢欺侮它。"

小刺猬没想到有人会称赞它，高兴地说："我真羡慕长颈鹿，它能站得那么高，看得那么远，我可不行。"

长颈鹿说："我真羡慕小猴子，它能爬得像我一样高，但也能到地面上喝水、采草莓，我可办不到。"

小猴子抓抓后脑勺说："我真羡慕梅花鹿，它能在草地上跑得飞快，我不行。"

梅花鹿的胆子很小，听到这话脸都羞红了。它说："我真羡慕、羡慕狗熊大伯，它胆子大，力气也大，碰到小树、枯枝挡路，它一巴掌就能把树劈倒。"

狗熊听了这话笑了，它说："看来，生活不是十全十美的，我们都爱羡慕别人，但是我们也有被别人羡慕的地方。所以我们应该珍爱自己，为自己自豪……"

我们在拥有自己长处的同时，总会在某些方面不如别人。一个人活在世上，受各种因素影响，往往会带上或这或那的不足，如果因此而失去自己的人生定位及目标，无疑是可悲的。

所以，一定要记得我们不会"一无是处"，人人都有闪光点，千万不要一味地计较自己的缺点。在这个世界上，每个人都潜藏着独特的天赋，这种天赋就像金矿一样埋藏在我们平淡无奇的生命中。

1972年，新加坡旅游局给时任总理李光耀交了一份报告，大意是说："我们新加坡不像埃及有金字塔，不像中国有长城，不像日本有富士山，不像夏威夷有十几米高的海浪。我们除了一年四季直射的阳光，什么名胜古迹都没有。要发展旅游事业，实在是巧妇难为无米之炊。"

李光耀看了报告，非常气愤。他在报告上批了一行字："你想让上帝给我们多少东西？阳光，阳光就够了！"

后来，新加坡利用那一年四季直射的阳光，种花植草，在很短的时间里，发展成世界上著名的"花园城市"。连续多年，旅游收入名列全亚洲第三位。

爱迪生说过："使自己的强项得到巧妙发挥，因而始终能克服障碍，达到所期望的目的。"一个人的性格天生内向，不善于表达，却要他去学习演讲，这不仅是勉为其难，而且还浪费了他大量时间和精力。一个人天生有心脏病，你却要他去练习长跑，这不是要他的命吗？

自然界有一种补偿原则，当你在某方面很有优势时，肯定在另一个方面有弱项。而当你在某个方面有缺点时，可能又在另一个方面拥有优点。如果你要想出类拔萃，就必须腾出时间和精力来把自己的强项磨砺得更加锋利。

你是独一无二的

　　很多时候，人总觉得自己不重要，少个我和多个我没什么区别，而我们真的不重要吗？当然不是！"我"很重要，因为我们就是独一无二的。

　　你所能做的事，别人不一定做得来。而且，你之所以为你，必定是有一些相当特殊的地方。这些特质是别人无法模仿的。既然别人无法完全模仿你，就不一定做得了你能做的事。那么，他们怎么可能给你更好的意见呢？他们又怎能取代你的位置，替你做些什么呢？

　　记住！你有义务相信自己很重要。

　　杰拉德斯·图夫特还是一个八岁的小男孩时，一位老师问他："你长大之后想成为怎样的人？"他回答："我想成为一个无所不知的人，想探索自然界所有的奥秘。"图夫特的父亲是一位工程师，因此想让他也成为一名工程师，但是他没有听从父亲的意见。"因为我的父亲关注的事情是别人已经发明的东西，我很想有自己的发现，做出自己的发明。因为我相信自己是独一无二的，而且我会成功。"正是有着这样的渴求，当其他孩子正在玩耍或者在电视机前荒废时光的时候，小小的图夫特就在灯前彻夜读书了。"我对于一知半解从来不满足，我想知道事物的所有真相。"他很认真地说。

　　图夫特告诫我们要保持自我，做独一无二的自我。正是这样，他才知道要走什么样的道路。在现实生活中，我们可以成为一名科学家，可以去做医生，但是一定要做独一无二的人，要知道模仿他人只会葬送自己。

那么想要活得独一无二就要正确地认识自己。回答下面的测试题，看看你是否能够认识自己吧！

1.做事不能坚持到底。

2.经常心神不宁和焦躁不安。

3.不爱脚踏实地地工作，成天无所事事，且爱发脾气。

4.经常头脑发热，有盲从心理，譬如对于炒股票、期货等，不了解也会购买。

5.好高骛远，不切实际，经常跳槽换工作。

6.遇到事情好急躁，不能控制感情。

7.把恋爱当成好玩的游戏，寻找异样的刺激，打发自己的空虚和无聊。

8.求职时往往想着大城市、大企业、大单位，向往高收入、高地位，不能正确评估自己的分量，结果处处碰壁。

9.总是渴望和力求结识比自己优越的人，而对不如自己的人则爱答不理，希望从交往对象那里获得好处。

测试结果：

每题都回答"是"或"否"。如果你对上述9个问题当中至少有6个问题回答"是"，那么毫无疑问，你是一个比较浮躁的人，总是认不清自己。而如果你的大部分答案是"否"，那么你不但沉稳，对自己的认识也是比较透彻的。

从现在开始，喜欢你自己，愉快地接纳你自己吧。要知道，我们每个人都是一个独特的个体，在这个世界上是独一无二的，每一个人都有属于自己的位置。一个人只有全面地接受自己，才能走出自卑、自责的心灵沼泽，活出精彩的自己。

了解自己的不足

正视自己的缺点，才能真正地认识自己。这正是哈佛一贯秉承的教育理念。哈佛教授斯蒂芬·杰·古尔德说："人不可能没有弱点，一个伟大的人善于放大优点，缩小缺点，失败的人往往因为自身的弱点而败了一生。"

金无足赤，人无完人。没有一个人是完美无瑕的，难道有缺点和不足就注定要悲哀，要默默无闻，无法成就大事吗？其实，只要你把"缺陷、不足"

这块堵在心口上的石头放下来，别过分地去关注它，它也自然不会成为你的障碍。假如能善于利用你那已无法改变的缺陷、不足，那么，你仍然是一个有价值的人。

亨利3岁时被高压电流击伤，因双臂坏死而截肢致残。在这之后，父母将他送到附近的一座残疾人孤儿院去，他在那里住了整整16年。亨利很爱学习，开始亨利用嘴叼着笔写字，由于离纸太近眼睛疼痛，于是他改用脚写字，他在孤儿院上完了中学。

回到故乡后亨利开始边工作边学习，他在一个师范学院学习文学专业。他并不想当老师，只是想完善自己，他和其他普通大学生们一样要做作业，通过各门测验和考试。亨利通过训练能够自己照顾自己的生活。他还能够处理一些简单的家务。

后来，亨利成了家，他的妻子琼斯说："亨利很聪明，要是有什么事情做不了，他就会琢磨该怎么办。他是一个优秀绘图员，他会修各种电器，搞得懂所有的电路。他总是一刻不停地干这干那，他还改过裙子呢，又是量，又是画线，又是剪，最后用缝纫机做好。在家乡他挺知名的，一天到晚总是吹着口哨或哼着歌儿，是个无忧无虑的快乐人。"

亨利喜欢唱歌，参加了巡回演出团。他常常到孤儿院去义演。他和他16岁的儿子一起录制磁带送给朋友们。他靠600美元的退休金和妻子微薄的工资度日，生活过得十分清苦。但是，对于他来说，他是幸福的。

亨利知道自己的缺陷，但他没有自卑，而是努力做了正常人都无法去做的事情。人没有完美的，总会有这样或那样的缺点，重要的是，我们如何把不足与缺陷化为动力，去完成自己的梦想。

我们每个人都应该知道一件事：这个世界上没有十全十美的人！唯有真心诚意地接纳自己的人，才能正确对待自己的缺点，才能克服外界的阻力取得成功。

在离戴尔家一分钟行程的地方，是片原始未开发的森林。戴尔常带了小猎犬雷克斯到森林里散步，由于一向很少在森林公园内碰见其他的人，也就不给小狗使用皮带或口罩，而让小狗自由奔跑。

一天，戴尔和他的狗在公园内碰见一位骑警，那位警察显然很想显示一下自己的权威。

"为什么让这只狗到处乱跑？为什么不用皮带或口罩？你知道这是犯法的吗？"他指责道。"是的，我知道。"戴尔温和地回答，"我以为在这种荒无人烟的地方，不会有什么危险。""法律可一点也不在意你怎么以为。这只狗很可能会咬伤小孩或松鼠，知道吗？我这次不处罚你，下次如果让我看到了，一定罚你。"

一日下午，戴尔又带了雷克斯到公园里去，还是没给狗戴上口罩，忽然，他又见到那位被法律所赋予权力的权威人物。戴尔被逮个正着。所以不等骑警开口，戴尔便真诚地说："警官先生，我是被你逮个正着，罪证俱在。我接受你的处罚。""是啊，我是这么讲过。"骑警的语气相当温和。戴尔回答："我又违反了法律的规定。""啊，一只这么小的狗，应该不会伤到什么人。"骑警没表示同意。"但它可能咬伤了小松鼠。"戴尔又说道。"啊，别把事情看得太严重了。"警察告诉戴尔，"我告诉你怎么办。把这只小狗带到我看不见的地方去。"

本来应该被罚款的戴尔，由于主动说出自己的错误，反而得到了骑警的谅解。为什么会这样？原因很简单——当戴尔一再谴责自己的时候，对知错就改的戴尔采取一种宽大的态度比为此惩罚他更能满足骑警的自尊心。遇事即刻承认错误，毫不掩饰，也毫不退缩，很多事情就能在彼此立场对换的情况下，完满结束。

当一个人将自己的缺点或不足坦然地呈现于自己与他人面前时，其结果也许不会像他预先设想的那么糟。人们不但不会看不起他，反而会感受到他的真诚。如果逃避缺点，缺点就会不断变大，以至于使我们在人生的重大问题的抉择上犯下错误。

不要太在乎别人对你的看法

舆论是世界上最不值钱的商品，每个人都有一箩筐的看法，随时准备加诸别人身上。不管别人怎么评价，都只是他们单方面的说法，并且有很多是没有经过认真思考的，事实上这些评价并不会对我们造成任何影响。说到评价，我们希望听到别人认真的评价，但不管别人怎么说，都不要太在意。

一大清早，鹤就拿起针线，它要给自己的白裙子上绣一朵花，以显出自己的娇艳美丽，它绣得很专注。可是刚绣了几针，孔雀探过来问她："你绣的是什么花呀？""我绣的是桃花，这样能显出我的娇媚。"鹤羞涩地一笑。"干吗要绣桃花呢？桃花是易落的花，还是绣朵月月红吧。"鹤听了孔雀姐姐的话觉得有理，便把绣好的部分拆了改绣月月红。

正绣得入神时，只听锦鸡在耳边说道："鹤姐，月月红花瓣太少了，显得有些单调，我看还是绣朵大牡丹吧，牡丹是富贵花呀，显得雍容华贵！"

鹤觉得锦鸡说得对，便又把绣好的月月红拆了，重新开始绣起牡丹来。绣了一半，画眉飞过来，在头上惊叫道："鹤姐姐，你爱在水塘里栖息，应该绣荷花才是，为什么要去绣牡丹呢？这跟你的习性太不协调了，荷花是多么清淡素雅啊！"鹤听了，觉得也是，便把牡丹拆了改绣荷花……

每当鹤快绣好一朵花时，总有人提出不同的建议。她只得绣了拆，拆了绣，直到现在白裙子上还是没有绣上任何花朵。

故事中鹤的行为很可笑，但笑过后想想，我们自己是不是也经常这样？

所以做人千万不能像这只鹤一样，一定要有头脑，有自己的判断取向，不随人俯仰，不与世沉浮，这才是值得称道的情商品质。而随波逐流，闻风而动的人，恰是活在他人的价值标准里，终归会迷失自己。

不要让众人的意见淹没了你的才能和个性。你只需听从自己内心的声音，做好自己就足够了。哈佛学者说，自己的鞋子，只有自己知道穿在脚上的感受。我们无论做什么，一定要对自己有一个清楚的认识，不要轻易地被别人的见解所左右，这才是认识自己和事物本质的关键所在。

以下是坚持自我的一些经验之谈：

★对别人的看法要平衡，别人并非是先知先觉，他和你我都是一样的平凡。

★只要认准了方向，就要勇往直前，不要顾及是否会引起别人的嫉恨。

★选择不喜好闲言碎语的人为友，这将有助于你不再为"别人怎么说、怎么想"而发生恐惧。

★在处理问题时，相信"别人"和你并无什么本质差异。

★多想想自己的积极品质。

做人有两种可能，一种是像巴甫洛夫的狗，只听从外来的信息；另一种就是运用自己的脑子，选择能使自己变得更好的想法和做法。你做人是选择前者还是后者？

接受现实是成熟的标志

泰戈尔说：不要让我祈求免遭危难，而是让我能大胆地面对它们。

世界上的很多东西都不是完整的，而这些很多的不完整也就促成了人间的烦恼甚至是悲剧。我们必须接受无法改变的现实。要想在自己有限的生命中做一点事情，首先就应该认识到人生有限、时光飞逝的现实，这样才是成熟的标志。

托尔斯泰在他的散文名篇《我的忏悔》中讲了这样一个故事：

一个男人被一只老虎追赶而掉下悬崖，庆幸的是在跌落过程中他抓住了一棵生长在悬崖边的小灌木。

他感谢上天没有让他这么死掉，但是此时还有很多的危险，他发现，头顶上那只老虎正虎视眈眈，低头一看，悬崖底下还有一只老虎，更糟的是，两只老鼠正忙着啃咬悬着他生命的小灌木的根须。

绝望中，他突然发现附近生长着一簇野草莓，伸手可及。于是，这人拽下草莓，塞进嘴里，自语道："多甜啊！"

虽然故事的主人公身处绝望之中，但他能勇敢地接受现实，并能找到短暂的快乐。生命进程中，当痛苦、绝望、不幸和危难向你逼近的时候，你是否还能有勇气享受一下野草莓的滋味？接受残酷的现实会让你变得迅速成长，变得成熟。

已故的布什·塔金顿总是说："人生加诸我的任何事情，我都能接受，只除了一样，就是瞎眼。"然而，在他60多岁的时候，他的视力在减退，有一只眼睛几乎全瞎了，另一只离瞎也不远了。他唯一所怕的事情终于发生在他的身上。

当塔金顿终于完全失明之后，他说："我发现我能承受我视力的丧失，就像一个人能承受别的事情一样。要是我5种感官全丧失了，我知道我还能够继续生存在我的思想里，因为我们只有在思想里才能够看，只有在思想里才能够生活，不论我们是不是知道这一点。"

塔金顿为了恢复视力，在一年之内接受了12次手术。他有没有害怕呢？他知道这都是必要的，他知道他没有办法逃避，所以唯一能减轻他受苦的办法，就是爽爽快快地去接受它。

他拒绝在医院里用私人病房，而住进大病房里，和其他的病人在一起。他试着去使大家开心，而且他很清楚地知道在他眼睛里动了些什么手术——他只尽力让自己去想他是多么的幸运。"多么好啊，"他说，"多么妙啊，现在科学的发展已经达到了这种技巧，能够为人的眼睛这么纤细的东西动手术了。"

这件事说明了一个道理："瞎眼并不令人难过，难过的是你不能忍受瞎眼。"是的，有些人一旦遇到困难，首先就是自暴自弃，不肯面对现实，其实如果我们从另一个角度去看的话，我们会发现接受它比逃避它能让人更加成熟。

你知道汽车轮胎为什么能在路上跑那么久，能忍受那么多的颠簸吗？起初，制造轮胎的人想要制造一种轮胎，能够抗拒路上所有的颠簸，结果轮胎不久就被切成了碎条。然后他们又做出一种轮胎来，吸收路上所碰到的各种压力，这样的轮胎可以"接受一切"。在曲折的人生旅途上，如果我们也能够承受所有的挫折和颠簸，我们就能够活得更加长久，我们的人生之旅就会更加顺畅！

不要奢望"鱼和熊掌兼得"的完美，有时候完美并不等同于伟大或成功，却恰恰是缺憾的验证。它让我们不能接受事实，也不能满足于现状，以至于减少了很多成功的机会。

PART 04
重建与自我的关系

跳出自我的小世界

有时候，限制我们走向成功的，不是别人拴在我们身上的锁链，而是我们为自己设置的限制。没有人束缚我们，只是我们自己束缚了自己，跳出自我的小世界，我们会发现，世界如此之大，自己又是如此渺小。所以我们需要自我实现。

"自我实现"，即"自我观"，是决定人们行为方式的重要因素。每个人，无论是聪明或愚蠢，贤良或奸诈，他的表现都是与其当时的"自我观"相符的行为。

总而言之，每个人都会依照他的自我观点，来决定哪些事他可以做，哪些不可以做，或是该怎样去做好一件事情。因此别人也就能够根据他通常所表现的行为，对他有所了解和认识。如果某一个人对于自己各方面的认识，都和实际情况颇为接近，也就是说，他有着比较正确的"自我观"，那么他所表现的行为自然会很恰当。相反如果一个人没有正确的"自我观"，他就不能很清楚地表现自己独特的一面，而只是成为人群中的一分子，那么这个人的个人形象将会明显存在缺憾。

几年前，他认为自己可以大言不惭地说："恐怕在20万个父亲中，才能找到一个像我这么了解孩子的人！"但在女儿进入高中后，他的这种信心逐渐动摇了。在一次按约同老师通话后，他的信心基本崩溃。因为老师不容辩驳地说出了他女儿一大堆"必须及时改正"的缺点：太过自我，什么建议都不听，并得出了"没有数学脑子"、"缺乏逻辑思维能力"等可怕的结论。在这种情况下，他的女儿，终于说出了这种话："爸，我厌学了……"

这样苦苦挣扎到高三，他把女儿送到了美国。在经历过一段痛苦的适应期后，好消息不断从大洋那边传来。

几个月后，他女儿不但取得了很好的考试成绩，还得到了几份美国老师写给大学的推荐信。这些信，都写得热情、具体、亲切、自然。

她在国内曾经被老师批评为"没有数学脑子"，而她的美国数学老师却说她"在数学和解决难题方面有显著特长，经常以自己优雅而且具有创造性的方式解决难题，完成数学证明"。

语法老师说她"对细节和微妙的语法差别有敏锐的目光，能成功地记住新词汇并在文章中创造性地运用，能用轻柔的语言轻松地表达自己的想法"。

英文老师称赞她"对学习感到兴奋，能在学习中探索智慧"。并且还令人吃惊地写道："人格的力量，这就是全部。这就是麦粒和谷壳的区别，这就是她的内在。不自负，不自私，不虚伪。我以性命担保她行。"

这些肯定的评价无疑让女孩获得了成功，这个故事看似不同人对她的评价不同，但从某种意义上讲，这个孩子在国内时太过封闭，没能接触新鲜事物，当她在国外接触到新的事物时，就打开了通往世界的大门。

那么怎样才能做到跳出自我的小世界呢？这需要自我调整，下面是哈佛学者的经验之谈：

★自我调整

美国经营心理学家欧廉·尤里斯教授提出了能使人平心静气的三项法则："首先降低声音，继而放慢语速，最后挺直胸部。"

★闭口倾听

闻名英国的政治家、历史学家帕金森和英国知名的心理学家拉斯托姆吉，在合著的一书中谈道："假如发生了争吵，切记免开尊口。先听听别人的，让别人把话说完，要尽量做到虚心诚恳，通情达理。靠争吵绝对难以赢得人心，使沟通立竿见影的办法是彼此交心。"愤怒情绪发生的特点在于短暂，"气头"过后，矛盾就较易解决。

★理性升华

当冲突发生时，在内心预计一个后果，想一下自己的责任，将自己升华，使自己成为一个有理智、豁达大度的人，就一定能控制住自己，缓解紧张的气氛。

★找朋友倾诉

当意识到自己情绪不好的时候，可以找自己最好的朋友或者最交心的同事，向他们诉说，因为他们往往能从客观的角度来看待问题，弄清楚问题的症结所在，找出解决的方法。

★转移视线

在情绪不好的时候，可以看书，或者参加一些体育运动来转移注意力，也可以做一些有氧运动。

走出自闭，融入群体的海洋

自闭是指将自己与外界隔绝开来，很少或根本没有社交活动，除必要的工作、学习、购物以外，大部分时间将自己关在家里，不与他人来往。自我封闭者都很孤独，没有朋友，甚至害怕社交活动。

自我封闭行为之所以会产生，往往与生活中所遭遇的挫折有关。有些人在生活、事业上遭到挫折与打击后，精神上受到压抑，对周围环境逐渐变得敏感，变得不可接受，于是选择封闭在自己的世界里。

毫无疑问，自我封闭会使得自己与社会脱节，封闭者想改变这种状况，可以从以下三个方面来改变自己。

★需要培养冒险精神

培养冒险精神、克服恐惧感是培养健康心态的重要内容。冒险精神并非与生俱来，多半是由训练而来的，经由冒险、失败、再冒险、再失败，一步步锻炼出来的。勇于冒险的人，并非不惧风险，只是因为他们能认清风险，进而克服对风险的恐惧。

★要充满热情

当我们对我们所做的事情怀有热情时，成功自然会随之而来！对生命和

对工作的热情，是获得成功及财富的
关键。因此，我们也不妨问问自己的
心，自己到底想要的是什么。当你追
随自己的心，当你发现真正滋润你灵
魂的是什么时，另一种充满喜悦的人
生就在转角处等你了。

　　虽然人性中天生带有很大的自闭
倾向。人总是习惯于埋藏自己、封闭
自己，将心门关得死死的。但是仔细
想想，生活中真有那么多的烦恼吗？
其实，许多事并没有想象中那么严重，只是我们把它放
大了而已。我们要学会对自己说"没关系"，这样我们
的生活里就会常常充满开怀的笑声。

　　想要拥有美好的人生，就一定要打开自己的心门。
为此，我们应该尽量做到以下几点：

　　★要乐于接受自己

　　有时不妨将成功归因于自己，把失败归结于外部因
素，不在乎别人说三道四。接受自己的不完美，接受失败
和挫折，走出自闭，而不是逃避现实。

　　★要提高对社会交往与开放自我的认识

　　与人交往能使人的思维能力逐步提高并得到完善；能
使人的思想观念与时俱进；能丰富人的情感，维护人的心
理健康。一个人的发展高度，由自我开放、自我表现的程
度决定。想要克服孤独感，就要把自己向交往对象开放。
既要了解他人，又要让他人了解自己。

　　★要顺其自然地生活

　　不要为一件事没能按计划进行而烦恼，不要对某一
次待人接物做得不够周全而自怨自艾。
如果你对每件事都精心对待以求万无
一失的话，你就不知不觉地把自己

的感情紧紧封闭起来了。应该重视生活中偶然的灵感和乐趣，快乐是人生的一个重要标准。有时让自己高兴一下就行，不要整日为了目的、为解决一项难题而奔忙。

★不要掩饰真实的感情而刻意去"梳妆打扮"

如果你和你的挚友分离在即，你就让即将涌出的泪水流下来，而不要躲到盥洗室去。为了怕别人道短而把自己身上最有价值的一部分掩饰起来，这种做法没有任何意义。

拒绝依赖，让自己自强自立

每个人对别人都有一种依赖性，然而，生活中最大的危险就是依赖他人来保障自己。将希望寄托于他人的帮助，便会形成惰性，失去独立思考和行动的能力；如果将希望寄托于某种强大的外力上，那么自己的意志力就会被无情地吞噬掉。

卡耐基说："为了成功地生活，青少年必须学习自立，铲除埋伏于各处的障碍，家庭要教养他，使他具有为人所认可的独立人格。"所以，不要再惧怕困难，扔掉心里的那根拐杖吧！

毕业于哈佛大学的肯尼迪一直是美国人民的骄傲，同时他也是哈佛人自己的骄傲。哈佛大学为了纪念这位伟人，建立了肯尼迪政治学院。

美国总统约翰·肯尼迪的父亲从小就注意对儿子独立性格的培养。有一次他赶着马车带儿子出去游玩，在一个拐弯处，因为马车速度很快，猛地把小肯尼迪甩了出去。当马车停住时，儿子以为父亲会下来把他扶起来，但父亲却坐在车上悠闲地掏出烟吸起来。

儿子叫道："爸爸，快来扶我。"

"你摔疼了吗？"

"是的。"

"那也要坚持站起来，重新爬上马车。"

儿子挣扎着自己站了起来，摇摇晃晃地走近马车，艰难地爬了上来。

父亲摇动着鞭子问："你知道为什么让你这么做吗？"

儿子摇了摇头。父亲接着说："人生就是这样，跌倒、爬起来、奔跑；再跌倒、再爬起来、再奔跑。在任何时候都要靠自己，没人会去扶你的。"

诚然，比起依赖别人，少了拐杖的确累得多，但是，与其现在因依赖而享受，不如靠自己的独立奋斗为将来获得更大的成就打好基础。哈佛教授们就不主张依靠拐杖，他们认为拐杖永远只能是外力，短时间内，你可以依靠它省时省力，但从长久看来，拐杖反而是潜伏的危机。拐杖使你养成了依赖心理，培养了你的惰性，当有一天拐杖不在时，也许你已经不具备奔跑的能力。所以，要想奔跑，拐杖绝不是支撑你的力量。

自强自立的人，不论在工作、学习还是在生活上，凡是能自己做的，都不会依赖别人，我们要把依赖别人、不思进取、不努力看作是没有出息的表现，是不光彩的行为，而将通过自己的努力创造美好生活和获得的事业成功看作是一种莫大的荣耀。

黄昏时刻，有一个人在森林中迷了路。天色渐渐地暗了，眼看黑幕即将笼罩，黑暗的恐惧和危险一步步移近。

突然，眼前出现一位流浪汉，他不禁欢喜雀跃，上前叫住流浪汉，探询出去的路途。这位陌生的流浪汉很友善地答应帮助他。走呀走，他发现这位陌生人和他一样迷了路。于是他失望地离开了这位迷途的陌生伙伴，再一次回到自己的路线上来。

不久，他又碰上了第二个陌生人，那人肯定地说自己拥有逃出森林精确的地图，他又跟随这个新的导引，终于发现这人所谓的地图只不过是他自欺欺人而已。

于是他陷入深沉的绝望之中，他曾经竭力询问他们有关走出森林的知识，但他们的眼神后面隐藏着忧虑和不安，他知道，他们和他一样的迷茫。他漫无目的地走着，一路的惊慌和失误，使他彷徨、失落并恐惧。无意间，当他把手插入口袋时，摸到了一张正确的地图。

这时他若有所悟地笑了：原来它始终就在这里，只要从自己本身去寻找就行了。从前他只是忙着询问别人，反而忽略了最重要的事——回到自己身上找。

许多人习惯于依赖别人，却忘记了向自己求助。实际上，最值得信赖的除了自己还能有谁呢？父母会离我们而去，朋友间也不会有不散的筵席，对他们的依赖只能持续一段时间而不能长久地依靠。学会依赖自己，才是摆脱困难的最好方法。

每个人都是可以自立的，然而真能充分发挥自己独立能力的人却很少。依赖他人、追随他人，按照他人的想法去做事，自然要比自己动脑筋轻松得多。但是若事事都有人替我们想，替我们做，必定无益于我们事业的成功，也不利于我们的成长。要使我们的力量和才能获得发展，不能依靠他人而只能靠自己。一个能抛弃凭借，放弃外援，只依赖自己努力的人，才能得到真正的胜利。

把握好自己的选择权

每个人都有选择权，有什么样的选择就意味着你过什么样的生活，所以人们要把握住自己的选择权，无论是人还是事都一样，要想得到自己想要的东西，就要懂得如何选择。

"你们替我决定吧！""我随便，你们商量去吧！""怎么都行！"不知道你的生活中是否经常有这样的句子出现。

表面上看来，这些话显示出你很随意的性格，但严肃地分析这些话，你可能会被我们的结论吓一跳——这种随便的态度是在敷衍自己的人生。

可是，就是有人选择将这项权利拱手交给别人。

选择是艰难的，因为选择就意味着要有取舍，而无论作什么选择，都意味着要放弃其中之一，于是你退缩了。但你也许想不到，你很可能会因此变成一个懒惰的人，没有主见、没有勇气，在遇到问题时，你一定会恐慌而且不知所措，你的思考和行动能力也会逐渐地削弱。

所以，每个人都要牢牢地把握住自己的选择权，这样的人生也才更完整。

选择并不是一件简单的事情，不仅要懂得自主地选择，更要学会如何选择。而诀窍就在于不要因他人的言论和判断束缚了自己选择的步伐，任何时候，让自己的心做行动的向导，它会带你去到那个你想去的地方。

伊夫琳·格兰妮是世界上一流的打击乐独奏家，她曾说："从一开始我就决定：一定不要让其他人的观点阻挡我成为一名音乐家的热情。"

格兰妮8岁时就开始学习钢琴，日子如流水般滑过，徜徉在音乐世界的她毫无倦怠，她的热情与日俱增。

然而，不幸的事情发生了，她的听力渐渐下降，医生们断定这是由于神经损伤造成的，而且这种损伤难以康复，并且还断言到12岁时，她将彻底耳聋。虽然她非常震惊，甚至非常绝望和悲痛，但她仍然执著地爱着音乐。

她的理想是成为打击乐独奏家，而在当时并没有这么一类音乐家。为了演奏，她学会了用不同的方法"聆听"其他人演奏的音乐。她穿着长袜演奏，这样她就能通过身体和想象感觉到每个音符的震动，她几乎用她所有的感官来感受着她的整个声音世界。

虽然丧失了听觉，她依然决心成为一名音乐家，于是她向伦敦著名的皇家音乐学院提出了申请。她的演奏征服了所有的老师，最后，她打破了这个学校从来不收聋学生的传统，顺利地入了学，并在毕业时荣获了学院的最高荣誉奖。

从那以后，她就致力于成为第一位专职的打击乐独奏家，并且为打击乐独奏谱写和改编了很多乐章。

格兰妮一直坚持她自己的选择，她不为传统或世俗所左右，甚至是医生的诊断也不能阻止她，所以她终于成功了，她成了世界上第一位专职的打击乐独奏家。

生活中的你尝试过作选择吗？在学习和游戏之间、在交友和树敌之间、在谦逊和逆反之间？你又是否感受到了选择的巨大力量，感受到了自己的价值？当你轻视自己的选择权利时，它就真的无足轻重；当你重视自己的选择权利时，它又会变得举足轻重。用汽车大王亨利·福特的话来说，无论你认为自己能还是不能，你都是对的。既然如此，为何不选择认为自己能呢？

告别焦虑，还你一份平静

心理学指出，焦虑是一种没有明确原因的、令人不愉快的紧张状态。适度的焦虑可以提高人的警觉度，充分调动身心潜能。但如果焦虑过度，则会妨碍人们去应付、处理面前的危机，甚至妨碍人们的日常生活。

焦虑多表现为心悸、心慌、忧虑、担心、愣神、沮丧、灰心、自卑等。心理学研究表明，导致焦虑的原因既有心理因素，又有生理因素，同时，人的认知功能和社会环境也起重要作用。

面对焦虑，面对真实的自己，是化解焦虑的最佳良药。让我们一起化焦虑为成长的契机，做个自在的现代人。下面让哈佛教授教你几招来化解焦虑：

★对运动说，我要运动精神百倍

焦虑者可通过强耗氧运动，振奋自己的精神，如快步小跑、快速骑自行车、疾走、游泳等。通过这些耗氧量很大的运动，加速心搏，促进血液循环，改善身体对氧的利用，让不良情绪与体内滞留的浊气一起排出，从而使自己精力充沛，进而振作起来，心理困扰自然就得到了很大排解。

★对音乐说，我要舒缓精神压力

一个人，不管他的心情多么不好，只要能听到使人愉悦的音乐，他就会感到无比舒畅。以音乐来摆脱心理困扰时，要注意选择能配合当时心情的音乐，然后逐步将音乐转换到有利于将自己的心情调整好的风格来。

★对颜色说，我今天心情很好

美学家通过研究多人的行为发现，犹如维生素能滋养身体一样，颜色能滋养心气，而且效果较明显。要注意选择适宜的颜色，凡是能使心情愉快的鲜明、活泼的颜色以及具有缓和和镇静作用的清新颜色都可采用，这样，可产生滋养心气的效果，并使心理

困扰在不知不觉中消释。

★对自己说，我不是完美无缺的

有些人因为过于顾及脸面和名誉，总是在寻求完美，生怕有所缺憾，一旦难以达到这个目标，就会焦虑不安。其实世界上没有一个人是完美无缺的。因此要有勇气对自己说：我不是完美无缺的，我只想尽力而为。这样你的心情就会慢慢松弛下来，不会总是处于莫名其妙的紧张状态之中。

★对别人说，你的评价仅供参考

人产生焦虑还因为过多地关注别人对自己的评价，害怕自己给别人留下不好的印象，得不到别人的赞扬。实际上一个人的情感、观点、说话、处事等，很难得到所有人的称赞，总会遇到反对意见。所以要有勇气对别人说：你对我的评价仅供参考，我不能为了迎合你的意见而改变。这样就不会为了顾及他人的需要而整日心神不定了。

★对挫折说，没关系，我可以排除你

生活中充满意想不到的挫折，挫折会构成心理压力，特别是一些女性的焦虑就是由此而引起的。因此遇到挫折时，可以用宣泄的方法来释放内心的郁闷，如向好友一吐为快，或外出旅游，让湖光山色冲淡不良心绪等。总之，要尽快走出由挫折所造成的困境，不要让挫折变成心理上的压力。

为自己而活，不要取悦他人

取悦他人，往往意味着伪装自己。没有谁受得了长久地掩饰自己的本性，除非他内心是麻木的。所以，哪怕在强调要懂得社交技巧和办事艺术的今天，我们依然告诫人们，不要为了取悦他人而迷失自我。

取悦他人是人们的普遍心理，同时又是人们不自信的一种表现。

不要过分关心别人对自己的想法。你过分关心别人的想法时，太小心翼翼地想取悦他人时，当你对别人是否真正欢迎你而过分敏感时，就会有过度的否定、压抑以及不良的表现。最重要的是，我们应该看看自己能够做些什么有意义的事情。所以我们应该要保持做我们自己，不必取悦所有的人。

莉亚自幼学习艺术体操。可是很不幸，一次意外事故导致她走路有一点瘸。后来莉亚搬到了约克郡乡下。

一天，小镇上的雷诺兹老师领着一个女孩来向她学跳苏格兰舞。在她们诚恳的请求下，莉亚勉为其难地答应了她们。当那个女孩再一次跳错时，莉亚不由自主地站起来给对方示范那个要领——一个带旋转的交叉滑步动作。莉亚一转身，便敏感地看见那个学生的目光正盯着自己的腿，一副惊讶的神情。她忽然意识到，自己一直刻意掩盖的残疾在刚才的瞬间已暴露无遗。于是当时就决定不再教她跳舞。

事后，莉亚满心歉疚。过了两天，莉亚亲自来到学校，和雷诺兹老师一起等候那个女孩。莉亚说："如果把你训练成一名专业舞者不是一件容易的事，但我保证，你一定会成为一个不错的领舞者。"

这一次，她们就在学校操场上跳，有不少学生好奇地围观。那个女孩笨手笨脚的舞姿不时招来同学的嘲笑，她满脸通红，不断犯错，每跳一步，都如芒刺在背。莉亚走过去，轻声对那个女孩说："假如一个舞者只盯着自己的脚，就无法享受跳舞的快乐，而且别人也会跟着注意你的脚，发现你的错误。现在你仰起脸，面带微笑地跳完这支舞曲，别管步伐是不是错。"

说完，莉亚和那个女孩面对面站好，朝雷诺兹老师示意了一下。悠扬的手风琴音乐响起，她们踏着拍子，愉快起舞。其实那个女孩的步伐还有些错误，而且动作不是很和谐。但意外的效果出现了——那些旁观的学生被她们脸上的微笑所感染，也不再去关注舞蹈细节上的错误。渐渐地，有越来越多的学生情不自禁地加入到舞蹈中。大家尽情地跳啊跳啊，直到太阳下山。

生活在别人的眼光里，就会总也找不到自己的路，要知道你活着并不是为了取悦他人。

其实，面对同一个事物，每个人的眼光都有不同。既然大家看到的东西都是不一样的，又何必为谁对谁错而争论担忧呢？

做一个实实在在的人，就是懂得做自己。不因为他人爱你而自以为是，也不因为别人的批评而妄自菲薄。保持自己的本性，因为你没有必要，也不值得去讨好除了自己之外的其他无关的人。

PART 05
自卑与自尊，掌握人性弱点

相信自己的人，才能把自卑打倒

哈佛大学拉德克利夫女子学院的海伦·凯勒说："对于凌驾于命运之上的人来说，信心是命运的主宰。"

然而，每个人的心中都住着一个邪恶的"神"，它的名字叫"自卑"。但凡自卑者，总是一味轻视自己，总感到自己这也不行，那也不行，什么也比不上别人。而这种情绪一旦占据心头，结果是对什么都不感兴趣，忧虑、烦恼、焦虑纷至沓来。这与现代人应该具备的自信的气质和宽广的胸怀是格格不入的，必须引起人们的警觉。

获诺贝尔化学奖的法国科学家维克多·格林尼亚是一位从自卑走向成功的人。格林尼亚出生于一个百万富翁之家，从小过着优裕的生活，所以他从来不知道什么是苦，养成了游手好闲、摆阔逞强、盛气凌人的浪荡公子恶习。

他挥金如土，经常仗着自己长相英俊，任意玩弄女人，任凭家长怎么说都不听，但有一次，春风得意的格林尼亚遭到了重大打击。一次午宴上，他对一位从巴黎来的美貌女伯爵一见倾心，像见了其他漂亮女人一样，他想："这么漂亮的女人跟我这样的英俊的人才般配啊！"于是他追上前去，把那个漂亮的女人当成猎物，觉得自己势在必得，但他刚想去搭讪，只听到一句冷冰冰的话："请站远一点，我最讨厌被花花公子挡住视线！"女伯爵的冷漠和讥讽，第一次使他在众人面前羞愧难当。突然间，他发现自己是那样渺小，那样被人厌弃，一种油然而生的自卑感使他感到无地自容，他曾经是多么的辉煌，有多少女人自入怀抱，可现在竟遭到拒绝。

他满含耻辱地离开了家，只身一人来到里昂。在那里，他隐姓埋名，发愤求学，进入里昂大学插班就读。他断绝一切社交活动，整天泡在图书馆和实验室里。这样的钻研精神赢得了有机化学权威菲利普·巴比尔教授的器重。在名师的指点和他自己的长期努力下，格林尼亚发明了"格式试剂"，发表了200多篇学术论文，最后被瑞典皇家科学院授予1912年度诺贝尔化学奖。

这个故事告诉我们，再优秀的人也会自卑，再自卑的人也能走向优秀。而维克多·格林尼亚就是从看起来优秀走向自卑，又重新拾起自信而获得成功。这其中最重要的原因就是他自信自强的精神。

所以说，自信自强是人成功的内在决定性条件，是成功的精神因素。也许有人会说，自信心是一个人与生俱来的本领，但事实证明，通过有效的培养，每个人都可拥有很强的自信心。

放下自卑的包袱，相信自己，方能从容应对未来。

不要认为自己不可能

很多人都拿自己的经验来做论证："这件事我做不了。"但经验本身是微不足道的，有时还具有欺骗性。人必须遭遇未知的体验，才能发掘其潜能，所以生存的真正喜悦在于经常能够发现未曾自知的新力量，并惊讶地说出"原来我竟具有这种力量"，这才是人生最大的欣喜。

有人说，人们在通常情况下只发挥出了他个人能力的1/10，而在受到了严重的挫伤和刺激之后，才能将大部分或者全部隐藏的能力爆发出来。所以，在我们的生活中，我们常常看到一些碌碌无为的人，在经历了一些生活的苦痛和精神上的折磨之后，会突然爆发出很大的潜能，做出很多让人意想不到的事情来，可见，人并不是"不可能"，而是没有发现自己的能力而已。

如果你充满了自信，就不会说"我不能"，你身上的所有的力量就会紧密团结起来，帮助你实现理想，因为精力总是跟随你坚定的理想走。一定要对自己有一种卓越的自信，一定要相信"天生我材必有用"，由此产生的动力就会帮助你摘去"我不能"的精神软弱者的面具。

信心在一个人成大事的过程中是这样起作用的：有了"我确实能做到"的态度，能力、技巧与精力这些必备条件会更容易得到，即每当你相信"我能做到"时，自然就会想出"如何去做"的方法。

一位撑竿跳选手，一直苦于无法超越一个高度。他失望地对教练说："我实在是跳不过去。"教练问："你心里在想什么？"他说："我一冲到起跳线时，看到那个高度，就觉得我跳不过去。"教练告诉他："你一定可以跳过去。把你的心从竿上撑过去，你的身子就一定会跟着过去。"他撑起竿又跳了一次，果然一跃而过。

我们每个人都是这个撑竿跳选手，而我们一次次跳过的是"我不能"的精神障碍。相信自己有能力做好身边的每一件事，只有树立这样的信心，才可以走出消极心理的圈子，走上成功之路。

哈佛教授告诉学生：在这个世界上，没有什么是不可能做到的。世界上有很多事，只要你去做，你就能成功。首先，你要在思想上突破"不可能"这个禁锢，然后从行动上开始向"不可能"挑战，这样你才能够将"不可能"变成"可能"。

很多人的"我不能"并非客观上的原因，而是因为自卑而贬低了自己的能力，才使得自己变得无精打采、毫无斗志。这些人夸大了自己身上的缺点。

成功的字典里没有"我不能"，经常告诉自己"我可以"，就会在心里形成一种积极的暗示，很多看似超越自身能力所及的事情也可以迎刃而解。

不让自卑淹没你

一个人若被自卑感控制，其精神生活将会受到严重的束缚，无法正常发挥。可以说，自卑是束缚人的一条绳索。其实，世界上每一个事物、每一个人都有其优势，都有其存在的价值。只要我们相信自己，就能走出自卑的阴影。

有一个小男孩在孤儿院长大，他常常为自己的出身而自卑。有一次他悲观地问院长："像我这样没有人要的孩子，活着究竟有什么意思呢？"院长笑眯眯地对他说："孩子，别灰心，谁说没有人要你呢？"

有一天，院长亲手交给男孩一块普通的石头，说道："明天早上，你拿着这块石头到市场去卖，但不是真卖。记住，无论别人出多少钱，绝对不能卖。"男孩一脸迷惑地接下了这块石头。

第二天，他忐忑不安地蹲在市场的一个角落里叫卖石头。出人意料地，竟然有许多人要向他买那块石头，而且一个比一个价钱出得高。男孩记着院长的话，没有卖掉。回到院内，他兴奋地向院长报告，院长笑笑，要他明天拿着这块石头到黄金市场去叫卖。在黄金市场，竟然有人出比昨天高出十倍的价钱要买那块石头，男孩拒绝了。

最后，院长叫男孩把那块普通的石头拿到宝石市场上去展示。结果，石头的身价比昨天又涨了十倍。由于男孩怎么都不卖，这块石头被人传扬成"稀世珍宝"，参观者纷至沓来。

男孩兴冲冲地捧着石头回到孤儿院，他眉开眼笑地将一切情景禀报给院长。院长亲切地望着男孩，说道："生命的价值就像这块石头一样，在不同的环境下会有不同的意义。一块不起眼的石头，会因你的惜售而提升它的价值，被说成是稀世珍宝。你不就和这块石头一样吗？只要自己看重自己，自我珍惜，生命就有意义、有价值。"

每个人都是有价值的，所以我们无需自卑，连自己都看不起自己的人，那么谁还能看得起你呢？千万不要让自卑淹没自己。

自卑感表现在哪一方面，表现为何种程度，也是因人而异的。自卑感的产生，往往并非在于自我认识上的差异，而是在于感觉上的差异。其根源就是人们不喜欢用现实的标准或尺度来衡量自己，而是相信或假定自己应该达到某种标准或尺度。像"我应该如此这般"，"我应该像某种人一样"等。但这种追求只会滋生更多的烦恼和挫折，使自己更加自责。

　　所以，我们不能一直活在自卑的阴影中。建立你的自信，不要让自卑淹没你，你也可以像世界名模一样走路。

　　小时候，拿破仑家里很穷，和其他同龄上学的人相比他家的条件最差，这让拿破仑感到自卑，因为同学家里有钱，吃得好穿得好，而自己衣着不如人，有时还要为一日三餐发愁。

　　拿破仑有点自卑，但并没有陷入深深的自责之中，他下定决心要从学习上超过他的同学。他总是投入更多的精力用于学习，上课听讲也特别认真，学习卓有成效。正是这种自卑，让他从一个学习差劲的学生成为学习上的佼佼者。故事本应到此为止，但还得说另一个件事，拿破仑以优异的成绩考入了法国一所著名的军事院校，他的同班同学常以他的数学成绩差取笑他。他确实感到自卑，若不是其他科目学得好，自己不可能进入这所院校。

　　但他自尊心强，不甘于落后。同样是自卑的力量让他奋发图强，后来数学成了他最擅长的学科，让同学刮目相看。通过坚持不懈的努力，拿破仑成就了一代霸业。

　　像拿破仑这样的高情商的强者不是天生的，强者也并非没有软弱的时候，强者之所以成为强者，在于他善于战胜自己的软弱。尽量不要理会那些使你认为你不能成功的疑虑，勇往直前，即使有可能失败也要去做做看，其结果往往并非真的会失败。久而久之，你会从紧张、恐惧、自卑的束缚中解脱出来。医治自卑的对症良药就是：勇于尝试，发愤图强，不让自卑淹没你。

平凡也无须自卑

　　也许你想成为太阳，可你却只是一颗星辰；也许你想成为大树，可你却只是一株小草；也许你想成为大河，可你却只是一泓山溪……于是，你开始自卑，认为命运在捉弄自己。

　　珍妮总觉得自己长得很一般，没有高挑的身材和漂亮的脸蛋，她在学校里的成绩也一般，看到那么多比自己优秀的人，为此她很自卑，她走路都是低着头的，她不敢大声跟人说话，甚至不敢直视对方的眼睛。

有一天，她到饰物店，看到了一个蝴蝶结，珍妮非常喜欢，但又一想：这么好看的蝴蝶结，只有美丽的人才配得上它，而我却那么平凡。就在她犹豫期间店主不断称赞她戴上它会让自己变漂亮，珍妮虽不信，但是挺高兴，犹豫再三，她还是买了这个蝴蝶结。

珍妮很珍惜新买到的蝴蝶结，她急于让大家看看，出门与人撞了一下都没在意。珍妮走进教室，迎面碰上了她的老师。"珍妮，你抬起头来真美！以前怎么没发现呢？其实你是一个很漂亮的女孩。"老师亲切地拍拍她的肩说。

那一天，她得到了许多人的赞美，她非常高兴，她想一定是蝴蝶结的功劳，回家后，她照镜子时却发现自己头上根本就没有蝴蝶结。她这才想起来，出饰物店时曾与人撞了一下，蝴蝶结一定是那时候弄丢了。

不过，珍妮想，以后她再也不需要蝴蝶结了，因为自信就是那个"蝴蝶结"。

其实，美丽的不是蝴蝶结，而是珍妮自己。珍妮的自卑心理让她一度认为自己很平凡，然而当她给自己带上一个蝴蝶结的时候，她的自信心随之回来了，虽然那只蝴蝶结并不存在。所以说，即使我们平凡也无须自卑，因为自卑并不能给你带来美貌与财富，反而会阻碍你前进的脚步。

自卑并不可怕，自卑的情绪谁都会有，只是或多或少、或早或晚的区别。真正可怕的是被自卑所操纵，迷失了自我。

个体心理学的创始人阿德勒认为，人在生活中时刻都可能产生自卑感，比如先天的、生理上的缺陷，在家庭中的地位，进入社会后人与人之间的利害冲突等，都可能让人产生不完满、不得志、比别人差的情绪。他们可能因为拿自己和周围的人进行比较而感到气馁，他们甚至还会因为同伴的怜悯、揶揄或逃避，而加深自卑感。自卑来源于心理上的消极和自我暗示。

哈佛教授认为，自卑是一种对自我内心潜能的人为压抑。在自卑心理的作用下，人遇到困难、挫折时往往会出现焦虑、泄

气、失望、颓丧的情感反应。一个人如果做了自卑的俘虏，不仅会影响身心健康，还会使自己的聪明才智和创造能力得不到很好的发挥，难有作为。因此，哈佛教授常常教育学生，要正确地认识自己，克服自卑心理。

所以，我们在面对自己的平凡时，自卑是无谓的，感慨是多余的，自信地活着才是潇洒的。因为，平凡有平凡的魅力，平凡也无须自卑。群星虽然没有太阳般耀眼，但同样熠熠生辉；群山虽没有珠峰般高大，却同样勃勃向上。平凡的人应该是一棵不卑不亢、积极向上、为世界添上一抹绿意的小草。

自尊是必有的骄傲

伟大的思想巨匠卢梭，曾在他的一篇著名演讲词中，诠释了自尊的力量。他说："自尊是一件宝贵的工具，是驱动一个人不断向上发展的原动力。它将全然地激励一个人体面地去追求赞美、声誉，创造成就，把他带向他人生的最高点。"

研究现在的很多高情商的人，可以看出拥有强烈的自尊是他们共同的特点。他们中的许多人在幼年时就意识到自我价值。他们希望别人了解自己，把这看成是有意义的事。他们非常自然地吸引着朋友和支持他们的人，这些人很少是孤独的。

美国政治家、科学家富兰克林说："站着的农夫要比跪着的绅士高得多。"澳大利亚作家柯林斯托姆说："虽然尊严不是一种美德，却是许多美德之母。"俄国文艺批评家别林斯基也说："自尊心是一个灵魂的伟大杠杆。"

可见，尊严是一个人灵魂的骨架，一个人一旦失去了尊严，他所剩下的也只是人的一副躯壳了。

自尊是对自己的一种敬意，它教会了一个人要有尊严，要爱自己的肉体和灵魂，要肯定自己，要将自立放在重要位置，而不是依靠他人，接受他人的施舍。拥有自尊的人非常尊重自己。正是因为尊重自己，根据同样的法则，他也尊重他人。同样的，他也因此博得他人的尊重。

拉哈布正走着，一个黄包车夫来到他身边。车夫摇着铃铛，问道："先生，您要车吗？"拉哈布转过头去，发现那个人瘦得皮包骨头。"只有那些没人性的家伙才会以人力车代步。"因此，他连声说道："不，不，我不要。"一面继续走自己的路。

黄包车夫拉着车子跟在他后面，一路不停地摇铃。突然间，拉哈布的脑子里闪出一个念头：也许拉车是这个穷人唯一生存的手段，拉哈布心里顿时对他生出了怜悯之情。黄包车夫摇着铃铛，又招呼拉哈布道："先生！您要去哪里？""去希布塔拉。你要多少钱？""6便士。""好吧，你跟我来！"拉哈布继续步行。"请上车，先生。""跟我走吧！"拉哈布加快了脚步。拉黄包车的人跟在他后面小跑。

到了希布塔拉，拉哈布从衣兜里掏出6便士递给黄包车夫，说："拿去吧！""可您根本没坐车呀。""我从不包车。我认为这是一种犯罪。把这钱拿去吧，它是你应得的！""可我不是乞丐！"黄包车夫拉着车，消失在了街的拐角处。

这个黄包车夫是有尊严的，他用自己的劳动换来金钱，这是心安理得的。当拉哈布给他施舍的时候，黄包车夫的一句"可我不是乞丐"捍卫了他的尊严。

一个人一旦失去自尊，他便不能自爱。连自己都不尊重的人，又怎么能够获得尊严？！鄙视自己、轻视自己的结果，只能是失去健康、独立的人格，让自己变成一个自私自利的小人。理由很简单，如果一个人不爱自己，不相信自己，他也不可能爱他人和相信他人。自我尊重是通向成功和幸福的必经之路。我们应该无条件地热爱自己，因为你就是你，是世上独一无二的人。

走出对自尊的误解

美国自尊研究的鼻祖、一位有50年工作经验的心理治疗师和哲学家伯兰登对自尊的定义：自尊是一种认为自己有应对生活基本挑战的能力、值得追求幸福的倾向。这个定义中提到了两个概念：个体的能力和个体的价值感。这两者都很重要，否则会造成较低的自尊水平。

自尊是人际关系、幸福感的基础。沙哈尔老师在作论文研究的时候，将自尊分成了三种：依靠性自尊，即他人肯定和表扬产生的自尊；独立自尊，即不受他人干扰，自我产生的自尊；无条件自尊，即自然存在，相互依赖的自尊。

提到自尊的时候，我们都会问问自己是否是一个自尊心很强的人。这个只有自己的感觉才能说清楚。其实，自尊心和幸福感一样，是不需要和别人比较的，只需要问自己："我怎样能增强我的自尊心？"

然而我们通常所说的自尊中，或多或少地带有一些误解，也就是我们常常把自尊心与自大自负混为一谈，其实它们是有一定的区别的。

自负和自大并非自尊心过剩，反而是自尊心不够。

自负表面上近似于自信，但是与自信又有着本质的区别。自信的人对自己有着客观的认识，所表现的是实际的内在自我。而自负的人恰恰正是缺乏对自己的客观认识。自负就是人们通常所说的"过于自尊"，而本质上正是其不自信或自信心不足的表现。

自尊心是一面人生的旗帜，需用爱树立，更需要保护。当春风得意时，要牢记天外有天，人上有人，保持一份心平气和的宁静，别太高估了自己，以免滋长傲慢习气。

所以，我们要走出对自尊的误解，用一个正确的心态来面对自尊，要正视自己，不要看不起自己或者太高估自己。

哈佛学者告诉我们：正确地面对自尊等于正视自我。

第三篇

管理自我
——成就人生的关键

PART 01
先接受情绪，
再管理情绪

踢走"负面情绪"这个绊脚石

心理学上把焦虑、紧张、愤怒、沮丧、悲伤、痛苦等情绪统称为负性情绪，有时又称为负面情绪，人们之所以这样称呼这些情绪，是因为此类情绪的体验是不积极的，身体也会有不适感，甚至影响工作和生活的顺利进行，进而有可能引起身心的伤害。

最近医学发现，负性情绪极易形成"癌症性格"，"癌症性格"的具体表现包括：性格内向，表面上逆来顺受、毫无怨言，内心却怨气冲天、痛苦挣扎，有精神创伤史；情绪抑郁，好生闷气，但不爱宣泄；生活中一件极小的事便可使其焦虑不安，心情总处于紧张状态。这些负性情绪则可损害人的免疫系统，诱发癌症。

在2005年的一项调查中显示：80%的哈佛学生，至少有过一次抑郁的经历，有47%的学生曾经达到过崩溃的边缘，有94%的学生都会感到压力大甚至是喘不过气来。可见，具有负面情绪的人比例如此之大。

我们无法选择将要发生的事情，情绪的到来也没有任何信号。尤其是负面情绪，我们无法阻止负面情绪的产生，但我们可以掌握自己的态度，调节情绪来适应一切环境，生活中大多数的情况下，你完全可以选择你所要体验的情绪，关键在于自己对生活的态度选择。

在2000年美国就作了一项关于1967～2000年心理学文摘的调查，结果发现关于负面心理与关于正面心理研究的论文数目比例相差得太远太远。这项调查中的结果显示：关于愤怒的研究文章有5584篇，关于沮丧的有41416篇，关于抑郁的有54040篇；而关于喜悦的研究文章只有515篇，关于快乐的有2000篇，关于生活满意的有2300篇。结果可以得到一个结论：那就是正面心理与负面心理的比例达到了1：21，这是一个多么令人吃惊的数字！

总之，所有的负面情绪都是我们修行的绊脚石，我们必须认识它、重视它、超越它，让绊脚石变成我们前进的垫脚石。

控制冲动这个"魔鬼"

在种种消极情绪中，冲动无疑是破坏力最强的情绪之一，它是低情商的表现，每个人在生活中都会遇到不合自己心意的事，这时候如果不保持冷静，不克制自己的冲动行为，就会为此付出代价。一个聪明的人，不会让坏情绪控制自己，而是应该自己去控制坏情绪，成为情绪的主宰者。

生活中许多人，往往控制不住自己的情绪，任性妄为，结果引火烧身，给自己和朋友带来不必要的麻烦。所以，你要学会控制自己的冲动。

一个孩子总是无法控制自己的情绪。一天，他父亲给了他一大包钉子，让他每发一次脾气都用铁锤在他家后院的栅栏上钉一颗钉子。第一天，小男孩共在栅栏上钉了37颗钉子。

过了几个星期，小男孩渐渐学会了控制自己的情绪，栅栏上钉子的数量开始逐渐减少。

　　渐渐地，他发现控制自己的坏脾气比往栅栏上钉钉子要容易多了。

　　最后，小男孩发脾气的频率越来越低，栅栏上钉的钉子也越来越少。

　　他把自己的转变告诉了父亲。父亲又建议他说："如果你能坚持一整天不发脾气，就从栅栏上拔下一颗钉子。"经过一段时间，小男孩终于把栅栏上所有的钉子都拔掉了。

　　父亲拉着他的手来到栅栏边，对小男孩说："儿子，你做得很好。但是，你看一看那些钉子在栅栏上留下的小孔，栅栏再也回不到原来的样子了。当你出于一时冲动，向别人发过脾气之后，你的言语就像这些钉孔一样，会在别人的心里留下疤痕。"

　　在现实生活中，有人只顾逞一时的口舌之快，很多话不经思考便脱口而出，有意无意地就会对他人造成伤害。伤害一旦造成，再多的弥补往往也无济于事。

　　所以，作为情绪的主人，我们应该培养自我心理调节能力，这是一种理性的自我完善。这种心理调节能力，在实际行为上则会显示出强烈的意志力和自制力。它使人以平和的心态来面对人生中的起起落落，保持与他人交往时的淡定从容。

　　有一个发生在美国阿拉斯加的故事。有一对年轻的夫妇，妻子因为难产死去了，孩子活了下来。丈夫一个人既要工作又要照顾孩子，有些忙不过来，可是找不到合适的保姆照看孩子，于是他训练了一只狗，那只狗既听话又聪明，可以帮他照看孩子。

　　有一天，丈夫要外出，像往日一样让狗照看孩子。他去了离家很远的地方，所以当晚没有赶回家。第二天一大早他急忙往家里赶，狗听到主人的声音摇着尾巴出来迎接。他发现狗满口是血，打开房门一看，屋里也到处是血，孩子居然不在床上……他全身的血一下子都涌到头上，心想一定是狗的兽性大发，把孩子吃掉了，盛怒之下，拿起刀来把狗杀死了。

　　就在他悲愤交加的时候，突然听到孩子的声音，只见孩子从床下爬了出来，丈夫感到很奇怪。他再仔细看了看狗的尸体，这才发现狗后腿上有一大块肉没有了，而屋门的后面还有一只狼的尸体。原来是狗救了小主人，却被主人误杀了。

　　丈夫在一刀杀狗带来的痛快之后，很快就尝到了痛苦的滋味。这不能不说是件很遗憾的事。所以在遇到一些情况时，我们需要的是冷静，而非冲动。

大多数成功者都是能够对情绪收放自如的人。这时，情绪已经不仅仅是一种感情的表达，更是一种重要的生存智慧。如果不注意控制自己的情绪，随心所欲，就可能带来毁灭性的灾难。情绪控制得好，则可以帮你化险为夷。

所以，我们要学会控制自己的情绪，不能放纵自己。

★用理智战胜冲动

理智者遇上不顺心之事，一般都能三思而后行。除了那些丧失理智和法律意识淡薄之人外，正常人都有一时激愤或消沉的时候，这是个危险时段，很多不正确的判断常常是在这不冷静的时刻做出的。判断失误必然导致行为欠妥，如果人们能在最短的时间内让头脑降温，就会迅速熄灭危险的导火线。

★提高文化素养

能否理智行事与文化程度的高低成正比。这点和深圳法院的调查报告完全吻合："冲动杀人的罪犯最多仅有初中以下文化程度，文化程度低下，缺乏自控能力是逞一时之快杀人的重要原因。"众所周知，法律对一些欲铤而走险的人能起警示作用，可是，如果文化程度低下，加之法律意识淡薄，"无知无畏"，那就极其容易走向犯罪的深渊。

★用外人的眼光看问题

"当局者迷，旁观者清"，这话不无道理。在日常生活中，我们每个人都曾做过局外人观看过别人吵架，这时候，无论是哪一方的言行，其失当和偏颇之处你大多能觉察。因此，如果人们能以局外人的头脑，观察自己，则善莫大焉。

"冲动是魔鬼"，我们应该时刻谨记这句话，并在我们情绪失控的时候以此来加以制止。任何事情都应该三思而后行，一时的冲动只能让结果变得更坏。

为情绪找一个出口

尽管自控是控制情绪的最佳方式，但在实际生活中，始终以积极、乐观的心态去面对不顺心的外部刺激，是非常难做到的。所以，人们在控制情绪时常常综合应用忍耐和自控的方法，而且，为了顾忌全局，暂时忍耐的方法用得更多。所以，尽管在面对不愉快时会努力做到自控，但并非能做到真正的洒脱，还需要依靠个人的忍耐力。然而，每个人的忍耐力都是有极限的，当情绪上的烦躁、内心的痛苦累积到一定程度，最终会非理性地爆发出来。所以，在实际生活中，不能一味地操之在我，还要懂得适当地宣泄，为自己的坏情绪找一个"出口"，将内心的痛苦有意识地释放出来，而非不可控地爆发。

这天晚上，汉斯教授正准备要睡觉了，突然电话铃响了，汉斯教授接起了电话，是一个陌生妇女打来的电话，对方的第一句话就是："我恨透他了！""他是谁？"汉斯教授感到莫名其妙。"他是我的丈夫！"汉斯教授想，哦，打错电话了，就礼貌地告诉她："对不起，您打错了。"可是，这个妇女好像没听见，如竹桶倒豆子一般说个不停："我一天到晚照顾两个小孩，他还以为我在家里享福！有时候我想出去散散心，他也不让，可他自己天天晚上出去，说是有应酬，谁知道他干吗去了！……"

尽管汉斯教授一再打断她的话，告诉她他不认识她，但她还是坚持把话说完了。最后，她喘了一口气，对汉斯教授说："对不起，我知道您不认识我，但是这些话在我心里憋了太长时间了，再不说出来我就要崩溃了。谢谢您能听我说这么多话。"原来汉斯教授充当了一个听众。但是他转念一想，如果能挽救一个濒临精神崩溃的人，也算是做了一件好事。

情绪应该宣泄，但宣泄应该合理。错误的做法不但于事无补，反而会使问题进一步恶化，给自己带来更大的伤害。

对于情绪的宣泄，可采用如下几种方法：

★直接对刺激源发怒

如果发怒有利于澄清问题，具有积极性、有益性和合理性，就要当怒而怒。这不但可以释放自己的情绪，而且是一个人坚持原则、提倡正义的集中体现。

★借助他物出气

把心中的悲痛、忧伤、郁闷、遗憾痛快淋漓地发泄出来，这不但能够充分地释放情绪，而且可以避免误解和冲突。

★学会倾诉

当遇到不愉快的事时，不要自己生闷气，把不良心境压抑在内心，而应当学会倾诉。

★高歌释放压力

音乐对治疗心理疾病具有特殊的作用，而音乐疗法主要是通过听不同的乐曲把人们从不同的不良情绪中解脱出来。除了听以外，自己唱也能起同样的作用。尤其高声歌唱，是排除紧张、激动情绪的有效手段。

★以静制动

当人的心情不好，产生不良情绪体验时，内心都十分激动、烦躁、坐立不安，此时，可默默地侍花弄草，观赏鸟语花香，或挥毫书画，垂钓河边……这种看似与排除不良情绪无关的行为恰是一种以静制动的独特的宣泄方式，它是以清静雅致的态度平息心头怒气，从而排除沉重的压抑。

★哭泣

哭泣可以释放人心中的压力，往往当一个人哭过之后，发现心情会舒畅很多。

人不能没有脾气，尽管你是有涵养的人，也不免有时要发一下脾气。遇事不如意，看人不顺眼，因而生气，几乎成为这个社会中屡见不鲜的事了。不过，即使屡见不鲜，并非无碍，也不一定是好事。发脾气之所以成为问题，乃在于自己所说的话太刻薄，所做的事太过分，不但会刺伤人家的心，使自己后悔莫及，而且还会把事情弄砸了，把人际关系也弄僵了，这就是发脾气的恶劣后果。

所以，我们一定要记住：当你想要发脾气的时候就要给自己的情绪找一个适当的宣泄口。

愤怒是一种毒药

愤怒是一种常见的消极情绪，它是当人对客观现实的某些方面不满，或者个人的意愿一再受到阻碍时产生的一种身心紧张的状态。在人的需要得不到满足、遭到失败、遇到不平、个人自由受限制、言论遭人反对、无端受人侮辱、隐私被人揭穿、上当受骗等多种情形下人都会产生愤怒情绪。愤怒的程度会因诱发原因和个人气质不同而有不满、生气、愤怒、恼怒、大怒、暴怒等不同层次。

一般而言，生气的原因可归类为下列几种：

★当你因某种因素感到受挫、受胁迫或被他人轻蔑时。

★当我们着实受到严重伤害，但为了掩饰自己的脆弱，于是代之以愤怒，以求自卫。

★当某种情境或某人的行为勾起我们昔日某种不堪的回忆时。

★当我们觉得自己的权利受到剥夺，或遭到某人误解时。

★当我们受到惊吓或处事不当时，自己生自己的气。

莎士比亚说："不要因为你的敌人燃起一把火，你就把自己烧死。当你发怒的时候，怒火也许会烧及他人；但一般情况下，它是向内烧——烧的是发怒者个人的身心健康。"

人们时刻都要管理好自己的情绪，尤其在人生的一些关键时刻。当我们生气的时候要冷静下来确实有点难度，但如果不控制怒气，只会损失过多。

1943年，二战著名将领巴顿在去战后医院探访时，发现一名士兵蹲在帐篷附近的一个箱子上。巴顿问他为什么住院，他回答说："我觉得受不了了。"医生解释说他得了"急躁型中度精神病"，这是第三次住院了。

巴顿听罢大怒，他痛骂了那个士兵，用手套打士兵的脸，并大吼道："我绝不允许这样的胆小鬼躲藏在这里，你的行为已经损坏了我们的声誉！"

第二次来，巴顿又见一名未受伤的士兵住在医院里，顿时变脸，问："什么病？"士兵哆嗦着答道："我有精神病，能听到炮弹飞过，但听不到它爆炸（炸弹休克症）。"巴顿勃然大怒，骂道："你个胆小鬼！"接着打他耳光："你是集团军的耻辱，你要马上回去参加战斗，但这太便宜你了，你应该被枪毙。"说着抽出手枪在他眼前晃动……

很快，巴顿的行为传到艾森豪威尔耳中，他说："看来巴顿的前途已经达到顶峰了……"

学会制怒是让自己心态平和最关键的一步，只有情商较低的人才会不懂控制怒火，成为怒气伤害的对象。对于怒火要学会自我疏导，而非一味克己忍让，只有让它用一个合适的渠道发泄出来才不至伤人伤己。情商的高低与人们对自我情绪的管理能力有莫大的关系，它将决定一个人成就的大小。

具体而言，我们可以采取以下方法来控制自己的愤怒：

★正面行动

愤怒提醒了我们，世事并非都如人所愿。不满是一件极富正面意义的事，少了它，人们就只会接受现状，而不会为了迈向自己的目标，采取任何行动。英国妇女如果未曾因自己被掠夺公权而感到愤怒，那么她们也就不会为了投票权而抗争了。

★缓解压力

表达愤怒可以疏解压力，否则压抑的情绪可能会导致焦虑，甚至疾病，这些症状均可借由愤怒的宣泄得到疏解。然而这并不意味着，我们必须将愤怒直接发泄在生气的对象身上。

★更为开诚布公

愤怒可以使得双方关系更开诚布公，进而互相信赖。如果你知道某人愿意和你谈谈最为棘手的核心问题，而非只是将其含糊带过，假装好像不存在似的，那么双方的关系就有改善的希望。

★情感疏通

倘若我们在情绪产生时，能够确实触及自己真正的感受（包括愤怒在内），并加以适当处理，那么我们则较没机会将那些未表达或封闭的情绪囤积起来，可以避免巨大的内在压力或严重的沟通不良。

★实现目标

不容忽略的是，存在愤怒情绪中的能量，同样是一股实现目标的动力。如果运用得当，它将能够帮助我们成为一个有自信、坚定的人，能够适当地表达自己的内在感受，并且得到自己生命中梦寐以求的事物。但请务必谨慎处理。

哈佛学者告诉我们："生气，是一种毒药！"我们不能让自己的情绪只停留在问题的表面，我们必须学习"转念"、"少点怨，多点包容"、"多洒香水、少吐苦水"，让负面的思绪远离，而用乐观的正面思绪来迎接人生。

好情绪是心灵的特效良药

哈佛学子爱默生说："唯有具有最高尚的和最快乐的性格的人才会有感染周围人的快乐。"好情绪就是一种特效良药，它可以赶走忧伤、痛苦，最重要的是好情绪就是把握现在的快乐。

大卫·葛雷森说："我相信，现在未能把握的生命是没有把握的；现在未能享受的生命是无法享受的；而现在未能明智地度过的生命是难以过得明智的。因为过去的已去，而无人得知未来。"

莎士比亚说："在时间的大钟上，只有两个字——现在。"如果你是为往事而悔恨，为未来的事情而担忧，那就是生活在乌托邦之中。这是人的一生中最有害的两种情绪，它不但不会帮你改变过去与未来，还会使你陷入惰性与悲观的泥潭，并会令你失去最宝贵的现在！决定一个人心情的，不在于环境，而在于心境。

一位知名学者是单身汉的时候，和几个朋友一起住在一间只有七八平方米的小屋里。但是，他一天到晚总是乐呵呵的。

有人问他："那么多人挤在一起，连转个身都困难，有什么可乐的？"学者说："朋友们在一块儿，随时都可以交换思想、交流感情，这难道不是很值得高兴的事吗？"

过了一段时间，朋友们一个个成家了。屋子里只剩下了学者一个人，但是他每天仍然很快活。那人又问："你一个人孤孤单单的，有什么好高兴的？"他说："我有很多书啊！"

几年后，学者也成了家，搬进了一座大楼里。他在一楼，不安静、不安全、也不卫生。有人问他："你住这样的房间，也感到高兴吗？""是啊，我进门就是家，不用爬很高的楼梯；搬东西方便，不必费很大的劲儿；特别让我满意的是，可以在空地上养一丛一丛的花，种一畦一畦的菜，这些乐趣，数之不尽啊！"

过了一年，学者把一楼的房间让给了一位朋友，这位朋友家有一个偏瘫的老人。他搬到了楼房的最高层——第七层，可是他每天仍是快快活活的。有人又问："先生，住七楼也有许多好处吧！"学者说："是啊，每天上下几次，这是很好的锻炼机会，有利于身体健康；光线好，看书写文章不伤眼睛。"

有人看他每天都高高兴兴的，就又他问："你一直都有一个好心情，那么这个好心情的秘诀是什么呢？"学者说："其实很简单，决定一个人心情的，不在于环境，而在于心境。好心情就像特效良药一样，让你药到病除。"

其实，人之所以有坏情绪，是因为他们不知道怎么获得一份好心情。每个人都会有磨难与挫折，会遇到这样那样的不如意，面对生命中的这些难题，我们应该如何进行心理调适，走出阴霾呢？以下6种方法，我们不妨一试。

★沉着冷静，不慌不怒

从客观、主观、目标、环境、条件等方面，找出受挫的原因，采取有效的补救措施。

★自我宽慰，乐观自信

能容忍挫折，心怀坦荡，情绪乐观，发奋图强，满怀信心去争取成功。

★鼓足勇气，再接再厉

要勇往直前，加倍努力，要认识到正是因为生命中的种种不顺利才使我们变得聪明和成熟。

★情绪转移，寻求升华

可以通过自己喜爱的集邮、写作、书法、美术、音乐、舞蹈、体育锻炼等方式，使情绪得以调适，情感得以升华。

★学会宣泄，摆脱压力

找一两个亲近的人、理解你的人，把心里的话全部倾吐出来，摆脱压抑状态，放松身心。

★学会幽默，自我解嘲

幽默和自嘲是宣泄积郁、平衡心态、制造快乐的良方。我们不妨采用阿Q的"精神胜利法"或幽默的方法来调整心态。

人生在世，不可能事事得意，事事顺心。面对挫折能够虚怀若谷，大智若愚，保持一种恬淡平和的心境，这是人生的智慧。正如马克思所言："一种美好的心情，比十副良药更能解除生理上的疲惫和痛楚。"

甩掉忧虑的包袱

忧虑是一种过度忧愁和伤感的情绪体验。忧虑在情绪上表现出强烈而持久的悲伤，觉得心情压抑和苦闷，并伴随着焦虑、烦躁及易激怒等反应。在认识上表现出负性的自我评价，感到自己没有价值，生活没有意义，对未来充满悲观；还表现在对各种事物缺乏兴趣，依赖性增强，活动水平下降，回避与他人交往，并伴有自卑感，严重者还会产生自杀想法。

一个人为什么会忧虑，其产生原因是多方面的，但主要是由于自我。

忧虑是健康的杀手。曾写过《神经性胃病》一书的约瑟夫·孟坦博士说："胃溃疡的产生，其实不在于你吃了什么，而在于你忧虑什么。"也有著名的医学博士认为："胃溃疡通常是根据人情绪紧张的程度而发作或消失的。"之所以得出这样的结论，是因为许多专家在研究了梅育诊所胃病患者的纪录之后得到证实，有4/5的病人得胃病并非是生理因素，而是由于恐惧、忧虑、憎恨、极端的自私以及对现实生活的无法适应而患病的。根据《生活》杂志的报道，胃溃疡现居死亡原因名单的第十位。

柏拉图说过："医生所犯的最大错误在于，他们只治疗身体，不医治精神。但精神和肉体是一体的，不可分开处置。"

忧虑对一个人具有一定的危害性，在生活中，一个经常处于忧虑状态中的人需要从以下3个方面进行心理治疗：

★要积极参与现实生活

如认真地读书、看报，了解并接受新事物，积极参加社会活动，学会从历史的高度看问题，顺应时代潮流，不要老是站在原地思考问题。

★要学会在过去与现实之间寻找最佳结合点

如果对新事物立刻接受有困难，可以在新旧事物之间找一个突破口，从新旧结合做起。

★充分发挥适当忧虑的积极功能

适当忧虑有一种让人深刻反思和不满于现状的积极功能。这方面的功能多一些，那么病态的过度忧虑就会减少。因此，也不应对忧虑行为一概反对，适当忧虑还是正常的。

嫉妒是痛苦的制造者

嫉妒是痛苦的制造者，是在各种心理问题中对人伤害十分严重的，可以称得上是心灵上的恶性肿瘤。

何谓嫉妒呢？心理学家认为，嫉妒是由于别人胜过自己而引起情绪的负性体验，是心胸狭窄的共同心理。黑格尔说："嫉妒乃是平庸对于卓越才能的反感。"

嫉妒不是天生的，而是后天获得的。嫉妒有三个心理活动阶段：嫉羡——嫉忧——嫉恨。这三个阶段都有嫉妒的成分，是从少到多递增的。嫉羡中羡慕为主，嫉妒为辅；嫉忧中嫉妒的成分增多，已经到了怕别人威胁自己的地步了；嫉恨则是嫉妒之火已熊熊燃烧到了难以消除的地步。于是便绞尽脑汁去想方设法诋毁别人，使自己形神两亏。

波普曾经说过："对心胸卑鄙的人来说，他是嫉妒的奴隶；对有学问、有气质的人来说，嫉妒可化为竞争心。"

莎士比亚说："像空气一样轻的小事，对于一个嫉妒的人，也会变成天书一样坚强的确证，也许这就可以引起一场是非。"

哈佛学者说："嫉妒心是赶走友谊的罪魁祸首，也是将自己带入痛苦深渊的魔鬼。"因为嫉妒心重的人常自寻烦恼。嫉妒心是幸运和幸福的敌人。对于别人的好，平静地看待，真诚地祝福，这才是拥有幸福人生的秘诀。

自在生活，愉快工作，要想使自己的生活充满阳光，必须走出嫉妒的泥潭，学会超越自我，克服嫉妒心理。

★自我宣泄

有时面对生活和事业上的巨大落差，或社会的种种不公正现象，人们都难免会出现一时的心理失衡和嫉妒。这时，要是实在无法化解，可以适当宣泄一下。

★正确评价他人的成绩

嫉妒心有时往往是由于误解所引起的，即人家取得了成就，便误以为是对自己的否定。其实，一个人的成功是付出了许多的艰辛和巨大的代价的，人们给予他赞美、荣誉，并没有损害你，也没有妨碍你去获取成功。

★提高心理健康水平

心胸宽广的人，做人做事光明磊落，而心胸狭窄的人，容易产生嫉妒。嫉妒心一经产生，就要立即把它打消，以免其作祟。这就要靠积极进取，使生活充实起来，以期取得成功。

★客观评价自己

嫉妒是一种突出自我的表现。无论发生什么事，首先考虑到的是自身的得失，因而引起一系列的不良后果。所以当嫉妒心理萌发时，或是有一定表现时，要能够积极主动地调整自己的意识和行动，从而控制自己的动机和感情。这就需要冷静地分析自己的想法和行为，同时客观地评价一下自己，找出差距和问题。当认清了自己后，再重新认识别人，自然也就能够有所觉悟了。

弗朗西斯·培根说过："犹如野火毁掉麦子一样，嫉妒这恶魔总是在暗地里，悄悄地毁掉人间美好的东西！"一些人之所以嫉妒别人，一个重要的原因是自己不求上进，又怕别人超过自己，似乎别人成功了就意味着自己失败，最好大家都成矮子才显出自己高大。面对自己的嫉妒心，我们要将它早早地摒除在自己的心灵之外，以积极的心态去面对别人的优点。

PART 02
管理自我应具备的
几种心态

希望：给自己种下希望的种子

在心中播下希望的种子，这样你就能够在艰苦的岁月里抱有一份希望，不至于被各种困难吓倒，最终走出困境，达到梦想的目标。世事无常，我们随时都会遇到困厄和挫折。当遇见生命中突如其来的困难时，你都是怎么看待的呢？不要把自己禁锢在眼前的困苦中，眼光放远一点，当你看得见成功的未来远景时，你就会不畏艰难险阻。

哈佛人说，希望是引爆生命潜能的导火索，是激发生命激情的催化剂。自己给生活带来希望的人，每天都将活得生机勃勃、激昂澎湃，我们将忘记叹息和悲哀，不再将生命浪费在一些无足轻重的小事上。

我们生活在一个竞争十分激烈的社会，有时在某方面一时落后，有时困难重重，有时失败连连，有时甚至被人嘲笑……但无论什么时候，我们都不能放弃努力，要为自己播下希望的种子。

留住心中的"希望种子"，相信自己会有一个无可限量的未来，心存希望，任何艰难都不会成为我们的阻碍。只要怀抱希望，生命自然会充满激情与活力。

以下建议可以让我们充满希望：

★越担惊受怕，就越会遭遇灾祸。因此，一定要懂得积极态度所带来的力量，希望和乐观能引导你走向胜利。

★即使处境危难，也要寻找积极因素。这样，你就不会放弃取得微小胜利的努力。你越乐观，克服困难的勇气就越会倍增。

★以幽默的态度来接受现实中的失败。有幽默感的人，才有能力轻松地克服困难，有更好的心态面对生活。

★既不要被逆境困扰，也不要幻想出现奇迹，要脚踏实地，坚持不懈，全力以赴去争取胜利。

★不管多么严峻的形势向你逼来，你也要努力去发现有利的因素，这样，自信心自然也就增强了。

★不要把悲观作为保护你的缓冲器。乐观是希望之花，能赐人以力量。

★当你失败时，你要想到你曾经多次获得过成功，这才是值得庆幸的。如果10个问题，你做对了5个，那么还是完全有理由庆祝一番，因为你已经成功地解决了5个问题。

★在闲暇时间，你要努力接近乐观的人，观察他们的行为。通过观察和学习，能培养自己乐观的态度，乐观的火种会慢慢地在你内心点燃。

一个人最大的危险是迷失自己，特别是在苦难接踵而至的时候。命运的天空被涂上一层阴霾的乌云，但高情商者始终高昂着那颗不愿低下的头。因为他心中有盏灯，能点亮所有的黑暗，那盏灯就是高情商者永远都不会放弃的希望。无论一个人多么不幸，无论生活有多么难，只要心中有希望，就一定能走出阴霾。

乐观：悲观者的天敌

哈佛告诉学生：积极向上的生活态度，对幸福生活的主动追求，需要你总是乐观，乐观的人总能以阳光的心态迎接生活。

牛顿曾说过："愉快的生活是由愉快的思想造成的，愉快的思想又是由乐观的个性产生的。" 乐观的人总是变通地看待生活和问题，他们总能在困难和不幸中发现美好的事物。他们总向前看，他们相信自己，相信自己能主宰一切，包括快乐和痛苦。

玛格丽特·莫斯是新西兰一位建筑商的女儿，移居美国后，曾在休斯敦一家电视台工作，1990年起任CNN摄影记者。1992年6月，她被派往萨拉热窝进行战地采访。在那里，曾有多名记者丧生。

莫斯在萨拉热窝逗留6个星期，虽然每天都很危险，但是她热爱自己的工作，即使危险，她也勇往直前。然而好运没有一直伴着她。

一天清早，她正在车里，一颗子弹击穿车玻璃，正好击中她的脸部。这是致命的打击，子弹几乎掀掉了她的半边脸，她的颧骨被打得粉碎，牙齿没有了，舌头被打断。送到诊所时，大夫们直摇头，认为她不行了，肯定没存活的希望了。

然而，奇迹就发生了。经过20多次手术后，她又奇迹般地回到了工作岗位。这时的她，下颌仍无感觉，脸部还留着弹片，体重减轻了8公斤，她从一个美丽的女孩变成了一个面部狰狞的人。令大家吃惊的是，她要求重返萨拉热窝。

她幽默地说："说不定我还能在那里找回我的牙齿。"她甚至想认识一下当初袭击她的枪手。有人问她，见到那个枪手后怎么办。她说："我会请他喝一杯，问他几个问题，比方说当时距离有多远。"

莫斯面对厄运的乐观态度证明她是一个具有坚韧毅力的女孩，她还用幽默的态度对待悲剧，正是这种乐观的性格，使她能够迅速摆脱挫折的阴影，积极地投入到新的生活中去。

乐观是积极情绪，高情商的人都有一个乐观的心态，所以他们都是幸福的。其实幸福本没有绝对的定义，许多平常的小事往往能撼动你的心灵。能否体会幸福，只在于你的心怎么看待。想要拥有幸福的生活，就要怀有一颗乐观的心。

爱默生经常以愉快的方式来结束每一天。他告诫人们："时光一去不返，每天都应尽力做完该做的事。疏忽和荒唐在所难免，要尽快忘掉它们。明天将是新的一天，应当重新开始，振作精神，不要使过去的错误成为未来的包袱。"

卡耐基先生有一次曾造访希西监狱，他对狱中的囚犯看起来竟然很快乐感到惊讶。典狱长罗兹告诉卡耐基：因为注重精神面貌的改造犯人都认命地服刑，尽可能快乐地生活。有一位花匠囚犯在监狱里一边种着蔬菜、花草，还一边轻哼着歌呢！他哼唱的歌词是：

事实已经注定，事实已沿着一定的路线前进，痛苦、悲伤并不能改变既定的情势，也不能删减其中任何一段情节，当然，眼泪也无济于事，它无法使你创造奇迹。那么，让我们停止流无用的眼泪吧！既然谁也无力使时光倒转，不如抬头往前看。

哈佛人要我们记住："人要看到事物阳光灿烂的一面。"这个世界应该更加光明、更加美好，如果我们懂得保持快乐是自己的责任，懂得开开心心地生活，那么，这个世界就会美妙多了。每天都快乐地生活，也是让别人幸福的最好保证。

哈佛学者说：高情商的人对生活抱一种乐观的态度，所以他们不会稍有不如意，就自怨自艾。大部分终日苦恼的人，实际上并不是遭受了多大的不幸，而是自己的内心素质存在着某种缺陷，存在对生活的认识偏差。事实上，生活中有很多坚强的人，即使遭受不幸，精神上也会岿然不动。生活是喜怒哀乐之事的总和。我们必须清楚，不顺心、不如意，是人生不可避免的一部分，这些都不是我们个人的力量所能左右的。明白了这一点，我们就会对生活抱一种达观的态度，而当这种态度占据一个人的心灵后，他就拥有了阳光的心态。

你是个乐观主义者，还是个悲观主义者？你是透过亮丽的镜子，还是灰暗的镜子来看待人生？做完下面这套试题，你就明白了。

1.如果半夜里听到有人敲门，你会认为那是坏消息，或是有麻烦发生了吗？

2.你随身带着安全别针或一根绳子，以防衣服或别的东西裂开了吗？

3.你跟人打过赌吗？

4.你曾梦想过赢了彩票或继承一大笔遗产吗？

5.出门的时候，你经常带着一把伞吗？

6.你会用大部分的收入买保险吗？

7.度假时你曾经没预订宾馆就出门吗？

8.你觉得大部分的人都很诚实吗？

9.外出度假时，把家门钥匙托朋友或邻居保管，你会把贵重物品事先锁起来吗？

10.对于新的计划你总是非常热衷吗？

11.当朋友表示一定会还时，你会答应借钱给他吗？

12.大家计划去野餐或烤肉时，如果下雨你仍会按原计划行动吗？

13.在一般情况下，你信任别人吗？

14.如果有重要的约会，你会提早出门以防塞车或别的情况发生吗？

15.每天早上起床时，你会期待美好一天的开始吗？

16.如果医生叫你做一次身体检查，你会怀疑自己有病吗？

17.收到意外寄来的包裹时，你会特别开心吗？

18.你会随心所欲地花钱，等花完以后再发愁吗？

19.上飞机前你会买保险吗？

20.你对未来的生活充满希望吗？

评分标准：

每道题答"是"得1分，答"否"得0分，计算总分。

结果分析：

0～7分：你是个标准的悲观主义者，看人生总是看到不好的那一面。解决这一问题的唯一办法，就是以积极的态度来面对每一件事和每一个人，即使偶尔会感到失望，你仍可以增加信心。

8～14分：你对人生的态度比较正常。不过你仍然可以再一进步，只要你学会以积极的态度来应付人生的起伏，那么你的人生将充满幸福。

15～20分：你是个标准的乐观主义者。看人生总是看到好的一面，将失望和困难摆到一旁，不过过分乐观也会使你对事情掉以轻心，反而误事。

幽默：情绪的开心果

幽默是高情商的表现，它更是管理自我应具备的心态。发现幽默，它是情绪的开心果；应用幽默，它可缓解矛盾，调节心情，促使心理处于相对平衡状态。著名的喜剧大师卓别林曾说："通过幽默，我们在貌似正常的现象中看出了不正常的现象，在貌似重要的事物中看出了不重要的事物。"

需要强调的是，运用幽默谈吐时，要考虑场合和对象。一般情况下，在日常社交场合中，可多用幽默；在学术性或政治性交往活动中则要慎用幽默，应注意不适当的幽默会削弱听众对主题的注意；对待敌人、恶人则要用讽刺性幽默，以便在用幽默讥讽、鞭挞对方的同时，又不至于失去风度。

一位年轻的画家拜访访问德国著名的画家阿道夫·门采尔，向他诉苦说："我真不明白，为什么我画一幅画只用一会儿工夫，可卖出去却要整整一年。""请倒过来试试吧，亲爱的。"门采尔认真地说，"要是你花一年的工夫去画它，那么只用一天，准能卖掉它。"那个画家笑了。

门采尔对画家所说的话不仅化解了那个画家的郁闷，而且幽默中蕴涵深刻哲理，让人们在笑声中增长智慧。

真正的幽默是充满智慧的。在日常生活中，常有人由于言语不慎而使我们身处窘境，或是向我们提一些非分的请求，或是问一些我们不好回答或暂时不知道答案的问题。此时，我们如果直接表明"不满意"、"不可能"或"无可奉告"、"不知道"，往往会给彼此带来不快。如果我们想从窘境中脱身而出，不妨借用幽默的力量。

有一次，萧伯纳为庆贺自己的新剧本演出，特发电报邀请丘吉尔看戏："今特为阁下预留戏票数张，敬请光临指教。并欢迎你带友人来——如果你还有朋友。"丘吉尔看到后立即复电："本人因故不能参加首场公演，拟参加第二场公演——如果你的剧本能公演两场。"丘吉尔善用幽默的特点由此可见一斑。

不仅在生活中如此，即便是在政治上，丘吉尔也能够将这种智慧应用自如。丘吉尔有一个习惯，即洗澡后裸着身体在浴室里来回踱步，以事休息。

二战期间，一次，丘吉尔来到白宫，要求美国给予军事援助。当他正在白宫的浴室里光着身子踱步时，有人敲浴室的门。"进来吧，进来吧。"他大声喊道。

门一打开，出现在门口的是罗斯福。他看到丘吉尔一丝不挂，便转身想退出去。"进来吧，总统先生。"丘吉尔伸出双臂，大声呼喊，"大不列颠的首相是没有什么东西需要对美国总统隐瞒的。" 看到此景的罗斯福会心一笑，也被丘吉尔的机智幽默所折服。

就是通过这样直白坦率而又幽默的方式，丘吉尔最终赢得了美国总统的信任，让美国和英国结成了同盟，从而帮助自己的国家走出了困境。丘吉尔的幽默是一种智慧的力量。

然而，幽默并非天生就有，而是需要自己用心培养。那么，怎样培养幽默感呢？

★领会幽默的真正含义

幽默不是油腔滑调，也非嘲笑或讽刺。正如有位名人所言：浮躁难以幽默，装腔作势难以幽默，钻牛角尖难以幽默，捉襟见肘难以幽默，迟钝笨拙难以幽默，只有从容、平等待人、超脱、游刃有余、聪明透彻，才能幽默。

★观察幽默的人

我们观察幽默的人，可以从他们身上学会幽默的节奏。幽默的人其实都有一种节奏，你可以通过现场观察来学习。你有意识或者无意识地就学会了别人的这种模式，用一种新的思维方式来替代过去的缺少幽默的方式。俗话说"熟读唐诗三百首，不会作诗也会吟"，当我们熟读幽默大师的作品时，我们自己的节奏也就会变得幽默了。

★扩大知识面

幽默是一种智慧的表现，它必须建立在丰富的知识基础上。一个人只有拥有了审时度势的能力、广博的知识，才能做到谈资丰富，妙言成趣，从而做出恰当的比喻。因此，要培养幽默感，必须广泛涉猎，充实自我，不断从浩如烟海的书籍中收集幽默的浪花，从名人趣事的精华中撷取幽默的宝石。

★打破常规模式

如果我们总是处在一成不变的环境中，很容易变得审美疲劳，自然也就缺少了很多幽默的活力。如果我们能偶尔改变一下自己的处境，或者是结识一些新的朋友，我们会发现值得自己高兴的事情有很多。

★陶冶情操

乐观面对现实，幽默是一种宽容精神的体现。要善于体谅他人，要使自己学会幽默，就要学会宽容大度，克服斤斤计较，同时还要乐观。乐观与幽默是亲密的朋友，生活中如果多一点趣味和轻松，多一点笑容和游戏，多一份乐观与幽默，那么就没有克服不了的困难，也不会出现整天愁眉苦脸、忧心忡忡的痛苦者。

★允许自己变成"次等人"

很多人缺少幽默感，就是因为自尊心过于强烈，不允许别人对自己开一点玩笑。有时候朋友之间会因为好玩而相互地"损"一下，如果你因此而大发雷霆，那么大家都会把你当成地雷敬而远之。正如一次调查所言，没有人愿意和缺少幽默感的人约会。如果我们不允许自己暂时性地变成"次等人"，那么我们就不能自嘲、处于尴尬之中，这样我们也就难以看到自己身上幽默的潜力。

★培养敏锐的洞察力

提高观察事物的能力，培养机智、敏捷的能力，是提高幽默的一个重要方面。只有迅速地捕捉事物的本质，以诙谐的语言做出恰当的比喻，才能使人们产生轻松的感觉。当然，在幽默的同时还应注意，重大的场合总是不能马虎，不同问题要不同对待，在处理问题时要极具灵活性，做到幽默而不俗套，使幽默为人们的精神生活提供真正的养料。

感恩：一种温暖的生活态度

感恩源于一颗懂得珍惜的心灵，更是一种被放大的爱。因为拥有感恩之心的人会主动回馈命运的恩赐，那些爱则会以辐射状向四周散发，惠及身边每一个需要帮助的人。最初，这种感恩之心可能只是一种内在的精神修炼，但是时间长了，便会成为一种惠及他人的广阔胸怀。

懂得感恩的人，不会只把感恩之心停留在精神层面，他们会通过各种方式的行为来回馈命运的恩赐，即使只是对卑微生命的悲悯，却也承载着他们的一番心意。

"我的手还能活动；我的大脑还能思维；我有终生追求的理想；我有爱我和我爱着的亲人与朋友；对了，我还有一颗感恩的心……"谁能想到这段豁达而美妙的文字，竟出自一位在轮椅上生活了30余年的高位瘫痪的残疾人——

世界科学巨匠霍金。

感受和感激他人恩惠的能力，是我们维护自己的内心安宁感、提高自己的幸福充裕感必不可少的心理能力。"滴水之恩，当涌泉相报"的原意就是告诉人们要知道回报。在社会中，知道感谢，怀有一颗感恩之心是很必要的，可促进社会各成员、群体、阶层、集团之间的关系相处融洽、协调，促进人与人之间互相尊重、信任、帮助。

在一个小镇上，饥荒让所有贫困的家庭都面临着危机。小镇上最富有的人要数面包师卡尔了，他是个好心人。为了帮助人们度过饥荒，他把小镇上最穷的20个孩子叫来，对他们说："你们每一个人都可以从篮子里拿一块面包。以后你们每天都在这个时候来，我会一直为你们提供面包，直到你们平安地度过饥荒。"

那些饥饿的孩子争先恐后地去抢篮子里的面包，有的为了能得到一块大点的面包甚至大打出手。面包师注意到一个叫格雷奇的小女孩儿，在别人抢完以后，她才到篮子里去拿最后的一小块面包，她还亲吻面包师的手，感谢他为自己提供食物，然后拿着它回家。面包师想："她一定是回家和自己的家人一起分享那一小块面包，多么懂事的孩子呀！"

第二天，格雷奇拿着面包到家后，当她妈妈把面包掰开的时候，一个金币从面包里掉了出来。妈妈惊呆了，对格雷奇说："这肯定是面包师不小心掉进来的，赶快把它送回去吧。"小女孩儿拿着金币来到了面包师家里，对他说："先生，我想您一定是不小心把金币掉进了面包里。"面包师微笑着说："我是故意把这块金币放进最小的面包里的。你是一个懂得感恩的女孩子，这块金币算是对你的奖赏。"

故事告诉我们，要想拥有幸福的生活，首先就要怀有一颗感恩的心。

怀着感激去生活，我们便拥有了一份理智、一份平和、一份进取，才不会浮躁、不会抱怨、不会悲观，更不会放弃，人们常说，保持微笑可以延缓衰老，使我们更显年轻，而常怀感激则会使我们的心永远充满希望，生机盎然。

巴西是一个足球王国，大人小孩都喜欢踢足球。在里约热内卢的一个贫民窟里，有这样一个男孩，他非常喜欢足球，可是又买不起，于是就踢塑料盒、踢汽水瓶。

碰巧有一天，当他在一个干涸的小池塘里猛踢一只猪膀胱时，被一位足球教练看见了，他发现这男孩子踢得很是那么回事，便送给他一只足球。小男孩得到足球后踢得更卖劲了，不久，他就能准确地把球踢进远处随意摆放的一只水桶里。

这时，圣诞节快到了，男孩的妈妈说："我们没有钱买圣诞礼物送给我们的恩人，就让我们为他祈祷吧。"小男孩跟妈妈祷告完毕，向妈妈要了一只铲子跑了出去，他来到教练别墅前的花圃里，开始挖坑。

男孩正在吃力地挖坑的时候，教练从别墅里走了出来，他问小孩在干什么。小男孩抬起满是汗珠的脸蛋，说："教练，圣诞节到了，我没有礼物送给您，我愿给您的圣诞树挖一个树坑。"

过了3年后，这位17岁的小男孩在1958年世界杯上率领巴西队第一次捧回金杯。一个原本不为世人所知的名字——贝利，随之传遍世界。小贝利用自己的实际行动，表达了对教练的爱心和感激，他因此也得到教练的喜爱和培养，最终成为世界球王。

拥有感恩之心的人，会随时得到快乐，正如康德所说："在晴朗之夜，仰望天空，就会获得一种快乐，这种快乐只有高尚的心灵才能体会出来。"

懂得感恩并怀有一颗感恩的心，便如那聚焦镜，把周围人的关爱收集到自己的心里，在阳光下，享受着阳光带来的温暖；而在没有阳光的时候，会用蕴藏在心中的暖意给自己取暖，等待着阳光的再次到来。虽身处一样的红尘，可懂得感谢的人却拥有更多的温暖和幸福。

包容：海纳百川的度量

人与人之间需要包容，包容是海纳百川的度量，包容更能让我们去影响他人，从而成就自己。

服装界有名的商人史瓦兹是一个善于容人的经营者，他的成功就和他善

于包容不同个性人才的品格有很大关系。

史瓦兹刚入服装行业的时候，有一次他拿着样衣经过一家小店，却无缘无故地被店主讥讽嘲笑了一通，说他的衣服只能堆在仓库里，再过10年也卖不出去。史瓦兹并未反唇相讥，而是诚恳地请教，这小店主说得头头是道。

史瓦兹大惊之下，愿意高薪聘用这位怪人。没想到这人不仅不接受，还讽刺了史瓦兹一顿。史瓦兹没有放弃，运用各种方法打听，才知道这小店主居然是一位极其有名的服装设计师，只是因为他自诩天才、性情怪僻而与多位上司闹翻，一气之下发誓不再设计服装，改行做了小商人。

史瓦兹弄清原委后，三番五次登门拜访，并且诚心请教。这位设计师仍然是火冒三丈，劈头盖脸地骂他，坚决不肯答应。史瓦兹毫不气馁，常去看望他，经常和他聊天并给予热情的帮助。这位怪人到最后也很不好意思了，终于答应史瓦兹，但是条件非常苛刻，其中包括他一旦不满意可以随意更改设计图案，允许他自由自在地上班。史瓦兹都一一答应。果然，这位设计师虽然常顶撞史瓦兹，让他下不了台，但其创造的效益很巨大，帮助史瓦兹建立了一个庞大的服装帝国。

善于容人就要掌控好自己的情绪，这样才可能去容忍他人个性上的缺点。这位设计师的脾气不可谓不怪异，甚至有点恃才傲物，但是史瓦兹慧眼识金，懂得他的价值所在，对他的缺点和不足都一一宽容，使他帮助自己走上了事业的成功之路。

包容是心与心的交融，无语胜有声；包容是仁者的虔诚，是智者的宁静。正因为深邃的天空容忍了雷电风暴一时的肆虐，才有风和日丽；辽阔的大海容纳了惊涛骇浪一时　　　　　　的猖獗，才有浩渺无垠。

一个人20多岁时被　　　　　　人陷害，在牢房里待了10年。后来冤案告破，　　　　　　他终于走出了监狱。出狱后，他开始了几十年如一日的反复控诉、

咒骂："我真不幸，在最年轻有为的时候遭受冤屈，在监狱度过本应最美好的一段时光。那样的监狱简直不是人居住的地方……"

75岁那年，在贫病交加中，他终于卧床不起。弥留之际，牧师来到他的床边："可怜的孩子，去天堂之前，忏悔你在人世间的一切罪恶吧……"牧师的话音刚落，病床上的他声嘶力竭地叫喊起来："我没有什么需要忏悔，我需要的是诅咒，诅咒那些施与我不幸运命的人……"

牧师问："你因受冤屈在监狱待了多少年？离开监狱后又生活了多少年？"他恶狠狠地将数字告诉了牧师。牧师长叹了一口气："可怜的人，你真是世上最不幸的人，他人囚禁了你区区10年，而当你走出监牢本应获取自由的时候，你却用心底里的仇恨、抱怨、诅咒囚禁了自己整整50年！"

人与人之间常常因为一些彼此无法释怀的坚持，而造成永远的伤害。如果我们都能从自己做起，开始包容地看待他人，就能让自己活得更自在、更轻松。

包容是一种大度，一种豁达。包容心能够容纳万物，能够包含太虚。心旷为福之门，心狭为祸之根。心胸坦荡，不以世俗荣辱为念，不为世俗荣辱所累，不为凡尘琐事所扰，不为痛苦烦闷所惊，就会活得轻松、潇洒、磊落、舒心。

面对许多不愉快的事情，如果我们都能够换位思考，那么矛盾就会趋于缓和，误会也能消融。当你熟悉的人伤害了你时，想想他往日在学习或生活中对你的帮助和关怀，以及他对你的一切好处，这样，心中的火气、怨气就会大减，就能以包容的态度谅解别人的过错或消除相互之间的误会，化解矛盾，和好如初。这样，包容的是别人，受益的是自己。无论在学习和生活中遇到何种不顺利的事情，你都可以在一言一行之间，显示出包容、仁爱的心态，你将因此受用一生。

真诚：真正的快乐

哈佛告诉学生：真正的人格魅力是真诚的自我表露。当你把自己最真实的一面真诚地显示给别人时，你就赢得了信任。

真诚是一种自发、自愿的行为，真诚的心是透明的，没有杂质，它告诉身边的人：我没有撒谎，也没有伪装，我所说的和做的都是自然情感的流露。

真诚的人被别人误解了，也会伤心难过，但是至少对自己的心负了责任，无愧于自己。

一位年老的国王膝下无子，便决定从全国所有的孩子中选择一个人来继承他的王位。他把臣民们召集在一起，当众给每个孩子一包花种子，承诺说，3个月内谁能种出最美丽的花朵，就把王位给谁。

每个孩子都小心翼翼地侍弄着属于自己的那包花种。一个黑瘦的小男孩也是，但是他要帮家里干活，只是在每天早上和晚上的时候去看花盆。3个月的时间很快就到了，他的花盆里却什么都没有长出来。他很伤心。

他妈妈说："既然国王做出了这个承诺，就算不能够赢得王位，你也应该去给个答复。"

小男孩点点头，抱着空空的花盆到了王宫。那里花团锦簇，其他孩子们手中的花一盆比一盆娇艳，小男孩更羞愧了。

这时，国王走了出来，看着这么多花，似乎心情也很好。他走到愁眉苦脸的小男孩身边，问："我的孩子，你怎么了？"

小男孩低着头说："我已经很努力地照顾它了，可还是什么都没有。我来，只是想给你一个交代。"

老国王满意地点点头，然后当众宣布说，他的王位将由这个小男孩继承。因为那些种子都是煮过的，根本不可能开出花来。

用真诚的心对待别人，你才无愧于别人，也无愧于自己。真诚的人，不会弄虚作假，所以他们可以敞开心扉，不怕别人质疑。

真诚，是为人的根本。那些取得巨大成功的、高情商的人都有许多共同的特点，其中之一就是为人真诚。以诚待人，能够在人与人之间架起一座信任之桥，能向对方心灵彼岸靠近，从而消除猜疑、戒备心理，彼此成为知心朋友。

想成为一个高情商的、真正管理好自我的人，真诚是最基本的品质。我们可以从生活中的小细节来体现真诚：

★坦率回答问题

不想暴露自己的弱点，以免降低自己在对方心目中的形象是人之常情。因此有不少人在人前绝不肯承认自己对某个问题不知道，反而装出一副很了解的样子。实际上，对于自己不知道的事情，坦率地说不知道，可以强烈地给人以正直、诚实的印象。

★失误后不辩解

有了失误千万不要为自己辩解，而应诚恳地道歉，然后提出弥补过错的方法。即使无法挽回的事情，也要表示尽量减少损失。这样可以体现你强烈的责任感和诚意，令人刮目相看。

★遵守诺言

不遵守诺言往往使人感到你不诚实。如果你许下了诺言，或者像开玩笑似的作过承诺，对方并不抱有希望，而你一旦忠实地做到了，必定使对方感到意外，也可以使你的诚实更加突出、醒目。

★做陷入逆境者的忠实听众

人们在陷入逆境、心中烦闷、焦躁不安的时候，往往借说话来调节心情。此时，你千万不要急于劝说、安慰他，搞不好会使他更加烦闷，陷入恶性循环之中，要做一个忠实的听众，真诚的倾听者，这样会从不同程度上减少对方的痛苦。

热情：激情的种子

西塞罗说得好："做人如同制酒，坏酒禁不住时间的考验，容易变酸发臭，而好酒却会更显芳香。一旦拥有了热情，我们能够在满头银发时依然保持心灵上的年轻，正如墨西哥湾过来的北大西洋暖流滋润了北欧的土地一样。"热情是激情的种子，人如果没有了热情，生命就像一口枯井，了无生趣。

热情虽然是激情的种子，但是热情与激情还是有所不同。激情，是一根小小的火柴，可以把整个火炬点燃；而热情，正是那把火炬，它不是一时的心血来潮，而是像熊熊燃烧的火炬，路途中遇到的挫折都会被燃成灰烬。

卡耐基说："一个年轻人最让人无法抵御的魅力，就在于他满腔的热忱。"在年轻人的眼里，未来只有光明，没有黑暗，即使会遇到险境，最终也可以转危为安。他不知道世界上还有"失败"这两个字；他相信，人类历史过程中所有的劳作，都是为了等待他的出现，等待他成为真善美的使者。

哈佛学者告诉我们：热情，是一种无法抗拒的力量。每一个深陷困境，备受折磨的人都不能没有它。对生活充满热情的人都有着积极的心态、积极的精神状态。

　　俄罗斯的一位女大学生说她是凭借热情赢得工作的。她从秘书学校毕业出来，想找一份医药秘书的工作，由于她缺少这方面的工作经验，面试了好几次都没有成功，她就开始运用热情原则。在她去面试的途中，她给自己打气说："我要得到这个工作。"她说："我懂这个工作。我是一个勤快而好学的人，我能够做好这个工作。医生将会视我为不可缺少的人。"她一再对自己重复这些话。她充满信心地走进办公室，并且热情地回答医生的问题，医生也就雇用了她。几个月以后医生告诉她，当他看到她的申请上写着没有任何经验的时候，他决定放弃她，只是给她一次形式上谈话的机会而已，但是她的热情使他觉得应该试用她看看。她把热情带进了工作，最终成为一名很好的医药秘书。

　　一个人成功的因素很多，而其中一个重要原因就是热情，这也是高情商人必备的情操。热情是出自内心的兴奋，能散发、充满到整个人。事实上一个热情的人，等于是有神在他的内心里。热情也就是内心里的光辉——这种炽热的、精神的特质深存于内心。

　　如果你将热情一天又一天地注入你的生活和事业中，想象一下，你的生活将会变得多么丰富多彩。当你根据你的人生目标确定了你的活动和计划并发扬你天生的强项和喜好后，热情将随期而至。此时你将开始用睁大的眼睛，看到充满希望、奇迹和喜悦的每一天。

PART 03
培养有益生活的情商

培养正直

从"正直"的字面意思来说，"正"是指符合标准方向，不偏斜；"直"是不弯曲，不偏斜。"正"与"直"合起来的意思就是公正、直爽。正直的道德内涵是十分丰富的，它既是一种公正的道德意识，又是一种高尚的道德情感，也是一种纯正的思想作风和正当的道德行为。正直的实质是为公还是为私的问题，为公为正，为私为邪；秉公为直，偏私为恶。

哈佛教育学生的准则中有一条是：对自己负责。如果你能通过自己良心的考验，就请坚持下去。英国学者阿瑟·戈森说，正直的人都是抗震的，他们似乎有一种内在的平静，使他们能够经受住挫折，甚至是不公平的待遇。他还说，正直意味着有勇气坚持自己的信念。这一点包括有能力去坚持你认为是正确的东西，在需要的时候义无反顾，并能公开反对你认为是错误的东西。

哈佛教育有一个重要的理念就是做你自己认为正确的事，不要去在意耳边"苍蝇"的吵闹。有些人觉得人言可畏，所以尽量跟随着别人的想法走，却不去考虑事实应该是怎样的。问题的关键在于，你是在意别人对你的看法呢，还是坚持心中的真理呢？

正直之所以可贵，就是很少有人能坚持己见，听取自己心中的意见，拒绝别人的建议，不做自己不情愿做的事。只要你自己认为可以坦然地面对自己，那么也同样能够从容地面对他人。名声有可能是人为造出来的，它的虚和实都很难弄明白，只有你自己才知道自己究竟是一个怎样的人。

那么怎么做一个正直的人呢？

★做一个敢做敢当的人

泰戈尔说："当你把所有的错误关在门外，真理也就被拒绝了。"人非圣贤，孰能无过，况且就是圣贤也都有犯错误的时候。一个人犯了错误并不可怕，可怕的是明明知道自己错了，却不知道悔改，不敢承认错误。所以，要做一个敢作敢当的人，这样自身才会有魅力。

★面对诱惑，做事要有原则

品格高尚是每个成功者必备的要素之一，因为它激发起各种各样的伟大情怀。拓展视野，即使面对各种恶劣环境，它也能控制你的意志，让你成为受人尊敬的人。

★踏踏实实做人，实实在在办事

天道酬勤，不要光耍嘴皮子、好逸恶劳，要勤字当头，尽心尽力、尽职尽责才能成就大事业。不要小事不想做，大事做不了，对工作拈轻怕重好高骛远。干事业要先扫一屋，才能扫天下，要从现在做起，从小事小节做起，从点滴细节做起，做老实人、讲老实话、办老实事才是长久之根本。做人一定要先问自己是否实实在在。

★做人做事要正派，堂堂正正才是处世之基，立足之本

身正才能魂安梦稳，品行端正做人才有底气，做事才会硬气。心底无私天地宽，表里如一襟怀广。正直的人做事不文过饰非，不偷奸耍滑，不阳奉阴违，平等待人、公正处世才会赢得他人的信赖和尊敬。

★做个诚实的人

社会上常常有这样的人，他们圆滑机巧，善于八面玲珑，言不由衷。看起来他们工作卖力，成绩斐然，却拥有一

个失败的人生，因为他们这种虚伪的性格使他们交不到一个知心朋友。有的人也许没有辉煌的成绩，没有耀眼的光芒，可他们却因自己诚实可靠的品格赢得了真正的机会，铸造了不一样的人生，这就是做一个诚实的人的收获。

培养独立性格

　　哈佛大学欣赏的是敢想能做、性格与众不同的学生，以及他们由此表现出来的优秀才能。另外，哈佛大学之所以为社会做出如此大的贡献，也是因为在人才培养及创新方面有一套比较成熟的、与众不同的方法，其中一点就是培养学子的独立性格。

　　去除依赖，独立完成人生的乐谱，相信你定能奏响生命雄壮的乐章。有的人，总是存在极强的依赖心理，习惯依靠拐杖走路，尤其是依靠别人的拐杖走路，最终的结局是他将一无所有。那么我们就需要从小培养独立性格。

　　美国总统西奥多·罗斯福十分注重培养孩子们的独立人格。西奥多·罗斯福有句名言："在儿子面前，我不是总统只是父亲。"他反对孩子们依靠父母过寄生生活，他让孩子们凭自己的本事自食其力。

　　他的大儿子20岁时去欧洲旅行，一个多月的时间就把带的路费差不多花光了。临回家前他遇到了一匹非常好的马，正好它的主人要卖掉它。他太爱这匹马了，于是就把自己最后的一点路费拿出来，买下了这匹马。

　　没钱的大儿子这时只有打电报给父亲，希望父亲能寄点路费让他回家。罗斯福很快给大儿子回了一封电报，上面写着："你和你的马游泳回来吧！"无奈之下，儿子只好又卖掉了马。

　　在罗斯福的家训中，"独立"一直被作为最鲜明的主题，孩子们从父亲那里得到的是严格的教育。罗斯福经常告诉孩子们：每个人都是独立的个体，要有自己的思想，要做自己的主人，这样才能一步步走向成功。

　　哈佛教授总是教育学生：一个杰出的人，是不会依赖别人的，因为他不会让懒惰有机可乘；也只有杰出的人，才更懂得享受自己动手时的美妙体验。

　　怎么培养一个人的独立性格呢？

　　★加强自我意识

自我意识是对自己身心活动的觉察。自我意识就是自己对于所有属于自己身心状况的认识。由于个体能洞察自己的思想和行动，因而能对自己的行为进行调节和控制。自我意识的成熟被认为是个性基本形成的标志，它在人的社会化过程中具有相当重要的地位。自我意识是个体社会化的结果，同时，自我意识的形成和发展又进一步推动个体的社会化。

★积极主动

积极主动能让你克服惰性，把注意力集中于未来。在遇到阻力时，想象自己在克服它之后的快乐；积极投身于实现自己目标的具体实践中，你就能坚持到底。

★下定决心

独立性格的体现多表现在遇到事情的决定上，只要我们下定决心，并做出行动，那么事情就成功一半了。美国罗得艾兰大学教授詹姆斯·普罗斯把实现某种转变分为四步：抵制——不愿意转变；考虑——权衡转变的得失；行动——培养意志力来实现转变；坚持——用意志力来保持转变。

雨果曾经写道："我宁愿靠自己的力量打开我的前途，而不愿求有力者的垂青。"只要一个人是活着的，他的前途就永远取决于自己，成功与失败，都只系于他自己身上。而依赖作为对生命的一种束缚，其实是一种寄生状态。

英国历史学家弗劳德说："一棵树如果要结出果实，必须先在土壤里扎下根。同样，一个人首先需要学会依靠自己、尊重自己，不接受他人的施舍，不等待命运的馈赠。只有在这样的基础上，才可能做出成就。"

抛开拐杖，自强自立，这是所有成功者的做法。其实，当一个人感到所有外部的帮助都已被切断之后，他就会尽最大的努力，以坚忍不拔的毅力去奋斗，而结果，他会发现：自己可以主宰自己命运的沉浮。

培养责任感

负责是高情商者成功的关键，成功的优秀人士大多是这样的人：具有高度责任心，工作态度认真，永远抱有激情。一个不负责的人如同一个莽汉，对自己的行为不加约束，不加重视，做事既没有严谨负责的精神和态度，也没有清晰的规划，最终只能接受失败的下场。相反，一个有责任心的人，就像一个有计划的工程师，时时刻刻尽力让事情朝着自己想要的方向发展，从而取得成功。

曾经荣获普利策奖的詹姆斯·赖斯顿是在第二次世界大战期间应聘到《纽约时报》的。在此之前，他亲历了德国纳粹对伦敦所进行的狂轰滥炸。孤身一人工作在战火纷飞的伦敦的詹姆斯·赖斯顿非常想念妻子和3岁的儿子。在给儿子的信中，詹姆斯这样写道：

"我周围这些生活在紧张之中的人们，大都有了一种更加强烈的责任感。他们更具爱心，做事更懂得为他人考虑，与此同时，他们也日益坚强起来。他们在为超越他们自身的理想而作战。我觉得那也是你应该为之而努力的理想。

"我想向你强调的是，一个人必须承担他应该承担的责任。这场战争爆发于一个不负责任的年代。我们美国人在本世纪第一次大战快要结束的时候，并没有承担自己的责任。当这个世界需要我们把理想的种子广为播撒的时候，我们却退却了……

"因此，我请求你接受你自己的责任——把美国创建者的梦想变为现实，为着生你养你的这个国家的前途而努力奋斗……简朴人生，勿忘责任。"

哈佛教授告诉学生：当你降临到这个世界上的那一刻，你就要负起责任。责任并不是一种强加的义务，而是对一个人的基本要求。无论在什么时候，都要勇敢地负担责任，对自己如此，他人更是如此。

责任心承载着一个人的人格，只有负起责任的时候，你才能找回做人的根本。特别是你犯了错误之后，更应该担当起责任。马克·吐温曾说过："我们生到这个世界上来是为了一个聪明和高尚的目的，所以必须好好地尽我们的责任。"

负责更多的不是体现一个人的学识、水平和能力，而是体现一个人的品格，体现一个人的价值观和思想境界，是一个人成功的关键所在。一个人要想在事业上有更好的表现，在生活上有更明显的改善，那这就一定要在工作中和生活上对自己的行为负起责任。人一旦树立了这样的思想意识，就会发现以前认为困难的事情，现在会变得轻松起来。越是认真负责，收获的就越多。

一群男孩在公园里做游戏。有个"倒霉"的小男孩抽到了士兵的角色。他要接受所有长官的命令，而且要按照命令去完成任务。

"现在，我命令你去那个堡垒旁边站岗，没有我的命令不准离开。"

"是的，上校。"小男孩快速、清脆地答道。

时间一分一秒地过去了，小男孩的双腿开始发酸，双手开始无力，天色也渐渐暗下来，却还不见"长官"来解除任务。

一个路人经过，看到正在站岗的小男孩，惊奇地问道：

"你一直站在这里干什么呢？"

"我在站岗，没有长官的命令，我不能离开。"小男孩答道。

"你，站岗？"路人哈哈大笑起来，"这只是游戏而已，何必当真呢？"

"不，我是一名士兵，要遵守长官的命令。"小男孩答道，"其实，我很想知道我的长官现在在哪里。你能不能帮我找到他们，让他们来给我解除任务。"

路人答应了。过了一会儿，他带来了一个不太好的消息：他们都走了。

正在这时，一位军官走了过来，他了解完情况后，便以上校的身份郑重地向小男孩下命令：结束任务，离开岗位。

军官对小男孩的执行态度十分赞赏。他心里想：这个孩子长大以后一定是个出色的军人。他对工作岗位的责任意识太让人震惊了。

军官想得一点也没错，成年后的小男孩在第二次世界大战中立下赫赫战功，两次荣登《时代》杂志的封面，他就是迄今为止美国历史上最后的一位五星上将——布莱德雷将军。

布莱德雷将军的成功与他坚守责任的品质不无关系，因为军人的职责，更加需要坚守。面对一个在游戏中随意下达的任务，布莱德雷也能不打折扣地坚持完成，可想而知，对待其他更重要的责任，他会完成得更加出色。人生就是一场负重的远征，背负越多的责任，我们获得的成功也就越大。

培养责任感不容易，需要我们从小事、不起眼的事情做起，并要负起重要的责任。负责是成功的关键，我们要把责任看成是自己的义务，看成是自己迈向成功的一段阶梯。只要我们履行好自己的义务，努力走完这段阶梯，成功就在我们面前。

培养勇气

勇气是产生于人的意识深处的对自我力量的确信，是对自我能力能战胜一切的信念，是相信自己可以面对一切紧急状况，处理一切障碍，并能控制任何局面的信心，是穿越重重险阻，历经磨难走向成功的意志。勇气，是一种阳光般的力量，源自于自我潜意识深处的积极暗示。

森林中所有的小动物，一直都快乐地生活着。这片广阔的森林，从来没有发生过什么大的事故。

一日，天神心血来潮，想要测试森林中动物对于危机的应变能力，便从空中挥下了一道闪电，刺眼的电光击中森林中最大的一株树木，惊慌的动物们拼命向森林的外缘奔逃。但它们却不知道，当闪电击中那棵大树，大火燃起的同时，在森林四周，早已由大火引来了无数贪婪的肉食猛兽，它们正张开大口、流着馋涎，等候这些小动物们自己送上门来。

在这片森林的所有动物当中，只有一只小松鼠和其他的动物不同。它没有选择逃难，而是奋不顾身地向着大火冲了过去。小松鼠在森林中一个即将被烈火烤干的水塘中，将自己瘦小的身子完全沾湿，然后再冲进火场，拼命抖洒着身上沾的水珠，希望能缓解正在毁灭森林的火势。

这时，天神化身成为一位老人，站在小松鼠的面前，问道："孩子，你难道不知道你这样的做法根本没有用吗？"小松鼠说道："也许我的力量不足以灭火，但我相信凭着我的努力，至少可以减少森林中几只小动物的丧生。"

只听得老者一声大笑，小松鼠的周遭突然变得清凉无比，大火在一瞬间消失无踪。

温斯顿·丘吉尔说："一个人绝对不可在遇到危险的威胁时，背过身去试图逃避。若这样做，只会使危险加倍。但是如果立刻面对毫不退缩，危险便会减半。绝不要逃避任何事物，绝不！"

巴顿说过："要无畏、无畏、无畏。记住，从现在起直至胜利或牺牲，我们要永远无畏。"

在现实生活中，许多事情都需要勇气作支撑。放弃需要勇气，拒绝需要勇气，尝试需要勇气，冒险需要勇气，有时甚至连说话都需要勇气。一个人如果缺乏勇气，就失去了承担责任的基础，就只能在他人的庇护之下生存，无法面对人生的任何压力和挑战。

所以当生活遭遇困境时，我们不必寻找借口和理由来逃避，只需拥有一点点勇气，我们的世界就会变得不一样。对此，哈佛心理学教授乔治·桑比那说："勇敢的精神，是一个人最不可缺失的元素。因为人类哪怕每一个微小的进步，都需要勇气作为先导。"

心理学家斯科特·派克也说："在这个世界上，只要你真实地付出，就会发现许多门都是虚掩的！微小的勇气，能够完成无限的成就。"斯科特同时说："如果你幸运地与生俱来就有勇气这种品性，那么很值得恭贺；如果你还没有养成这种性格，那么尽快培养吧，人的生命很需要它！"勇气，是一个人成功的必备素质，同时是我们成长中注入生命的"活水之源"。

勇敢是高情商者必备的素质。只有那些自信、做事不退缩、勇敢而富有冒险精神的人，才能成就伟大的事业。在如今生存竞争激烈的社会里，那些做事缺乏勇气的年轻人到哪里都会受到排挤。

哈佛教授告诉学生：有了勇气，才有了力量，也才有了胜利的可能。勇气来源于哪里？来源于人的内心力量。有了勇气，随之而来的是证明勇气的智慧。拥有勇气的人是无法战胜的，因为无论何时他们总是充满希望，并以坚韧不拔的意志一路披荆斩棘向前行，直至到达目的地。

培养同情心

人性中总有些根深蒂固的本性。无论在我们看来对方是如何自私，他总是会对别人的命运感兴趣，会去关心别人的幸福，尽管他可能除了因看到别人幸福而感到高兴外一无所得。这种本性就是怜悯和同情。

德国文学家奥维巴哈说："人和人之间，没有除爱以外的财产。"怜悯和同情是人类与生俱来的原始情感，是当我们看到、感受到他人的不幸遭遇时所产生的感情。这种人性中固有的感情绝不是良善君子的专属，尽管他们可能对此最为敏感，但即使是一个罪大恶极、无视一切社会规范的无赖也会心怀一定程度的同情心。

一天，一个贫穷的小男孩为了攒够学费正挨家挨户地推销商品。劳累了一整天却只得到一角钱。他决定向下一户人家讨口饭吃。

当一位美丽的女孩打开房门的时候，这个男孩紧张了，他没有要饭，只乞求给他一口水喝。这位女孩看到他很饥饿的样子，就拿了一大杯牛奶给他。男孩慢慢地喝完牛奶，问道："我应该付多少钱？"女孩回答道："一分钱也不用付。妈妈教导我们，施以爱心，不图回报。"

几十年后，那位年轻女子得了一种罕见的重病，当地的医生对此束手无策。最后，她被转到大城市医治，由专家会诊治疗。当年的那个小男孩如今已是大名鼎鼎的霍华德·凯利医生了。当看到病历上所写的病人的地址时，一个奇怪的念头霎时间闪过他的脑际。他马上起身直奔病房。

来到病房，凯利医生一眼就认出床上躺着的病人就是那位曾帮助过他的恩人。他为她做了手术而且成功了。凯利医生要求把医药费通知单送到他那里，在通知单的旁边，他签了字。当医药费通知单送到这位特殊的病人手中时，她不敢看，因为她确信，治病的费用将会花去她的全部家当。最后，她还是鼓起勇气，翻开了医药费通知单，旁边的那行小字引起了她的注意，她不禁轻声读了出来："医药费：一满杯牛奶。霍华德·凯利医生"。

善良的小女孩的一次同情心，换来了她一辈子的幸福，这是人间最美丽、最动人的爱。

有意于提高自己情商的人应记得常对别人奉献自己的同情心和爱心，常帮助别人。而且当我们为别人付出的时候，本身就体验到了生命的快乐和富足。为别人付出你的爱心，就是种下一片希望，就会有硕果累累的一天，就能品尝到丰收的喜悦。

哈佛告诉学生：帮助他人就是帮助自己，要时刻保持一颗同情心。我们不能对身处困境的人熟视无睹，那种丧失了同情心的人同时也会把自己推进冷漠的世界。

我们永远无法直接或是真切地感受到别人所承受的痛苦和所遭遇的磨难，我们只能设身处地地想象。依靠想象，我们以为自己也正在经受那种痛苦、以为自己也曾经历那种磨难，体内与之产生共鸣，随之以为自身已经全然感受到了他人的那种痛苦（即使这并不是他人真正的感受，而且可能相较更轻），并与之合二为一，于是内心泛起无数的伤痛和酸楚。所以当想起别人的感受时，我们会觉得内心伤痛，我们会像抚平自己的伤痛一样去帮助别人从伤痛中走出来。

提升自己的善良品质，进而会形成一种良好的社会风气。这种与人为善的品德，正是人类生存所需要的美德。谁没有需要别人帮助的时候呢？只要人人都付出一点爱，世界将变得更加美丽更加精彩。

PART 04
保持积极开放的状态

作好终身学习的准备

每个人的一生都是一个终身学习的过程。人的生命是一个无止境的完善过程和学习过程。事实上，一个人必须从环境中不断地学习那些自然和本能没有赋予他的生存技术。为了求生存和求发展，他必须终身学习。正是在这个意义上，终身学习的过程实际上也是社会成员不断发展、不断完善的自我实现的过程。

据美国国家研究委员会调查，目前半数的劳工技能在1~5年内就变得一无所用，而以前这段技能的淘汰期是7~14年。特别是在工程界，毕业10年后所学还能派上用场的不足1/4。因此，不断学习也是有为青年的必要选择，只有不断地学习，不断为自己充电，才会跟上一个永远加速的社会。

培根在提出"知识就是力量"的口号以后，又明确地指出："各种学问并不会把它们本身的用途教给我们，如何应用这些学问乃是学问以外的、学问以上的一种智慧。"

也就是说，有了同等知识，并不等于有了与之同等的能力。我们通过不断的学习，掌握了丰富的知识后，需要将知识转化为相应的能力，这样才能为我们的成功增添筹码。将知识转化成能力的过程也就是学以致用的过程。

终身学习对自我的改造有着重大意义。

★心灵改革

每天专心致志地学习，随时修正自己的信念。朝着人生的积极方向迈进。

★思维改造

抛弃旧的思维模式，采纳适应时代环境的思维模式。

★行动修正

采取言行一致的创新行动来加速成功的实现。

★打破自我的界限

每个人都具有不可限量的潜力，但只有通过学习，才能把潜力转换为能力，把理念转化为能量。因此，终身学习将协助我们打破自我的界限。

学习是终生的事业，有人做出这样的结论：按一个人工作45年计算，他的知识大约只有20%是在学校获得的，而其余的80%是在一生的其他时间获得的。因而，我们必须有终生学习的准备。"活到老，学到老"不再是少数人的美德，而成为社会对每个成员的普遍要求。

很早以前，罗曼·罗兰就说："成年人慢慢被时代淘汰的最大原因不是年龄的增长，而是学习热情的减退。"学习，是人的一生中一项最重要的投资，一项伴随终身，最有效、最划算、最安全的投资，别的任何投资都比不上这项投资。它会让人们的智慧不断升值。

那么，学习需要坚持以下几个原则：

★目的明确

知识的海洋无边无涯，而人生的时间和精力总是有限的，一个人能在某一领域有所建树就很不错了。因此，在确定了自己终生奋斗的目标后，积累知识就应有明确的方向，战线不可拉得太长。积累的知识太杂，往往会淹没学习的重点，以致喧宾夺主，劳而无功。

★认真筛选

任何名著、佳作都不可能字字闪金光，句句皆良言。一般都会既有其独到的见解，也可能有失之偏颇之处，有些甚至是良莠混杂。因此学习知识必须善于分析，去粗取精，去伪存真，为我所用。要善于沙里淘金，撷取闪光的思想、观点和方法。

★统筹兼顾

学习知识必须从横纵两个方面考虑，统筹兼顾。所谓纵的方面，就是积累那些有利于把自己的学习引向深入的知识；所谓横的方面，就是在积累那些专门学科知识的同时，搜集与自己研究的领域、探索的问题有密切关联的那些学科的知识。

★及时摘录

一发现有价值的东西就要如获至宝，马上摘录下来。读书看报，随时都可能碰到有用的知识。这时，就要立即把它们记下来，做成知识卡片。长期积累下来，知识的储存量也会随之增加。

★注意求新

学习知识要注意求新，要不断学习和吸收新知识和新观点。在一定时期内，针对某一问题的研究，不仅要收集前人对这一问题的看法和观点，了解他们探索的足迹，同时更要注意收集同时代人的研究成果，特别是目前的研究进展情况。

学习是一辈子的事，不管年龄多大，只要开始学习，就不为晚，因为学习者永远年轻。时代飞速发展，环境急剧变化，再没有一劳永逸的成功，只有不断学习，终身学习，才不会被抛出时代的列车。在今天，关键问题不在于能否"活到老学到老"，而在于"学到老"才能"活到老"。没有学习，便没了"生存"。

兴趣在哪里，学习就在哪里

在心理学上，兴趣是指一个人力求认识某种事物或爱好某种活动的心理倾向，这种心理倾向是和一定的情感联系着的。"我喜欢做什么？我最擅长什么？"一个人如果能根据自己的兴趣去设定事业的目标，他的积极性将会得到充分发挥，即使在工作中尝尽了艰辛，也总是兴致勃勃、心情愉快；即使困难重重也绝不灰心丧气，而能想尽一切办法，百折不挠地去克服它，甚至废寝忘食、如痴如醉。

达尔文小时候就对周围的环境非常感兴趣，特别喜欢钻研问题。一天，小达尔文跟着父亲到花园里散步，花坛里盛开着五颜六色的花，美丽极了。他就对父亲说："爸爸，要是报春花也有很多种颜色，那该多好呀！"父亲笑着说："你这个小幻想家，好好努力，我相信你一定能想出好办法。"

过了几天，小达尔文对父亲说："我已经想出了一个非常好的办法。"父亲道："好，如果能变出来，它将是我们英国第一朵特别的报春花。"又过了几天，小达尔文捧着一朵火红色的报春花来到爸爸面前。"你是怎么变出来的？"爸爸惊奇地问。

"研究出来的呗。"小达尔文骄傲地说，"你曾经说过，花每时每刻都在用根吸水，并且把水传到身体的各个地方去，于是我就想让报春花喝些红色的水，传到白色的花朵上，那么花不就会透出红颜色来了吗？"父亲对于小达尔文的钻研精神感到很骄傲，他会心地笑了。

正由于达尔文对大自然有浓厚的兴趣，经过孜孜不倦的探索，他后来成了伟大的生物学家。

哈佛的经验反复印证了这样一个道理：兴趣可以让学习变成一件快乐的事情。有了兴趣，人们就会自觉地从事或追求某种爱好的事情。兴趣使人勤奋，使人坚持不懈地干下去。兴趣给人以愉快感，人们在从事自己所喜爱的事情时，总是感到有一种莫名的兴奋感和满足感。事实上，很多人的成功都是源于幼时的兴趣和爱好。

一个人，他的兴趣在哪里，成功的方向最有可能在哪里。

爱因斯坦曾说过："兴趣是最好的导师。"一个人对某种职业感兴趣，就会对该种职业活动表现出肯定的态度，并积极思考、探索和追求。人的兴趣在职业活动中起着十分重要的作用。有关研究资料表明，如果一个人对某一工作有兴趣，就能发挥他的才能的80%~98%，并且长时间保持高效率而不感到疲劳；而对工作没有兴趣的人，只能发挥其全部才能的20%~30%，也容易疲乏。另外，兴趣还可以开发智力，是成长的起点。古今中外的著名学者之所以能够取得成绩并对人类做出重大贡献，往往就是因为他们对自己的学习和从事的事业有强烈的爱好，这种兴趣和爱好会形成一股强有力的力量，推动着他们在自己的研究领域里辛勤耕耘，并取得辉煌的成绩。

哈佛教授总是这样启示他们的学生，兴趣只是我们迈向成功的第一步，只有坚持下去，通过自己不断的努力，把它转化为我们的专长和优势，我们才能叩开成功的大门。

学习是项快乐的运动

哈佛告诉学生：学习是一项快乐的运动。可是，很多人却视学习为痛苦，为负担，为任务，因此，当然体会不到学习的乐趣了。那么，怎样才能品尝到学习的快乐呢？关键在于对待学习要有一种积极乐观的态度。

有不少人认为，在学校里学到的知识是十分有限的，所学的知识在工作和生活中根本无从实践。不少成功人士也没有接受过完整的教育，但是这不妨碍他们获得成功。的确，有不少成功人士是没有接受完整的教育，李嘉诚就是一个例子，但少年失学后他并没有忘记平时的学习。他依靠在学校里学会的学习方法和技巧完成了自学生涯。

另外我们要明白的是：虽然学校里学到的知识在以后的工作和生活中用到的很少，但是在学校里我们可以学到学习的方法和技巧，这些可以让我们终身受用，并且会让我们感觉到学习的快乐。

提高自我能力的工具就是学习，所以我们必须要学会学习，并乐在其中。

★要明确学习目标

目标就是人生航途中始终不灭的航灯。高情商的成功者，他们在曲折的人生中，不管前面有多少险风恶浪暗礁，他们都能朝着既定目标坚定不移地前进，披荆斩棘，百折不挠，终于成就一番伟业！

★要培养学习兴趣

兴趣是最好的老师，我们要把学习的"烦恼"转化为"乐趣"，有乐趣自然也会感到轻松而愉快。

★要树立坚定的自信心

自信是在困难面前永不言败的勇气，是"我能行"！自信是在失败面前永不气馁的斗志，是"我不放弃"！

★激发潜能

人的学习潜能是无限的，这好比无垠的宇宙，我们思想的飞船开到哪里，哪里就有一个全新的天地。

富兰克林说过："花钱求学问，是一本万利的投资，如果有谁能把所有的学问都装进脑袋中，那就绝对没有人能把它拿走了！"

西门子时刻都在提醒着自己的员工：你需要不断学习，你需要通过学习新知识提升自己，适应企业的发展。而且西门子也非常重视员工的学习能力，并努力创造条件让员工去主动学习，把学习当成一种习惯。其实，在所有的能力当中，学习能力应该是人才应具备的各种能力的核心，因为没有了学习能力，人才的思维就会出现僵化，最终被新知识、新观念所淘汰。

正如爱因斯坦所说："学习、不断地追求真理和美，是使人能永葆青春的活动。"学习也会使你的幸福像花儿一样开放，花不浇水便枯而凋，人不学习便老而衰。

学习就是这样，当你掌握了学习的能力，自身的知识结构便永不会老化，幸福的花儿便会为你开。人总是在学习中进步，奋斗中成功，无论何时，都要使自己具备学习的能力，这样，我们的知识便会源源不断地得到充实和更新。

每天为大脑充电

美国职业专家指出，现在职业半衰期越来越短，所有高薪者若不学习，不需5年就会变成低薪。当10个人中只有1个人拥有电脑初级证书时，他的优势是明显的，而当10个人中已有9个人拥有同一种证书时，那么原来的优势便不复存在。

就业竞争加剧是知识折旧的重要原因。未来社会会有两种人：一种是忙得要死的人，另外一种是找不到工作的人。后者虽然肯努力、肯牺牲，但或许由于在知识和经验上准备不足，做事大费周折，始终达不到目的，实现不了成功的梦想。

我们处于知识经济蓬勃发展的历史阶段，知识迅速更新，组织结构日渐扁平化，组织要提高绩效，所有的人都必须学会学习、善于学习、坚持学习。

美国杰出的管理思想家戴维斯在他与包特肯合著的《企业推手》一书中预言：21世纪的全球市场，将由那些通过学习创造利润的企业来主导。这就要求每个企业都要变成"学习型的企业"。这需要我们每天为自己充电，这样才能跟上时代的步伐。

那么我们怎么为自己的大脑充电呢？哈佛学者给我们以下几个建议：

★选修一些专业课程

有一些大专院校也会开设夜间的专业课程，让上班族利用晚上时间，学习如企管或行销等专业知识，这些对于工作遇到瓶颈的人而言，可以快速增长知识。

★学习各种技能

除了正规的院校之外，还有许多补习班，教授一些上班族可能需要的技能，最常见的就是电脑补习班。如果对自己的工作并不满意，想要转业或是增加自己的技能以求得更好的工作机会，可以参加补习班，最好是有专业认证的，取得认证后工作会更好找。

★教育训练

公司有时举办一些教育训练课程，但是参加的人总是觉得公司在剥夺他的私人时间，如果不这么想，好好地认真学习，也是可以学到不少东西的。因为公司的教育训练课程，一定是针对目前工作需要设计的，更能满足你增进工作能力的需求。

★自我阅读

如果真的抽不出完整的时间，或是家庭环境不允许（例如经费问题或是有孩子要照顾的人），无法参加完整的课程，也应该尽量利用时间多阅读。经由阅读增加自己的知识，是一种方便又有效的方法。

利用每天空闲的时间看点书，学一点东西，每天为自己的大脑充电，这样长期积累的知识，甚至比信誓旦旦要学习而无法坚持的人学得要多。只要不断学习，向成功的人学习，向身边的人学习，只要每天进步一点点，就没有什么能阻挡你抵达成功的彼岸，而你人生的格局之门就会缓缓打开。

勤奋造就智慧

所谓"一分耕耘，一分收获"，一个人所获得的报酬和成果，与他所付出的努力有极大的关系。运气只是一个小因素，个人的勤奋才是创造事业的最基本条件。

★学习的敌人是自己的满足

你现在可能有很高的地位，可能拥有很多的财富，具有渊博的知识，但是当你想要获得更大成功的时候，你一定要有一个归零的心态。只有心态归零你才能快速成长，才能学到更多的成功方法。

哈佛教授常教导哈佛学子：成功，并不只是战胜别人，更在于战胜自己。你唯一能够改变的就是自己，你不可能也不可以去阻止别人的进步。而改变自己的唯一途径就是努力学习，通过学习你可以提高自己的能力，从而改变外在的处境与地位。

只有不断用心学习，才能达到持续更新、持续发展的高境界。有很多成功者，时时都在扩充自己的学识与经验，从不浪费时间，凡是与他们的事业有关的信息，他们都会积极地学习、吸收，纳为己用，这些是他们成功的秘诀所在。不断努力学习逐步积累起来的学识与经验，是成就事业的资本，它将使你终生受用。你要储存这些资本，就必须集中精力、毫不懈怠、长年累月地去学习。要抓紧时间刻苦学习，不要让你的人生充满空虚和遗憾。

★勤奋能战胜一切困难

爱因斯坦曾经说过："在天才和勤奋之间我毫不迟疑地选择勤奋。"卡来尔更激励我们："天才就是无止境地刻苦勤奋的能力。"

勤奋属于珍惜时间的人。属于脚踏实地，一丝不苟的人。属于坚持不懈，持之以恒的人。属于勇于探索，勇于创新的人。因为勤奋，安徒生从一个鞋匠的儿子成为童话大王；因为勤奋，罗曼·罗兰完成了20年心血的结晶《约翰·克利斯朵夫》；因为勤奋，巴尔扎克给人类留下了宝贵的文学遗产《人间喜剧》。在他们获得成就的过程中，有很多的困难与痛苦，但是他们具备打倒它们的武器，那就是"勤奋"。

★严格执行学习计划，是实现学习目标、克敌制胜的法宝

勤奋学习还体现在严格执行学习计划，养成定时定量的学习习惯。定时学习是完成学习计划的前提。定时学习，包含两层意思：一是每天必须保证必要的学习时间，到了该学习的时候马上学习。人脑也像机器一样，功率是一定的，不可能在极短时间内把大量的学习内容输入到大脑里去。因此，学习需要长流水不断，"不能一口吃个胖子"，"不能一锹挖个井"，讲的都是这个道理。因此说，定时学习是完成学习计划的前提。

定量学习是完成学习计划的保证。学习计划是通向学习目标的道路，定量地完成学习计划，就等于在这条道路上不断前进。在计划的指导下，当知识的量达到一定程度时，便到达了目标。

没有量的积累，就不会有质的飞跃。知识积累的总量是由每日、每时学习的分量累加起来的。受学习规律的制约，获取知识的日分量值只能是$0 \sim L$，L为英语Limit（极限）一词的缩写，表示人在一天之内所能获取知识量的最大值。尽管这个值是因人而异的，但对于大多数人而言，差异不大。

阅读，贵族化你的气质

俄国著名的学者赫尔岑说过："书籍是和人类一起成长起来的，一切震撼智慧的学说，一切打动心灵的热情都在书里结晶形成。"书籍是人们心灵的窗户，蕴涵着千百年来人类的智慧，正是它一点一滴地推动了人类的进步，成为人类进步的阶梯。多读书，读好书是我们走向成功的必由之路。

曾任美国副总统的亨利·威尔逊出生在一个贫困家庭里。在这样的穷途困境中，他却非常喜欢读书，而且他也相信，书能改变自己的命运。所以他不放过任何一次读书的机会。因为他明白，读书的机会，就是发展自我、提升自我的机会。很少有人能像他一样深刻地理解闲暇时光的价值，他像抓住黄金一样紧紧地抓住了零星的时间，不让一分一秒无所作为地从指缝间流走。

他通过各种渠道，让自己多读书，多学习。在他21岁之前，他已经设法读了1000本好书——想想看，对一个农场里的孩子，这是多么艰巨的任务啊！

在离开农场之后，他徒步到160公里之外的马萨诸塞州的内蒂克去学习皮匠的手艺。他风尘仆仆地经过了波士顿，在那里他可以看见邦克·希尔纪念碑和其他历史名胜，整个旅行只花费了他1美元6美分。

一年之后，凭借着他丰富的阅读量，亨利·威尔逊已经在内蒂克的一个辩论俱乐部脱颖而出，成为其中的佼佼者了。后来，他在马萨诸塞州的议会发表了著名的反对奴隶制度的演说，此时距他到这里尚不到8年。12年之后，他与著名的查尔斯·萨姆纳平起平坐，进入了国会。

对于威尔逊来说，每一本书都给他带来了知识与智慧。他没有让属于自己的阅读机会溜走，而是以此作为他通向成功之路的阶梯，走向了人生的辉煌顶点。

哈佛的教授总是这样告诫自己的学生，知识爆炸的年代需要我们每个人学习的东西越来越多，社会知识量的急剧增长也要求我们多读书、多学习，在阅读中把握人生的航向。读书不一定能改变人生的长度，但它一定可以改变人生的深度。

美国著名作家杰克·伦敦在19岁以前，还从来没有进过中学。但他非常勤奋，十分热爱读书，最终通过不懈的努力，使自己从一个小混混成为一代文学巨匠。

杰克·伦敦的童年生活充满了贫困与艰难，他整天像发了疯一样跟着一群恶棍在旧金山海湾附近游荡。说起学校，他不屑一顾，并把大部分的时间都花在偷盗等勾当上。不过有一天，他漫不经心地走进一家公共图书馆内开始读起名著《鲁滨孙漂流记》，他看得如痴如醉，并深受感动。在看这本书时饥肠辘辘的他，竟然舍不得中途停下来回家吃饭。这时候他才发现原来自己那么喜欢文学，于是他决心要当一名文学家。

就在19岁时，他进入加利福尼亚州的奥克德中学。他不分昼夜地用功，从来就没有好好地睡过一觉。天道酬勤，他也因此有了显著的进步，只用了3个月的时间就把4年的课程念完了，通过考试后，他进入了加州大学。

他一直渴望成为一名伟大的作家，在这一雄心的驱使下，他一遍又一遍地读《金银岛》《双城记》等书，之后就拼命地写作。到1903年，他已经有6部长篇以及125篇短篇小说问世。最终成了美国文艺界最为知名的人物之一。

杰克·伦敦的经历一点都不让我们感到惊讶，是阅读改变了他的人生航向，让他重新发现了自己的人生追求。

哈佛的智慧告诉我们，书籍是我们心灵的窗户。书籍蕴涵着千百年来人类的智慧结晶，它可以增加我们的知识，提升我们的气质。

伏尔泰说："当我第一次读一本好书的时候，我仿佛找到了一位好朋友。"读书既能驱除生活中的寂寞，又能解除生活中的忧愁；既能增长知识，又能有益身心。我们可以在书中找到自己的榜样，这些书中人物一样会成为我们现实生活中的楷模，指引着我们一直向前。

哈佛智慧告诉我们：书籍可以把我们引入到一个神奇、美妙的世界，使我们的生活更加丰富多彩、乐趣无穷。同时，还可以使我们从书中获得人生的经验。人生虽然是有限的，我们不可能事事都去亲身体验，但通过书本，我们可以有效地补充个人经历的不足，增添生活的感受。

PART 05
运用习惯的
惊人力量

成功者的共同习惯

哈佛学者说：成功者多半是高情商的人，他们都有一些共同的习惯，比如努力、坚持、节俭，这正是他们与平庸之辈的区别。哈佛大学教授皮鲁克斯说："好的习惯是绝大多数人迈开双脚的动力，它对成功的影响力不可小觑。"

杰出者和平庸者之间的差别之一就是他们的习惯不同。良好的习惯是打开走向杰出的大门的钥匙，而坏的习惯则是深陷双腿的泥潭。要想摒弃平庸，实现目标，就必须具有良好的思维习惯和行为习惯，用好的习惯去制约坏的习惯。

比尔·盖茨认为，是守时、精确、坚定和迅捷四种良好的习惯造就了成功的人生。没有守时的习惯，你就会浪费时间，空耗生命；没有精确的习惯，你就会损害自己的信誉；没有坚定的习惯，你做事情就无法坚持到成功的那一天；而没有迅捷的习惯，原本可以帮助你赢得成功的良机，就会与你擦肩而过，而且可能永不再来。

著名的贝尔实验室和3M公司经过近10年的研究，终于发现了一个令人吃惊的结论：要成为一名优秀员工，你无需高智商或者圆滑的社交技巧，只需培养并在工作中践行好的习惯，你就能成为一名优秀员工，并且发挥出自己巨大的潜能。所以说，习惯成就优秀，更能成就天才。

习惯有赖于培养，下面我们先看以下培养好习惯的步骤：

★好习惯的可行性

要培养一个习惯，开始前的可行性分析很重要，这样可以使你的习惯建立在理智和科学的基础上。否则，脑袋一热，盲目去做，常常会半途而废。

★统筹安排，逐一击破

习惯是个庞大的体系，像大树一样有根、干、枝、叶。它可以是学习上的习惯，也可以是健康上的习惯、消费上的习惯、与人相处的习惯等。这么多习惯在培养的时候要统筹安排，分清主次，明确先后，有步骤地去培养。

★关键前3天，重在1个月

我们常说万事开头难，一个新习惯的诞生，必然会冲击相应的旧习惯，而旧习惯不会轻易退出，它要顽抗，要垂死挣扎。另外，根据科学家的研究，一个好习惯的养成要21天时间，我想这是一个平均数。养成的习惯不一样，每个人的认真程度不一样、刻苦程度不一样，所用时间不一样，因此我们要把它确定为1个月。

★习惯像一根缆绳

实际上，这是一句名言。这是著名教育家曼恩说的。"我很多习惯的培养都受益于它。"他说，"习惯仿佛一根缆绳，我们每天给它缠上一股新的绳索，要不了多久，它就会变得牢不可破。"为了养成好习惯，我们每做一次，就对自己说："缠上一股，又缠上一股。"从这个意义上讲，同样坏习惯如果开了头，每做一次，缆绳就粗了一些，以后要去掉就困难了。

★坚持不懈，直到成功

培养好的习惯是一个长期的过程，我们要下定决心，朝着自己的目标去努力，一定能够建立自己理想的习惯，去除那些影响我们事业和命运的坏习惯。我们只要坚持不懈，就一定能获得成功。

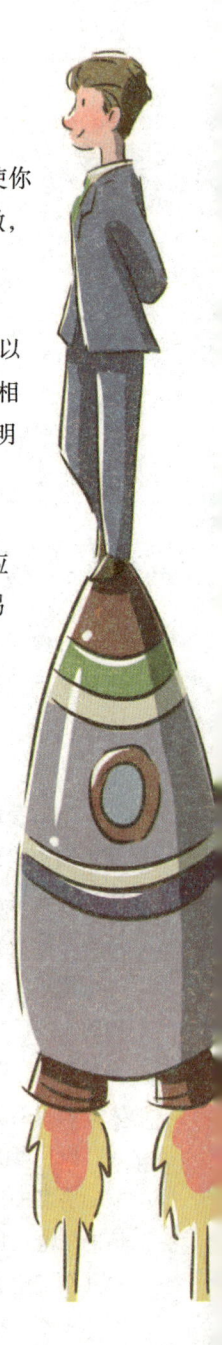

注重细节是成功的关键

哈佛教授奥里森·马登说："小事也能成就大事，细节决定成败。很多时候我们的成功不是取决于我们有多么高的智商，而是取决于我们有没有做好一件件小事。"

能否注重细节，直接决定你的成败。正所谓"成也细节，败也细节"。有时候，一些看似平常的细节，如举手投足、待人接物、言语交谈等往往会给人留下深刻的印象。"千里之堤，溃于蚁穴"，一个人若平时不注意这些细节，就会因小失大，最终与成功失之交臂。

有一家广告公司承接了美国著名的某家电集团一批商场海报的设计和印刷任务，在设计稿设计完毕准备输入写真的时候，突然设计师查尔发现海报上的E-mail有一个字母不对，在准备打电话通知暂缓写真的时候，身后的广告公司经理说："不用了，那样要耽搁时间，这个稿子上的文字我们是依据这家公司提供的文字设计的，而且他们也已经签过字认可了，出了事情也跟我们没有关系。现在我们这样做多此一举。""可是这的确与我们原来设计时附加的E-mail不一样，而且这个小小的错误有可能影响到我们两家的合作……"查尔还没来得及说完，"听我的，就这样了！"经理一锤定音，把查尔的话挡了回去。

两日之后，在该家电集团领导到商场检查工作时，不经意间发现了这个错误的E-mail并很生气地问："哪家做的？这么小的事情都会错！""××广告公司。"产品经理回答。"看，这哪是我们的E-mail？！"第二天，这个广告公司的相关业务就被这个家电集团停止了。

细节决定成败，这点很重要，我们要做好每一步、每一个细节，才会离成功更近一步。只有注重细节、抓住细节的人，才能构筑理想的大厦，走向成功的殿堂。

哈佛大学的学生常被这样教导：那些一心只想做大事的人，常常对小事嗤之以鼻、不屑一顾。其实大事都是由小事组成，连小事都做不好的人，做大事是很难成功的。世界文豪伏尔泰说："使人疲惫的不是远方的高山，而是鞋里的一粒沙子。"

美国质量管理专家菲利浦·克劳斯比说："一个由数以百万计的个人行

动所构成的公司经不起其中1%或2%的行动偏离正轨。"世间最睿智的国王所罗门说过:"万事皆因小事起。"不要忽视细节,一个墨点足可将白纸玷污,一件小事足可招人厌恶。在激烈的竞争中,细节常会显出奇特的魅力,它可以提升你的人格,使你博得他人的青睐,获得更好的机会。平时生活中看似很细微的事情也会毫不留情地影响整个事态的发展,也许它只是无数砖头中的一块,却导致了整座大楼的倒塌;也许它只是一个棋子,却影响了整盘棋局的输赢……

任何一个看似小小的错误可能会导致惨败的结局。只有杜绝犯小错误,才能除掉犯大错误的隐患。事情无论大小都要慎重对待,这其实是对自己的尊重,也是对自己人生的负责。

别做空想家,要做执行者

世界上有两种人:空想家和行动者。空想家们善于谈论、想象、渴望,甚至于设想自己去做大事情。而行动者的区别则是去做。空想家,似乎不管怎样努力,都无法让自己去完成那些明知道可以完成的事情。

行为学家告诉我们,大概90%的行为反应,只是一种习惯的反应罢了。每一天,我们都会碰到相同的或者不同的挑战,挑战降临的时候,我们便用固定的行为去应付。习以为常的时候,我们的脑袋便形成了习惯,有些习惯变成了脑袋的机动反应。在你的习惯形成了之后,它便在你的行为中巩固下来。

因此,我们每个人都要养成良好的习惯,无论从学习到工作,从为人到处事,从我们生活的各个方面……如果养成良好的习惯,自己就会受益终生。或许你习惯懒懒散散、心灰意冷地过日子;或许你对抽烟、酗酒、拖延、懒惰等这些坏习惯熟视无睹,那么你就不要再慨叹生活对你的不公,你就不要说梦想很难实现,更不要说你很倒霉。归根到底这一切都是你的坏习惯在作祟。如果你永远抱着这种坏习惯不放,却还在幻想着成功,那真是难于上青天。

那么,如何破除恶习,而代之以良好习惯呢?哈佛教授给我们总结了以下办法:

★运用意愿力

习惯所以形成，是因为潜意识把这种行为跟愉快、慰藉或满足联系起来。潜意识不属于理性思考的范畴，而属于情绪活动的中心。"这种习惯会毁掉你的一生。"理智这样说，潜意识却不理会，它"害怕"放弃令它得到安慰的习惯。运用理智对抗潜意识，简直难以制胜，因此，要戒掉恶习，意志力不及意愿力有效。

★按部就班

一旦决定改变习惯，就拟定当月的目标。要切合实际，善于利用目标的"吸引力"。如果目标太大，就把它化整为零。当达到一项小目标时不妨自我奖励一下，借以加强目标的吸引力。

★切勿气馁

成功值得奖励，但失败也不必惩罚。在改变习惯的时间内如果偶有失误，不要引咎自责或放弃，一次失误不见得是故态复萌。人们往往认为，重拾坏习惯的强烈愿望如果不能达到，终会成为破坏力量。其实只要转移注意力，即使是几分钟，那种愿望也会消散，而自制力则会因此加强。避免重染旧习比最初戒掉时更困难。但是如果你把新习惯维持得越久，就越不会重蹈覆辙。

习惯造人，有什么样的习惯，就成为什么样的人，美国著名演讲家罗宾·西格尔说："性格是人的一切习惯的总和。"因此，性格修养的关键，在于努力培养自己良好的生活习惯。好习惯是一生的财富，不要轻视任何一个习惯，即使它再小，只要你一旦养成，就不容易消失。所以，想成为一个成功者不仅要养成一个好的习惯，更要保持下来，这样好习惯才能真正受益无穷。

第四篇

——激励自我

——创造完美人生

PART 01
脚踏实地的梦想家

设计自己的蓝图，将目标实现

欲成就一番不平凡的事业，拥有一个成功的人生，必须要对自己的职业生涯有个合理规划。因为，只有这样你才会有一个坚定的目标，并且能够扬长避短，朝着这个目标持续前进。

我们可以想象一下，当你背着一个包走在路上，突然前方出现了一堵厚厚的墙，你要怎样去做呢？第一，你会觉得很遗憾，所以掉头回去；第二，可以从包中掏出大锤，砸碎墙然后走过去；第三，先把背包扔过去，然后自己再想办法过去。在这三种情景中，只有第三种做法能保证人一定可以翻墙而过，为什么呢？因为你必须要拿回自己的背包，现在它被扔过去了，所以务必要想办法越过墙，可以砸碎它，可以钻过去，可以绕过去，可以翻过去，或者想出一个没有人尝试过的点子。这和目标设定的原理是一样的，一旦目标设定了，它就会帮助人们重塑现实。

经常设定目标的人在控制其他事情上也会做得很成功。因为通过设定目标可以帮助人聚焦、找准方向，并且带来成功所必需的内部和外部资源。

无数的研究结果表明，一旦将自己的目标和抱负变成书面的东西，那它们变成现实的机会便会大大增加。这是因为在记录的过程中，我们头脑中的抽象思维需要转变成为具体的书面语言——这一过程让我们的计划和具体实施方法变得更加详尽、更加现实。

我们可以为生命做出计划，如拟订10年、5年、3年计划；或拟订最接近此刻的长期一年的计划；最后是短期计划，如一月、一周、一天。

锁定目标，坚定信仰

目标是获得成功的基石，是成功路上的里程碑。目标能给你一个看得见的靶子，一步一个脚印地去实现这些目标，你就会有成就感，就会更加信心百倍，向高峰挺进。

著名的发明家爱迪生是一个具有持久心的人。每当他发明一件东西的时候，他都要忍受别人的讥笑和指责，因为他的观念太新了，别人无法接受，有不少人把他的新奇发明视为洪水猛兽。但是，爱迪生能够忍受任何的讥笑，他努力地为自己的发明寻找依据，并争取别人参与试验和试用。相传他在发明电灯的过程中，为寻找适合做灯丝的材料，曾先后试验过1000种材料。当别人嘲笑他的时候，他却回答："在失败999次的同时，我又找到了999种不能用电来发光的材料。"

目标是一种持久的热望，是一种深藏于心底的潜意识。它能长时间调动你的创造激情，调动你的心力。你一旦拥有这种强烈的愿望，就会产生一种原子能般的动力，就会有一种钢铸般的精神支柱。一想到它，你就会为之奋力拼搏，就会尽力完善自我，在艰难险阻面前，决然不会轻易说"不"字。为了目标的实现，去勇敢地超越自我，跨越障碍，踏出一条坦途。

戈德15岁时，偶然听到年迈的祖母非常感慨地说："我这一生没什么目标，如果我年轻时能多尝试一些事情就好了。"

戈德决心自己绝不能到老了还有像老祖母一样无法挽回的遗憾。于是，他立刻坐下来，详细地列出了自己这一生要做的事情，并称之为"约翰·戈德的目标清单"。

他总共写下了127项详细明确的目标。里面包括了10条想要探险的河、17座要征服的高山。他甚至要走遍世界上每一个国家，还想要学开飞机、学骑马。他甚至要读完《圣经》，读完柏拉图、亚里士多德、狄更斯、莎士比亚等10多位大学问家的经典著作。

他的目标中还有要乘坐潜艇、弹钢琴、读完大英百科全书。当然，还有重要的一项，他还要结婚生子。

戈德每天都要看几次这份"目标清单"，他把整份单子牢牢记在心里，并且倒背如流。

戈德的这些目标，即使在半个多世纪后的今天来看，仍然是壮丽且不可企及的。那他究竟完成得怎么样呢？

在戈德去世的时候，他已环游世界4次，实现了127个目标中的103项。他以一生设想并且努力达到目标，述说他人生的精彩和成就，并且照亮了这个世界。

正如美国成功学家拿破仑·希尔所言："你过去或现在的情况并不重要，你将来想获得什么成就才最重要。除非你对未来有理想，否则做不出什么大事来。一有了目标，内心的力量才会找到方向。"可以说，一个人的成功，首先在于他有一个目标，并坚定目标。

有方向要坚定，没方向要试行

哈佛告诉学生：我们应当坚信，只要朝着自己的目标不断向前，肯定会有好的结果。一个人除非对自己的目标有足够的信心，否则目标很难实现，如果你没有方向，那就需要试行，在摸索中找到属于自己的方向。

德鲁·吉尔平·福斯特是哈佛大学迄今为止唯一的一位女校长，她还是一名历史学家。

作为一位历史学家，她善于用历史的眼光看待现实。她认为当今世界处在不断的变化之中，因此高等教育也必须适应不断变化的世界形势。她被称为历史上第一位具有"《纽约时报》最为推荐的畅销书作者"称号的校长。

她曾经说："人们目前所面临的选择是，怎样去定义成功才能使它具有或包含真正的幸福，而不仅仅是拥有金钱和荣誉。人们害怕，报酬最丰厚的选择，也许不是最有价值的和最令人满意的选择。但是人们也担心，如果作为一个艺术家或是一个演员，一个人民公仆或是一个中学老师，该如何才能生存下去？然而，人们可曾想过，如果你的梦想是新闻业，怎样才能想出一条通往梦想的道路呢？难道你会在读了不知多少年研，写了不知多少毕业论文终于毕业后，找一个英语教授的工作？"

答案是：你不试试就永远都不会知道。但如果你不试着去做自己热爱的事情，不管是玩泥巴还是从事生物还是金融，如果连你自己都不去追求你认为最有价值的事，你终将后悔。人生路漫漫，你总有时间去给自己留"后路"，但可别一开始就走"后路"。

生活中，很多人面临毕业后择业的选择。在面对择业的时候，不要徘徊和迷茫，在人生关键的十字路口，首先要清楚自己想做什么和能做什么，把自己的特长和能力挖掘出来，再选择适合自己的职业，然后坚定地走下去，就会闯出一片新天地。此外，在选择自己的职业时一定要把自己的兴趣爱好考虑进去，一个人只有在做自己喜欢的事情时才能感受到快乐和幸福。

虽然，很多时候我们已经很努力，可是成绩并不显著，这就是弄错了方向的缘故。自己不擅长的事，想做好一定很难，所以做事前一定要选对方向。"没有比漫无目的地徘徊更令人无法忍受的了。"这是《荷马史诗》中的《奥德赛》里的一句至理名言。

没有正确方向且不去寻找方向的船很容易在大海中迷失方向，古罗马哲学家塞涅卡曾说过："有人活着没有任何目标，他们在世间就像河中的一棵小草，他们不是行走，而是随波逐流。"可见，缺乏目标的人是不可能取得成功的，等待他们的只有失败。

所以，每个人都需要有一个方向，并要坚定地走下去。也许我们在选择的进程中会有短暂的迷失，而这就需要我们不断地试行。

苦难是信念的试金石

有些人一旦遭遇困难就会对自己的追求产生怀疑，并有可能半途而废；但有些人一旦认定自己的目标，就绝不放弃，顽强拼搏的精神在他们的身上得到完美的体现。成功的一个很重要的因素，就是心中有崇高的信念，当这个信念变作一种信仰深植于你的心中时，你便不会把目标轻易放弃。苦难和困境，对你来讲正是考验信念是否顽强的机会。

人世间一切卓越的功勋和伟大业绩的建成，都是坚强的信念的结果。当遇到挫折和困境时只要你心中有一个坚定的信念，努力坚持下去，就一定可以渡过难关。

菲尔德是一个登山爱好者，他非常喜欢爬山。他有一个愿望，那就是决心遍游各座名山。他也按着这个愿望一一实现。

有一次，在攀登一座山时，他以为很顺利，却没想到脚下的岩石突然松动滑落，菲尔德猝不及防，被重重地摔到山崖底下，被人送进医院，他在医院昏迷了一个月。当他醒过来时，发现自己少了一条腿。

这个打击让爱好登山的菲尔德差点崩溃，然而在迷茫后，他又重新找到了希望。他认为苦难让他更加成熟，更加坚定自己登山的愿望。养好伤后的菲尔德拖着那条残腿，决定再去征服那座山崖。有人见了，对他说："你已经失败了一次，并且付出了惨重的代价，难道就不怕再一次失败吗？"

"我并没有失败，"菲尔德坦然地拍着那条残腿说，"我把上次的失败看成是通向成功的垫脚石，它告诉我，下一次，你得小心一点，否则别想登上山顶。现在，至少在爬同一座山的时候，我知道应该当心什么了。这次我一定可以成功的。"

　　美国"现代成人教育之父"、著名心理学家卡耐基说，障碍与失败，是通往成功的两块最牢靠的垫脚石。确实如此，成功往往是从失败中孕育出来的。这个世界上能够一帆风顺走向成功的人少之又少，大多数成功人士都是经过摸爬滚打才探索到正确之路。实践是检验真理的唯一标准，苦难是检验信念的试金石。

　　大文豪高尔基曾说："苦难是人生最好的大学。"生活中，不是因为苦难本身有多么神秘和令人向往，而是因为经历了苦难后，人就会愈挫愈坚，无往不胜。

　　在低情商的人眼里，苦难是魔鬼；在高情商的人眼里，苦难则是天使。苦难让我们变得坚强，苦难让我们始终保持着清醒的头脑，苦难让我们知道一切都是如此来之不易，苦难能更加坚定我们的信念。

　　哈佛智慧教导学生：世界上的任何事物都有其价值，苦难也一样。苦难并不是故意捣乱我们的生活，而是在挑剔我们身上的不足，帮助我们走上成功之路。

PART 02
调整心态，
成功在望

执著与固执只在一念之间

执著是一种很好的品质，但有时执著过头了，就会变成固执。

哈佛学者告诫我们：固执地坚守某一样事物，并且不愿有丝毫的改进，往往容易偏离目标，铸成大错。

执著地追求某一样东西，是需要智慧的，如果不切实际地坚持一己之见，不接受新事物，也不愿作丝毫的改进，那么，所追求的目标肯定很难实现。

坚持是一种良好的品性，可是问题在于，如果这个目标错误，而他仍要奋力向前，而且又自以为自己意志坚定、态度坚决，那么，由此导致的恶劣后果，恐怕比没有目标更为可怕。因为，在错误的道路上，过分坚持会导致更大的错误。成功者的秘诀是随时检视自己的选择是否有偏差，合理地调整目标，放弃无谓的坚持，轻松地走向成功。

不切实际地一味执著，是一种愚昧与无知，而放弃则是一种智慧。固执自我是我们迈向成功的绊脚石。我们想要跨越生命中的障碍，达到某种程度的突破，向理想中的目标迈进，需要有"放下自我（执著）"的智慧与勇气，去迈向未知的领域。当环境无法改变的时候，你不妨试着改变自己。因为只有懂得变通，懂得顺应潮流，才能找到一条生存之道。学会转换思维，灵活地跨越生命中的各种障碍，对一个人的成长是至关重要的。

随时给自己减压，人生才能轻松

哈佛学者说："当压力来临时，懂得减压的人才是高情商的人。"有很多人面对压力不是迎难而上，而是闹起了情绪，向别人抱怨、整天闷闷不乐。其实没有必要，你完全有能力控制自己的情绪，把这些不必要的想法放在一边，集中精力做重要的事情，这样问题就会一点点解决，压力也自然消除了。

在生活中，几乎所有的困难、挫折和不幸都会给人带来心理上的压力和情绪上的痛苦，都会使人面临前进与后退、奋起与消沉的困惑，而关键则在于你是否能控制这种情绪，驾驭你心理上的压力。其实，只要做好自我调节，适当减压，摆正自己的位置，不过高要求自己，也不低估自己的能力，放宽心、多运动，就可以轻松生活。以下介绍几种减压的方法：

★音乐治疗

音乐具有安定和抚慰情绪的功效。想尽情地发泄一番，那就听一听摇滚乐吧！想平复一下情绪，那就听听古典音乐吧！买上一两张新碟，把自己关在房间里戴上耳机，你就可以尽情地沉浸在音乐的王国里了。

★影视治疗

看电影也是一个很不错的减压方法。有空去电影院看电影悲剧片和喜剧片都是很好的选择。如果觉得一肚子的委屈没有地方可以发泄，选一部悲剧来看看吧，或者在心情烦躁时去看一些喜剧片，"笑一笑，十年少"，压力在笑声中会消失不见！

★户外活动

如果你实在感到压力无处不在，令你喘不过气来，那么选择周末去郊外活动活动吧，一方面可以约上三两知己一起行动，一边互谈人生，大吐工作中的苦水，另一方面尽情地享受户外清新的空气和美丽的田园景色。让该死的压力滚到一边去吧。

★养宠物

科学家认为，养一只狗或是猫确实有好处。抚摸会帮助你降低血压和减缓压力——对于人和动物都一样。房里有一只狗会使人放松。也可以试着养一对金鱼。研究表明，仅仅是看着鱼在水草中游动，也能使人放松和减轻压力。

★大笑

大笑会使人心脏、血压和肌肉的紧张感得到舒缓，从而分散压力。科学家已经发现，大笑具有与有氧健身法相同的功效。当人们笑的时候，其心跳、血压和肌肉的紧张度都会明显上升，接着会降至原先的水平之下。不要犹豫，笑会使人更加放松。

挫折可以为你增值

哈佛告诉学生：每个人都必须学会在挫折中成长。挫折并不是你想象的那样可恶，恰恰正是它让你不断成长。

生命是一次次的蜕变过程。唯有经历各种各样的折磨与挫折，才能拓展生命的宽度。通过一次又一次与各种挫折握手，历经反反复复的较量，人生的阅历就在这个过程中日积月累、不断丰富。

威廉·卡瑞尔年轻的时候，在纽约州布法罗城的布法罗铸造公司工作。他必须到密苏里州水晶城的匹兹堡玻璃公司——一座花费好几百万美元建造的工厂去安装一架瓦斯清洁机，以清除瓦斯燃烧的杂质，使瓦斯燃烧时不会伤到引擎。经过一番调试，机器可以使用了，可是效果并不像他们所保证的那样。

威廉·卡瑞尔也意识到了忧虑并不能解决问题，于是，他想出了一个解决问题的办法，即接受可能发生的最坏情况。这一方法共有三个步骤：

　　第一步，毫不害怕而且诚恳地分析整个情况，然后找出万一失败后可能发生的最坏情况是什么。

　　第二步，找出可能发生的最坏情况之后，让自己在必要的时候能够接受它。我对自己说，这次失败在我的人生记录上会是一个很大的污点，我可能会因此而丢掉工作。即使真是如此，我还是可以另外找到一份差事。

　　第三步，从这以后，我就平静地把我的时间和精力拿来试着改善我在心理上已经接受的那种最坏情况。

　　威廉·卡瑞尔通过努力发现，如果他们再花几千美元加装一些设备，问题就能得到解决。他们照着这个办法做了，最后公司不但没有损失，反而还赚了钱。

　　忧虑的最大坏处就是摧毁一个人集中精神的能力。一旦忧虑产生，我们的思想就会到处乱转，从而丧失做出正确决定的能力。然而，当我们强迫自己面对最坏的情况，并且在精神上先接受它之后，我们就能够衡量所有可能的情形，以使我们处在一个可以集中精力解决问题的地位。

　　人们往往把外界的折磨与挫折看作人生中纯粹消极的、应该完全否定的东西。当然，外界的折磨与挫折不同于主动冒险，冒险有一种挑战的快感，而我们忍受折磨总是迫不得已的。然而，对于高情商的人来说那些挫折和横逆的折磨对人生来说不但不是消极的，还是一种促进他们成长的积极因素。

挪威戏剧家易卜生曾说："不因幸运而故步自封，不因厄运而一蹶不振。真正的强者，善于从顺境中找到阴影，从逆境中找到光亮，时时校准自己前进的目标。"

真正高情商的强者不是永远不会遭遇挫折，而是身处挫折时坚强不屈。他们热爱自己的事业，不怕长途跋涉，不怕肩负重担，好似飞蛾扑火，绝不会轻言放弃。

勤奋，是成功的资本

哈佛学者告诉我们：空白的生命是僵死的、丑陋的，生命之所以美丽，是因为勤奋耕耘。只有勤奋能使生命保持活力，加速生命的运动和发展，从而实现心中的梦想。

人们常说，业精于勤，荒于嬉。自身的劣势并不可怕，可怕的是缺少勤奋的精神。

勤奋是走向成功的必备条件，勤奋进取不仅是一种精神，还是人们落在实处的行动。有人说，古罗马人有两座圣殿，一座是勤奋的圣殿，一座是荣誉的圣殿。他们在安排座位时有一个顺序，即必须经过前者才能到达后者的位置，也就是说勤奋是通往荣誉的必经之路。

年轻的约翰·沃纳梅克算不上命运的宠儿，由于出身贫寒，他接受教育和获取知识的机会都是很有限的。然而，他是一个肯刻苦钻研、勤奋工作的人。起初，他在费城找到一份书店售货员的工作，每天都要徒步4英里到书店去上班。尽管报酬很低，每周仅有20美元，但他总能兢兢业业地对待自己的工作，每天把柜台擦得干干净净，把书籍摆放得整整齐齐，并且时刻带着微笑面对每一位顾客。同时，他也利用业余时间，从书中不断汲取知识的琼浆来充实自己，他这种勤奋刻苦的精神感动了许多人。后来，他又进入一家制衣店工作，每周多加了20美元的工资。他更加刻苦努力地工作，到了40多岁的时候，他成了一个颇有成就的商人。

哈佛学子中流传着这样一句话："现在流淌的哈喇子，将成为明天的眼泪。"在生活中，许多人都会有很好的想法，但只有那些在艰苦探索的过程中付出辛勤劳动的人，才有可能取得令人瞩目的成就。

辛勤是生存的需要，也是生命的意义所在。劳动的人充实、自信，时常能感到"幸福的疲倦"。懒惰的人失落、萎靡，即使衣食无忧也不能感到幸福。勤奋是到达卓越的阶梯。如果你是一名懒惰者，那么，就永远不会和卓越有任何关系。

好心态，好人生

积极和消极这两种截然相反的心态会带给人们巨大的反差。如果以消极的态度来对待一件事，这种态度就决定了你不能出色地完成任务；只有以积极的态度来对待，你才能出色地、超乎寻常地完成这件事。当然，持有消极心态的人并非不能转变成一个具有积极心态的人。

哈佛告诉学生：积极的心态能使你集中所有的精神力量去成就一番事业。当你以积极的心态全力以赴时，无论结果如何，你都是赢家。任何事物都有两面性，至于我们所知所欲的境地，其实都是基于自己将意愿刻印在潜意识中的结果。如果对此一味悲哀，或无所适从，不但无法改变目前状况，也很难实现人生理想。所以说，即使身处绝境，仍应保持肯定的思考态度，积极的思考能使你集中所有的精力去成就事业。

拥有一个好的心态，把自己置于百姓们平淡如水的衣、食、住、行中，在司空见惯的日子里一点点体会着人间的真情，在默默付出的同时，获得精神的满足和幸福。

事实上，如果我们有一个积极的心态，并引导它为你的目标服务，你就能获得以下福利：

★为你带来成功意识

★生理和心理的健康

★独立的经济

★出于爱心而且能表达自我的工作

★内心的平静

★驱除恐惧的信心

★长久的友谊

★长寿而且各方面都能取得平衡的生活

★免于自我限定

★了解自己和他人的智慧

而如果我们所抱持的是消极的人生态度，你将会尝到苦果：

★生命中的贫穷和凄惨

★生理和心理疾病

★使你变得平庸的自我限定

★恐惧和所有具有破坏性的结果

★痛恨帮助自己的方法

★敌人多，朋友少

★人类所知的各种烦恼

★成为所有负面影响的牺牲品

★屈服在他人意志之下

★对人类没有贡献的颓废生活

通过比较，到底应该树立什么样的人生态度，应该是显而易见的了！

PART 03
积极而理性地
去行动

心动不如行动

哈佛告诉我们：一旦有了梦想，就必须拥有实现梦想的坚强意志和决心。如果有梦想而没有努力，有愿望而不能拿出力量来实现愿望，这都是不足以成事的。只有下定决心，历经学习、奋斗、成长这些不断的行动，才有资格摘下成功的甜美果实。

其实，人不仅要在此刻行动，也只能选择在此刻行动。一个人不可能丧失过去和未来，一个人没有的东西，有什么人能从他那里夺走呢？唯一能从人那里夺走的只有现在。

所以，我们想要实现梦想，就必须从现在开始行动，并且行动不能半途而废。

只有梦想而不去行动的人，梦想对于他来说，永远都只是一个梦想而已。只想获得成功而不去用行动争取成功的人也终将与成功无缘。不要被困难吓倒，行动可以使你变得坚强，使你一步步提高。

坐着不动永远也改变不了不顺的现状，同样，坐着不动也是永远做不成事业的。只有傻瓜才寄希望于天上掉馅饼。俗话说："一分耕耘，一分收获。"没有耕耘，就是没有行动，那就自然不会有收获。不论是运用你的大脑，还是运用你的体力，你一定要"动"起来才行。

没有天降馅饼的事儿

天上不会掉馅饼，正如舒适的生活和高薪的工作都不是天上掉下来的，被动地等待是没有出路的，只有脚踏实地地积极行动才能换来成功的果实。

要想秋天有收成，必须在春天就播种。要想获得机会，总是要事先努力付出。所以，所有渴望成功的人们，当你们梦想有一天获得无数鲜花、掌声和财富的时候，请先静下心来，在面前的土壤里播种、施肥，只有这样，美丽的花朵才会在你生命中盛开。

英国有一个叫弗兰克的青年，从小立志创办杂志。一天，弗兰克看见一个人打开一包纸烟，从中抽出一张纸条，随即把它扔到地上。弗兰克弯下腰，拾起这张纸条，那上面印着一个著名女演员的照片。在这张照片下面印有一句话：这是一套照片中的一幅。烟草公司敦促买烟者收集一套照片，以此作为香烟的促销手段。弗兰克把这个纸片翻过来，注意到它的背面竟然完全空白。弗兰克感到这儿有一个机会，他推断：如果把附装在烟盒里的印有照片的纸片充分利用起来，在它空白的那一面印上照片人物的小传，这种照片的价值就可大大提高了。于是，他就找到印刷这种香烟附件的公司，向这个公司的经理推荐了自己的主意，最终被经理采纳了。这就是弗兰克写作生涯的开始。后来，人们对小传的需求量与日俱增，后来他不得不请人帮忙。于是，他请来自己的弟弟帮忙，并付给他每篇5美元的报酬。不久，弗兰克还请了5名报社编辑帮忙写作小传，以供应印刷厂之需。弗兰克竟然成了编者！最后他如愿以偿地做了一家著名杂志社的主编。

很多人抱怨机遇太少或没有机遇。他们只是坐等机遇，强调客观原因，而不从自身找答案。这就是他们"错失"机遇的原因。一个真正抓住机遇的人，会在机遇来临之前作好全方位的准备，只有自己具备了迎接机遇的实力，才会有机会吃到"天上的馅饼"。

哈佛学者说：若仅是"动口不动手"，只有想法没有行动，那么生命中所有的色彩都会与你无缘。

一个能真正抓住机遇的人会抓紧时间修炼"内功"，使自己的实力和机遇相配，这就是高情商和低情商者的区别。同一件事在高情商的人手里是成功，在低情商的人那里就是失败，不要说幸运的事只青睐高情商的人，那是因为高情商的人本身就具备了迎接幸福的能力；低情商的人只有奋起直追，在拥有成功想法的同时也要让自己真正强大起来。有一天，天上真的掉下馅饼，你就能牢牢地将它咬在嘴里，而不是被它砸晕。

机会只偏爱有准备的头脑

比尔·盖茨说："在某种意义上，时机是一种巨大的财富，抓住机遇，就能成功。"

机遇就是契机、时机或机会，通常按照字面意思理解为忽然遇到的好运气和机会。而对于我们在日常生活中仅就捕捉机遇而言，除了要具备有准备的头脑、目光敏锐、善于观察以外，还要养成认真检查机遇所提供的每一条线索的习惯。机遇提供给你的信息有明显的也有隐蔽的，有"草蛇灰线，伏笔千里"的，也有刹那间就消失得无影无踪的。如果我们能抓住一次机遇，说不定就彻底改变了你的一生。

准备，不仅是心理、意识的准备，而且还包括经验和知识的准备。因为处理机遇很难像处理一般事务那样有计划、有目的、有步骤，而主要是凭自身的经验、知识的积累进行决策，因此你必须有丰富的经验、渊博的知识与合理的知识结构，这样，当机遇出现时，才能触类旁通，引起注意，连续思考，做出判断。

"机遇只偏爱有准备的头脑"，这是一句早为人们所稔熟的名言，其中所包含着的朴素真理一次次为实践所证实。要想牢牢抓住机遇，就为机遇的来临作好准备吧。成功的气息只是一瞬间，抓不住的话，它就悄悄从我们身边溜走了。

小托马斯就是从美国政府的新政策中觉察到未来办公的革命，从而使IBM抓住了最为成功的商机。创始初期的IBM只是一家生产打孔机的小企业。1952年2月，IBM内部从事研制电子数据处理系统的人员只有85人，那时IBM最高决策者、身处第一线的专家们都认为，公司最初生产的两种计算机若能销售5台就能满足市场上的需求。只有企业的总经理、参加过二战的小托马斯·沃森不顾其他经理的劝阻，坚持转向电子数据处理系统。小沃森反复劝导他们，使他们和自己站在同一战线上，并力主推进公司由穿孔卡片系统转向电子数据处理系统。转入计算机产业后，IBM觉察到美国政府将要实行的新政策会引起办公的自动化革命，于是小托马斯决定改进霍勒利斯统计会计机，为此不惜投入大量的研制费用，在经济不景气时期发疯似的扩大生产。结果，当美国政府实行新政策，事务工作量急增而需要机器处理时，只有IBM能够提供充足的具有高效能的机器，IBM由此取得了巨大的成功。

世上有很多事业有成的人，他们的成功之路虽各不相同，但是他们都有一个相似点，即他们做事时用心，做好准备，善于捕捉难得的机会，这种共同点同样也是高情商的人具备的特点。

高情商的智者从来不打无准备之仗，不打弹尽粮绝的战争。所以，我们要想坚定地向前走，就必须先弯下腰来，系紧鞋带，为加速做好准备。哈佛教授说：机遇稍纵即逝，它只为有心人准备。

机遇面前切莫迟疑

哈佛学子梭罗说："生命很快就过去了，一个时机从不会出现两次，必须当机立断，不然就永远别要。"能否抓住机遇是一个人平庸或者卓越的分水岭。有时候，决定一个人成败的不是才华，也不是性格，而是他是否有善于抓住机遇的能力。

捕获机会，见机而动，在机会面前不能迟疑。这个道理并不难理解，但许多人却遗憾地失去了成功的机会。失机的原因恐怕体现在两个环节上，一个是识机，一个是择机。

当机会出现时，你是否已经准备好了？机遇是一位神奇的、充满灵性的但性格怪僻的天使。它对每一个人都是公平的，但绝不会无缘无故地降临。只有经过反复尝试，多方出击，才能寻觅到它。

在成功的道路上，有的人不喜尝试，不愿走崎岖的小道，遇到艰辛或绕道而行，或望而却步，他们常与机遇无缘。而另一些人，总是很有耐性，尝试着解决难题。不怕吃千般苦，历万道岭，结果恰恰是他们能抓住难得的机遇。

机遇绝非只是上苍的恩赐，它是我们主动争取来的，主动创造出来的。机遇是珍贵而稀缺的，又是极易消逝的。你对它怠慢、冷落、漫不经心，它也不会向你伸出热情的手臂。只有主动出击的人，易俘获机遇；守株待兔的人，常与机遇无缘，这是普遍的法则。你若比一般人更显得主动、热情的话，机遇就会向你靠拢。

哈佛学者告诉我们：哪怕只有万分之一的机会，你也不要放弃它，机遇面前切莫迟疑。很多人都是借此而脱离困境的。

有一个超越自己的心

每天超越自己，哪怕仅仅超越一点点，你就能每天都有进步，你就能越来越接近成功。每个人心中都沉睡着一个巨人，当你唤醒了他，他就能助你完成自己的人生理想，成为了不起的人物。

哈佛告诉学生：成功的动力源于拥有一个不断超越的进取目标。人生就是一个不断超越的过程。

超越是为了更好地完善自己。只要每一天都有超越自己的地方，或者是让自己的优点更加稳固，这样的成长都是值得期待的、充满希望的。

追求超越自我的人，每一分每一秒都活得很踏实，他们尽其所能享受、关怀、做事并付出。除了工作和赚钱以外，他们的人生还有其他意义。若非如此，即使身居高位，生活富裕，也会感到空虚、乏味，不知生活的乐趣究竟在哪里。

在成长的过程中，很多人因为遭受来自社会、家庭的议论、否定、批评和打击，奋发向上的热情便慢慢冷却，逐渐丧失了信心和勇气。事实上，他们不是输给了外界压力，而是输给了自己。很多时候，阻挡我们前进的不是别人，而是我们自己。因为怕跌倒，所以走得胆战心惊、亦步亦趋；因为怕受伤害，所以把自己裹得严严实实。殊不知，我们在封闭自己的同时，也封闭了自己前进的道路。

马上行动，才能改变现实

有一位幽默大师曾说："每天最大的困难是离开温暖的被窝走到冰冷的房间。"他说得不错，当你躺在床上认为起床是件不愉快的事时，它就真的变成一件困难的事了。就是这么简单的起床动作，即把棉被掀开，同时把脚伸到地上的自动反应，都是足以击退你的恐惧。凡成功者都不会等到精神好时才去做事，而是督促自己去做事，马上行动，不把问题留到最后。

其实，不管是什么事情，最好的行动时机就是现在。但是，生活中就有那么一些人，在做事的过程中养成了拖延的习惯。其实，把今日的事情拖到明日去做，是不划算的。

安妮是一个可爱的小姑娘，可她有一个坏习惯，那就是她每做一件事时，总是爱让计划停留在口头上，而不是马上行动。

和安妮住在同一个村子里的詹姆森先生有一家水果店，里面出售本地产的草莓之类的水果。一天，詹姆森先生对安妮说："你想挣点钱吗？""当然想，"她回答。"隔壁卡尔森太太家的牧场里有很多长势很好的黑草莓，他们允许所有人去摘。你去摘了以后把它们都卖给我，1夸脱我给你13美分。"

安妮听到可以挣钱，非常高兴。于是她迅速跑回家，拿上一个篮子，准备马上就去摘草莓。这时，她不由自主地想到，要先算一下采5夸脱草莓可以挣多少钱比较好。于是她拿出一支笔和一块小木板，计算结果是65美分。安妮接着算下去，要是她采了50、100、200夸脱，詹姆森先生会给她多少钱。她将时间花费在这些计算上，已经到了中午吃饭的时间，她只得下午再去采草莓了。

安妮吃过午饭后，急急忙忙地拿起篮子向牧场赶去。而许多男孩子在午饭前就到了那儿，他们快把好的草莓都摘光了。可怜的小安妮最终只采到了1夸脱草莓。回家途中，安妮想起了老师常说的话："办事得尽早着手，干完后再去想。因为一个实干者胜过一百个空想家。"

只有行动才能让计划变成现实。

现代是一个讲究效率的时代，在信息瞬息万变的现代社会中，存在着很多不确定因素，稍有迟疑，就可能使原来非常精妙的构思在一夜之间变得一文不值。因此，看到机遇就应该在第一时间行动起来把它紧紧地抓在手里，接到工作就应该争取在第一时间行动起来，争取在第一时间把问题圆满解决好。

人生最大的挑战就是挑战"自己"

人生最大的挑战就是挑战自己，这是因为其他敌人都容易战胜，唯独自己是最难战胜的。

在这个世界上，只有强者才能掌握自己的命运，也只有强者才能够在芸芸众生中脱颖而出。一个人，无论别人多么辉煌都与你无关，重要的是你要开创你自己的辉煌，你要不断地超越自己，你才能一步步成长壮大。一个人只要突破自我，你的人生就能上升到另一种境界。

有一位年轻人去找哈佛心理学教授，他对大学毕业之后何去何从感到彷徨。他向教授倾诉诸多的烦恼：没有考上研究生，不知道自己未来的发展；女朋友将去一个人才云集的大公司，很可能会移情别恋……教授让他把烦恼一个个写在纸上，判断其是否真实，一并将结果也记在旁边。

教授注视着这一切，微微对他点头。然后，教授说："你曾看过章鱼吗？"年轻人茫然地点点头。"有一只章鱼，在大海中，本来可以自由自在地游动，寻找食物，欣赏海底世界的景致，享受生命的丰富情趣。但它却找了个珊瑚礁，然后动弹不得，呐喊着说自己陷入绝境，你觉得如何？"教授用故事的方式引导他思考。他沉默一下说："您是说我像那只章鱼？"当你陷入烦恼的习惯性反应时，记住，你就好比那章鱼，要松开你的八只手，让它们自由游动。系住章鱼的是自己的手臂，而不是珊瑚礁的枝丫。

很多人都会像故事中的年轻人一样，无端地从内心生出诸多烦恼。其实，就像心理教授所说的那样，很多烦恼都是由自己的章鱼手所造成的，只要松开手，你就能在水底自由游动。在生活中，做每一件事，都有两道墙会出现在前方，一道是外显的墙，那是关于整个外部大环境的围墙；另一道是内隐的墙，这是我们心中自我设限的围墙。而决胜的关键往往在于我们心中的那一道墙，所以说要突破自我围墙，勇于挑战自我，方可成功。

哈佛学者经过调查发现，严重影响我们自信主动、勇于进取、挑战自我的障碍主要有5个因素：

★自卑

过分地自我批判，常常表现为过分地自我挑剔，因而导致在心志上的"自杀"，失去进取的动力。

★胆怯

胆怯的心理必然会磨灭自己的梦想、想象力和独创精神，最终因为总是害怕出问题而失去许多机遇。

★懒惰、倦怠

由于不肯努力学习、勤奋工作，使自己变得平庸无能，也使某些原本有才华的人失去了进取和创造的精神。

★性格的片面性和狭隘性

一个人的个性是特别重要的因素，但它必须是健全的，片面和狭隘的个性会阻碍创造才能的发挥，也会对人际关系有消极的影响。

★动机与兴趣的浮躁和庸俗

这个不利因素会使人从众流俗，忽冷忽热，浮躁地追赶某种时髦，实际上主要原因还是不明确自己到底要什么，因而也就浅尝辄止或有始无终。

很明显，这五大障碍归根结底都是态度消极，缺乏自信主动的意识。想要摆脱这些障碍就要学会挑战自我。对于我们来说每一次挑战都是一次机遇，我们在和它斗争时，不仅是在磨炼自己的意志，还是在检验自己过去所做的一切有没有价值。

做一个激情四射的人

哈佛智慧教导学生：你可以平凡，也可以不平凡。年轻的我们总认为自己不平凡，却不得不面对相似的每一天。生活有它的秩序，每天起床、洗漱、吃饭、学习、睡觉等，也许有些呆板，但能让我们心安地去做自己的事情。可是有时候，生活的规律也会成为束缚。

激情，就是让我们渴望摆脱现实的平淡，开创一个新人生。激情与年龄无关，只要你渴望突破，就会在心中集聚前进的勇气。

激情就是成功的源泉。你的意志力和追求成功的热情越强，成功的概率也就越大。无论做什么事情，你首先就要有激情地去做。

在我们身边，许多成功者并不一定比你"会"做，重要的是他比你"敢"做、比你愿意做。惧怕失败，没有冒险的激情，平平稳稳地过一辈子，虽然可靠，虽然平静，虽然可以保住一个"比上不足比下有余"的人生，却是一个悲哀而无聊的人生，是一个懦夫的人生。其最为痛惜之处是在葬送自己的潜能。你本来可以摘取成功之果，分享成功的最高喜悦，可你却主动放弃了。

哈佛学者告诉人们：激情的敌人就是甘于平庸，随遇而安。

如果你现在不时地受到怯懦、拖延、自卑或恐惧的袭击，甚至被这些不正常心理所击倒，那么只能说明你还没有发现和感受到激情的放射力量。一个人激情的能力来自于一种内在的精神特质。激情就像微笑一样，是会给你带来积极行动的动力的。

PART 04
在反省中不断成熟

反省是人生的一面镜子

所谓反省就是反过来省察自己，检讨自己的言行，看有没有需要改进的地方。为什么要反省？因为人不是完美的，总存在着个性上的缺陷、智慧的不足，因此常会说错话、做错事、得罪人。你所做的一切，有时候会有旁人提醒你，但绝大部分人会袖手旁观，因此，你必须通过反省才能了解自己的所作所为。

反省不仅仅是对自己的缺点的勇于正视，它还包括对自己的优点和潜能的重新发现。反省是认识自己的一种方法。不仅在失败的时候要反省，就是在平常，也要时时反省。

★反省让你保持清醒

要认识自己必须依靠自己与别人，自己就是指前述的自我剖析，别人就是指他人的批评。由于自我剖析往往不够客观与深入，因此得依赖他人的批评。

正如成功多是内因起作用一样，失败也多是自己的缺点引起的。一个人必须懂得不断反省和总结自己，改正自己的错误才不会老在原处打转或再次被同一块石头绊倒；人只有通过反省，时时检讨自己，才可以走出失败的怪圈，走向成功的彼岸。

★每天自省5分钟

一般地说，自省心强的人都非常了解自己的优劣，因为他常常检视自己。这种检视也叫作"自我观照"，其实质也就是跳出自己的身体之外，从外面重新观看审察自己的所作所为是否是最佳的选择。

★培养自省意识，就得有自知之明

主动培养自省意识也是一种生存能力，要培养自省意识，首先得抛弃那种"只知责人，不知责己"的劣根性。当面对问题时，人们总是说："这不是我的错。""我不是故意的。""有人不让我这样做。""这不是我干的。""本来不会这样的，都怪……"这些话是什么意思呢？这都是对自己犯错的否认。否认是人们在逃避责任时的常用手段。当人们乞求宽恕时，这种精心编造的借口经常会脱口而出。

自省是自我动机与行为的审视与反思，用以克服自身缺陷，以达到心理上的健康完善。它是自我净化心灵的一种手段，情商高的人最善于通过自省来了解自我。自省是现实的，是积极有为的心理，是人格上的自我认知、调节和完善。

停止在错误的道路上狂奔

哈佛告诉学生：在漫长的人生道路上，期望自己事业成功，仅有学校的智慧是远远不够的，你还必须具备社会生活的智慧。这就是不断减少你的错误的智慧。

生活是最严厉的老师，与学校书本教育的方式完全不同。生活的教育方式是你得首先犯错，然后才能从中吸取教训。大多数人由于不知道从错误中悟出道理，所以只是一味地逃避错误。他们不知道，这种行

为本身已铸成大错，还有一些人犯了错误却没能从中吸取教训。这些都是为什么有如此多的人总是循环往复地犯着自己以前曾经犯过的错误。他们会一而再再而三地犯错，就是因为他们不知道如何从错误中吸取教训。

在一个小城镇里，少年约翰和汉斯因为偷羊被捉，依照当地的风俗，必须在额头烙上英文字母"ST"（Sheepthief 的意思）。汉斯觉得这是莫大的羞辱，就独自到远方流浪。但是，常有人问他额头上的字是什么意思。他整天痛苦不堪，最后抑郁而终。

约翰则坚持留在当地，勇敢去面对家乡父老，以具体的行动，证明他的改变。一年又一年过去了，约翰重新在当地建立起良好的声誉。当他年老时，一个过路的旅客好奇地问当地人，这人额头上的字母是什么意思？"哦！我也不太清楚，那可能是圣徒（Saint）的缩写吧！"当地人骄傲地回答。

这世上，每个人都有失足、犯错的时候。人生的意义，不在于永远懊悔过去，而在于跌倒后能再站起来。在哪里跌倒，就应在哪里站起来。相信你一定可以改变别人对你的看法，只要你愿意，而且付出真诚的努力。"知耻近乎勇。"从曾经的误区中一步步走出来，你依然能寻觅到生活的路径与幸福的踪迹。

错误本身并不可怕，可怕的是错得没有价值、可怕的是在错误的道路上狂奔。一个人虽然犯了点小错误，但如果他能总结失败的教训，知道自己为什么失败，并不再犯更大的甚至是致命的错误，则错误对他来说比成功的经验还重要。

哈佛告诉我们，应停止在错误的道路上狂奔。

看到别人的优点，然后学习

哈佛的智慧告诉我们，学习别人的长处和在别人的缺点上发现自己的不足，都能够帮助我们取得巨大的进步。

学习别人的优点，是一门艺术。每个人都是独立的个体，生活方式、行为准则都有所不同。每一天的生活、工作中都少不了与他人接触，而每个人身上都有他独特的一面，比如他人的优点。我们总会说："这个人很棒，我们都很喜欢他。"那么是喜欢他的什么呢？应该是他身上的某一优点或几样优点吧！如果我们也想让别人喜欢自己，那么就学习别人的优点使自己更有魅力。

当你对他人有消极、猜疑、鄙夷等消极的感觉时，不妨换一个角度，试着调整自己的频率，去寻找他人身上的优点。一旦你的思想和感觉运行到了那个正确频率的轨道，你就会发现，所有美好的事物正在一步一步地向你的方向前进，你对你的生活就会重拾信心和快乐。所以，以一种积极和欣赏的眼光看待他人，不仅仅是对他人的扶持和鼓励，归根结底来说，还是在善待自己。

生活中每当我们看到别人家庭好、身体好、事业好、孩子好，总会羡慕不已，做梦都想和别人一样方方面面都好。不过好不是做梦做来的，"好"要靠实实在在的行动去积累、去创造，尽管人人都羡慕别人的好结果，却很少有人愿意跟别人一样，按着好的方向前进，更没有去学习别人好的方法和门道，这样怎么会成功呢？

从自己身上找原因

哈佛告诉学生：失败的原因有很多种，但归根结底只有一个，那就是不能善待失败，不会自我反思，不问失败的原因。

凡事都要从自己身上找原因，而不是一味责备别人。只相信自己，不相信别人，这便是导致失败的缘由。真正的君子凡事都会从自己身上找原因，绝不会一味地去责怪他人，这才是自我修养的途径。

布森是一位优秀的电影制片人，福克斯却先后被3家公司革职，在不断的被革职后他才体会到在大机构里的生活对他不合适。

他在好莱坞晋升为20世纪福克斯公司的第二号人物，后来策划摄制《埃及妖后》，不料这部影片卖座奇惨。接着公司大裁员，他也被裁掉了。

在纽约，他在新阿美利坚文库任编纂部副总裁，但是几位股东延聘了一位局外人，而他和这人意见不合，于是又被开除。回到加州，他又进了20世纪福克斯公司，在高层任职6年，不过董事局不喜欢他所策划拍摄的几部影片，他又一次被革职。

布森开始仔细检讨自己的工作态度。他在大机构做事一向敢言、肯冒险，喜欢凭直觉处事。这些都是当老板的作风。他痛恨以委员会的方式统筹管理，也不喜欢企业心态。分析了失败的原因之后，布森自立门户，摄制了一系列受人欢迎的影片，如《大白鲨》《裁决》《天茧》等。

面对一次次的挫败，布森并没有把失败的原因推到别人身上，也没有怨天尤人，而是仔细地反省自身，从自己身上找原因，最后终于自立门户，获得了事业的成功。当一个问题出现后，根源并不在别的地方，很可能就出在我们自己身上。

在为成大事而艰难求索的征程中，为什么有人能够气贯寰宇，有的人却庸庸碌碌地走过一生呢？其实道理很简单，成功与失败之所以有如此大的反差，关键就在于是否找到并很好地利用成功人生的智慧之源——思考的力量。

著名的成功学大师统计分析后认为，成大事的智慧之源在于：找到了思考的力量；发挥外脑智囊团的作用；反思并善待失败。思考的力量是决定人生成败的力量，要想成大事，首先要有正确的思考方法和思维方式。

从自身找原因，不仅能使自己真正了解自己，这也正是进步的开始。犯错没关系，只要肯承认自己的错误并改正，我们就会成为赢家，因为改正了一个错误我们就向优秀迈进了一步。遇到事情能冷静分析，公正对待，全面了解自己，我们也会少去很多烦恼。

学会从自身寻找原因不仅能让自己进步，更能让自己更好地学习别人身上的优点，做到完善自我、超越自我，这样才是一个高情商的人应该具备的品质。

PART 05
告别单调无趣的生活

健康才是硬道理

身体是工作、学习、生活的本钱。要想拥有美丽的人生，要想外表亮丽引人关注，我们就要首先向内使劲，爱惜自己的身体，善待它、愉悦它，它定会很好地回报我们。健康是人一生最重要的资本，没有了健康，纵然有再多的财富也是枉然。很多时候，人们可能因为忽视了坏情绪对人的负面影响，造成了健康出现严重危机，由此，我们应该还自己一片晴朗的心空，让健康永驻。

健康是生命之源。失去了健康，生命会变得黑暗与悲惨，会使你对一切事物都失去兴趣与热诚。能够拥有一个健康的身体，一种健全的精神，并且能在两者之间保持美满的平衡，这就是人生最大的幸福！

虽然拥有健康并不能拥有一切，但失去健康却会失去一切。健康不是别人的施舍，健康是对生命的执著追求。体力与事业的关系非常重要。人们的每一种能力，每一种精神机能的充分发挥，与人们的整个生命效率的增加，都有赖于体力的旺盛。

体力的旺盛与否，可以决定一个人的勇气与自信的有无，而勇气与自信，是成就大事业的必需的条件。通常体力衰弱的人，多是胆小、寡断、无勇气的人。要想在你的一生中取得成功，最重要的一点是每天都要以一副身强力壮、精力饱满的身体去对付一切。那种以有气无力、萎靡不振的躯体去对付一切的人，永远不可能取得胜利。

想拥有一个健康的身体，给大家几个小小的忠告。

★坚持健身，精力充沛

科学研究证实，适度的运动锻炼能增强心肺功能，加强肌肉力量，增大骨质密度，提高机体的灵敏度和适应力，增强人体的免疫功能和抗病能力，从而使人保持青春的活力，保持一种由内而外的长久不衰的美。

★健康饮食，营养均衡

——新鲜水果和蔬菜应该占每日所吃食物中的最大比例，它们含有相当丰富的维生素和高效物质，而人体也最容易吸收这些物质。

——多食的第二种食物就是碳水化合物，诸如面包，谷物和马铃薯等。

——蛋白质（诸如瘦肉、鱼和乳酪）是非常重要的食品，但不宜吃得太多，每天取用少量即可。

——避免油性食物，限制食用油尤其是牛油的食用量，并且少吃油炸食物、糖果和可乐之类的碳酸饮料。

★习惯良好，健康滋润

良好的生活习惯对健康的价值不可低估。须知，人体的生命活动是在生物钟的严格控制下有节律地进行运转的。为此，要在饮食、睡眠、学习、工作以及各种生活制度方面养成一种定时、定量的规律性，并保持始终。这样才能形成良好的生活习惯，保证身体各种生理功能发挥至最佳水平。

★安心睡眠，松弛身心

睡眠，是最能让人恢复体力、清醒头脑的妙法。劳累时小憩一会儿，也非常有益。

凡是有志成功、有志上进的人，都应该爱惜、保护体力与精力，而不让其有稍许浪费，因为体力、精力的浪费，都可能减少我们成功的可能性。

用好生活的"加减法"

人生其实是一种自我经营的过程。要经营就要讲选择和放弃，形象地说，人生是离不开加减乘除的。人生需要用加法。人生在世，总是要追求一些东西，追求什么是人的自由，所谓人各有志，只要不违法，手段正当，不损害别人，符合道德伦理，追求任何东西都是合理的。比如，有的人勤奋工作，奋力拼搏为的是升职；有的人风里来雨里去，吃尽苦头，为的是增加手中的财富；有的人废寝忘食、发奋读书是为了增加知识；有的人刻苦研究艺术，为的是增加自己的文化品位；有的人全身心投入到社会实践中，为的是增加才能……

所以，当一个人需要丰富自己的时候就要适当地学会加法，这样才能使自己在社会上立足，在生活里获得快乐。

如果快乐能测度，则大部分的快乐都发生在很少的时间内，而这种现象在多数的情况里都会出现，不论这时间是以天、星期、月、年或一生为单位来度量。

用80／20法则来表述就是，80％的成就是在20％的时间内达到的；反过来说，剩余的80％时间，只创造了20％的价值。

一生中80％的快乐，只发生在20％的时间里；也就是说，另外80％的时间，只有20％的快乐。

如果承认上述假设，也就是上述假设对你而言属实的话，那么我们将得到4个令人惊讶的结论。

结论一：我们所做的所有事情，大部分是低价值的事情。

结论二：在我们所有的时间里，有一小部分时间比其余的多数时间更有价值。

结论三：若我们想对此采取对策，我们就应该彻底行动。只是修修补补或只作小幅度改善，没有意义。

结论四：如果我们好好利用20％的时间，将会发现，这20％是用之不竭的。所以，在我们有生之年要学会增加快乐，减少痛苦，让自己在充实中快乐，在快乐中满足。

学会生活的加法，让我们充实与完善；学会生活的减法，我们留就会多一些时间，多一些好心情，甚至多一个梦想。学会生活的加法，我们可以有更多的知识与能力来创造更多的价值；学会生活的减法，我们可以有更多的时间和自己的家人在一起，读自己喜欢的书，听自己喜欢的音乐，享受自由自在的多姿多彩的快乐生活。

远离亚健康

亚健康是一种介于疾病和健康之间的灰色身心状态，它是一种腐蚀人们身心健康的慢性杀手，轻微则造成工作效率低下、创造力下降，严重则将导致可怕的身心崩溃。对造成职场员工亚健康状态的主要原因，我们应理性对待：

★工作压力大：尤其是大城市中，竞争无处不在、无孔不入，要想不被淘汰，就必须努力争先。所以人人都争先工作，大都疲劳不已。

★生活不规律：在一个经济联系频繁的社会，对于职场员工而言，出差、加班都是经常的事，吃饭不准点、早餐可有可无。这些对身体都会带来不小的影响，膳食的种类也会因此而单调。

★人际关系错综复杂：虽然每个人似乎都认识很多人，但真正可以交流谈心的人却少之又少，内心情感需求得不到满足。

★睡眠不足：由于工作原因或者过于沉溺夜间的交际应酬，很多人没有足够的睡眠保证，日积月累，疲劳会慢慢侵蚀身体机能，各种疾病随之而来。

★目标与现实之间的差距：很多职场人士对自己的自我期待是比较高的，当现实无法满足自己的要求时，就会产生沮丧情绪，如果得不到合理的排解，积压越久对身体就越有害。

★收入和支出之间的不平衡：虽然一般职场人士不愁吃不愁穿，但供楼供车还是要颇费计算，而且这是一种长期性的经济压力。

★生活环境污染：城市中噪音污染给心血管系统、神经系统带来的影响，高楼林立与空调房的封闭空间对组织细胞生理功能的影响，让处于各种压力之下的人们情绪处于一种危险的状态，天长日久，会导致各种疾病的发生。

哈佛学者告诉我们：常常按照你自己心脏工作的办法去做——在你感到疲劳之前先休息，这样你每天清醒的时间，就可以多增加1小时。

这里教给你一个简单的亚健康自测法。请看下面的症状，如果符合你的情况，那么请记住分数；若不符合，不加分。把各项所得分数加起来，就是你的身体状况。

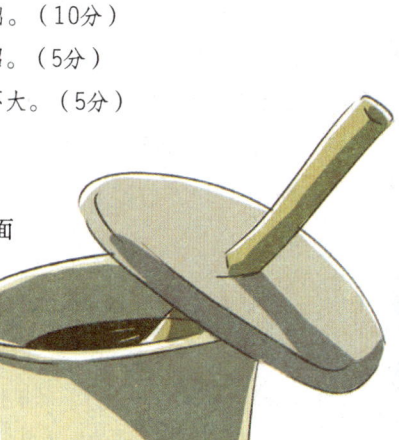

1.工作情绪无法高涨，无名火气很大，但又没有精力发作。（5分）

2.感到情绪抑郁，经常发呆。（3分）

3.经常是昨天想好的事，今天怎么也记不起来了。（10分）

4.害怕走进办公室，觉得工作令人厌倦。（5分）

5.不想面对同事和上司，有一种自闭症式的渴望。（5分）

6.工作效率明显下降，令上司不满。（5分）

7.每天工作1小时后，就感到身体倦怠，胸闷气短。（10分）

8.早上起床时，有持续的发丝掉落。（5分）

9.性能力下降，经常感到疲惫不堪，没有什么性欲望。（10分）

10.盼望逃离工作室，为的是回家休息。（5分）

11.对城市的污染、噪音非常敏感，更渴望宁静的山水，休养身心。（5分）

12.不再热衷朋友间的聚会，有勉强应酬的感觉。（2分）

13.经常失眠，即使睡着又常做梦，睡眠质量很糟糕。（10分）

14.体重明显下降，发现眼眶深陷，下巴突出。（10分）

15.感觉免疫力在下降，春秋流感一来就中招。（5分）

16.很少进食，即使非常喜欢的菜，也兴趣不大。（5分）

测试结果：

分值≤30：健康警钟已敲响。

30<分值≤50：请从营养、运动、心理各方面改善你的生活状态。

50<分值≤80：请寻求专业医生的帮助，并需要花更多时间来调整身心。

运动是健康的指标

哈佛智慧指出：不管是什么运动，只要勤加练习，就能帮助维持自己的健康。一般来说，每星期运动3次左右，每次锻炼的时间在20~30分钟之间，长期坚持下去，就能收到良好效果。

经常运动可以改善消化功能、排泄功能，增加体能与活力，一方面消耗脂肪，一方面强壮肌肉，提高血液中良性胆固醇的比例，降低不良胆固醇的比例，从而降低总胆固醇的水平。它还能帮助你缓解日常生活的压力，防止压力致病。有氧健身练习可以使人产生生理变化。它可以降低人体静止时的心率和血压，减少体内脂肪。有氧健身练习还可以提高心脏的最大输出量和最大耗氧量，这对你的健康影响重大。

那么运动对人有什么好处？

★体育锻炼有利于人体骨骼、肌肉的生长，增强心肺功能，改善血液循环系统、呼吸系统、消化系统的机能状况，有利于人体的生长发育，提高抗病能力，增强有机体的适应能力。

★体育锻炼是增强体质的最积极、有效的手段之一，可以降低你过早进入衰老期的危险。

★体育锻炼能增进身体健康，使疲劳的身体得到积极的休息，使人精力充沛地投入学习、工作。

一个充实有效的健康计划只需要你一周168小时中的3小时，仅占你一周时间的2%。但每运动1小时，就可延长寿命3小时，难道还有比生命更值得你去珍惜的东西吗？所以年轻人不要再以"没有时间运动"为借口，挤出一定的时间运动吧，它会激活我们的每一个细胞，提高我们的生命质量，让我们的生活更加充实和丰富。

今日事，今日毕

比尔·盖茨说过，如果你有自己想做的事情，应该马上去做！这样梦想才不会夭折在我们的拖延里。

　　如果你有了强烈的愿望，就要积极地迈出实现它的第一步，千万不要等待或拖延，不要找出你不能实现这个愿望的几百个理由，也不必等待具备所有的条件。因为，如果你不行动就将永远不会成功。

　　我们每天都有每天要做的事。今天的事是新鲜的，与昨天的事不同，而明天也自有明天的事。所以应尽力做到"今日事，今日毕"，千万不要拖延到明天！每个人的一生中总有许多美好的憧憬、远大的理想、切实的计划。假使我们能够抓住一切憧憬，实现一切理想，执行每一项计划，那我们事业上的成就、我们的生命真不知要有多么伟大！然而我们总是有憧憬而不能抓住，有理想而不能实现，有计划而不去执行，终至坐视这些憧憬、理想、计划一一幻灭！所有这一切的罪魁祸首就是拖延。

　　拖延是成功者最忌讳并必须要改掉的一种陋习。你也许经常说到类似这样的话："我要等等看，情况会好转的。"这种话表明，你已经陷入了一种生活的惰性。对于有些人来讲，这似乎已经成为他们习以为常的生活方式。他们总是明日复明日，因而也就总是碌碌无为。在现实生活中，我们不难发现许多充满惰性者，他们甚至不分事情的轻重，一律拖延。

　　可是，今天有今天的事，明天有明天的事，因此不要像"寒号鸟"那样，在拖延中耗费时间和精力，因为你所耗费的时间和精力足以让你把今天的工作做好。人生的机遇稍纵即逝，犹如昙花一现，所以一定要珍惜时间，这样才能切实把握好每一次发展的机遇，把自己从拖延中彻底拯救出来，使拖延的恶习得以改正。要记住：凡事要立即行动，只有行动才能成功。

第五篇

了解他人
——多渠道沟通
减少误解

PART 01
了解别人的
第一步：移情

识人有术，首要移情

所谓移情，顾名思义，就是转移你的感情，要学会对问题进行换位思考，不能只以自己的经验来解决问题。因为一旦缺少换位思考，得出的结论就特别容易带有偏见，过于武断地想当然肯定会使问题越来越糟。

换位，就是将自己摆放在对方的位置，用对方的视角看待世界。懂得换位，知道他人所思、所想、所感，是一个人拥有高情商的表现。

哈佛学者告诉我们：高情商者在社交活动中不盲目、不糊涂，因为他们能够设身处地为他人考虑，并根据对方的心灵活动来采取相应的对策，因而能获得良好的人际关系，取得较大的成功。

哈佛教授教导学生：大凡成功的人，都是这样运用不同的方法去观察、研究他所要影响的一些人，然后反过来按照他们的心理需求去满足他们。

每个人天生都会有一定程度的体察他人情感的敏感性。一个人如果没有这种敏感性，就会产生情感失聪。这种失聪会使他在社交场合不能与其他人和谐相处，或是误解别人的情绪，或是说话不考虑时间场合，或是对别人的感受无动于衷。所有这些，都将破坏人际关系。

沟通有技巧，情商帮你忙

哈佛学者说，现代社会需要那种机敏灵活、能言善辩的活动分子。羞怯拘谨、笨嘴笨舌、老实的人，在现代社会无法成为出类拔萃的人才。有些人很有知识，就是因为缺乏"嘴巴上的功夫"，因而得不到人们的认可与赏识。沟通其实就是说话的学问，一个能言善辩的人能够把话说得滴水不漏，而不善言辞的人往往显得拙嘴笨舌。那么怎样沟通才有效果呢？

★让对方多开口

成功的人大多是社交专家，然而出色的社交专家并不是我们所认为的口若悬河。真正懂交往之道的都是运用语言的大师，他们深谙人们的心理，了解人人都有表现欲，于是让对方多开口成了一条金科玉律。著名的成功学大师卡耐基先生曾说："最出色的沟通艺术，是会听而不是会讲。"

★从相同的观点说起

在与他人沟通的技巧中，"求同存异"是一个屡试不爽的佳法。

所谓"求同"，就是要求我们从相同的观点以及共同的兴趣（关注点）开始，这样利于双方谈话氛围的和谐；而"存异"则是要我们尽量先不提分歧很大的观点、事物，这些只会破坏我们的谈话氛围。

社会心理学研究表明，人们都乐于同与自己有相近之处的人交往、谈话。因为相似因素，既能有效地减少双方的恐惧和不安，解除戒备，又能发出可以共同接受的信息，能有相同、相似的理解，产生相同、相近的情绪体验，进而在感情上产生共鸣。

★对他人感兴趣

已故的维也纳著名心理学家亚德勒在一本叫作《人生对你的意识》的书中说道："不对别人感兴趣的人，他一生中遇到的困难最多，对别人伤害也最大。所有人类的失败都出于这种人。"

事实上，只要你有足够的耐心，你会发现每一个人身上都有可爱的地方。你对别人感兴趣，换个角度看，就表明别人的价值和魅力在你这里得到了承认，这是每个人都渴望拥有的一种感觉。如果你能满足别人的这种渴望，你想不受欢迎都很难。

★让对方说"是"

让对方说"是"往往比让他说"不"有利，强硬地批评或指责对方往往就是说"不"的诱因，为什么不换一种战术来让他接受你的建议呢？

任何一位高效的沟通者，都会在不知不觉中使用一些技巧来达到他们说话的目的，而让对方说"是"无疑是其中的一个好办法。它节约了双方大量的时间，而那些毫无意义的思考，往往带来的结果并不令人满意。因此，学会运用这一技巧很重要，同时也非常实用。

总之，一个具有较高情商的人，他的影响力往往可以得到充分的发挥和施展，从而取得更大的成功。在今天这个凡事都离不开分工合作的时代里，情商直接决定了一个人的沟通能力，情商高的人能够游刃有余地与自己的下级、同事、上级等周围的人沟通。

站在对方的角度看问题

我们没有必要把自己的想法强加给别人，却必须学会从他人的角度思考问题。以心换心的方式与人交往，甚至是自己的亲人也要站在对方的角度去感受，这才是一个高情商的人。

一位母亲在圣诞节带着5岁的儿子去买礼物。大街上回响着圣诞赞歌，橱窗里装饰着彩灯，盛装可爱的小精灵载歌载舞，商店里五光十色的玩具琳琅满目。

"一个5岁的男孩将以多么兴奋的目光观赏这绚丽的世界啊！"母亲毫不怀疑地想。然而她绝对没有想到，儿子呜呜地哭出声来。"怎么了，宝贝？""我，我的鞋带开了……"母亲不得不在人行道上蹲下身来，为儿子系好鞋带。母亲无意中抬起头来，啊，怎么什么都没有？没有绚丽的彩灯，没有迷人的橱窗，没有圣诞礼物……原来那些东西都太高了，孩子什么也看不见！

这是这位母亲第一次从5岁儿子目光的高度眺望世界。她感到非常震惊，立即起身把儿子抱了起来……

从此这位母亲牢记，再也不要把自己认为的"快乐"强加给儿子。"站在孩子的立场上看待问题"，这位母亲通过自己的亲身体会认识到了这一点。

在与人交往的过程中也要站在对方的角度看问题，如果把角色"互换"一下，就很可能轻松地打破僵局。

哈佛学者告诉人们：在人际交往中，千万不要以自我为中心而完全不顾他人的颜面、立场，如果将自己的价值标准强加在别人的头上，轻则得到的是不和谐的人际关系，重则可能使自己头破血流、一无所获。

时常有些人抱怨自己不被他人理解，其实，换个角度可能别人也有同样的感受。当我们希望获得他人的理解，想到"他怎么就不能站在我的角度想一想呢"时，我们也尝试自己先主动站在对方的角度思考，也许会得到一种意想不到的答案。许多矛盾误会等也会迎刃而解。

PART 02
懂得倾听，
做一个忠实的听众

"倾听"是心灵的守护者

哈佛学者说，一旦有人专心倾听谈论自己时，就会感觉自己被重视，就会体会自己的心灵，感受自己的感受。倾听他人的声音，就能真实地了解他人，增加沟通的效果。一个不懂得倾听的人，通常也是一个不尊重别人观点和立场、缺乏协作性的人。这种人无可避免地会造成他人的反感。

连平是罗宾见到的最受欢迎的人士之一。一天晚上，罗宾碰巧到一个朋友家参加一次小型社交活动。他发现连平和一个漂亮女孩坐在一个角落里。出于好奇，罗宾远远地看了一段时间。罗宾发现那个女孩一直在说，而连平好像一句话也没说。他只是有时笑一笑，点一点头，仅此而已。几小时后，他们起身，谢过男女主人，走了。

第二天，罗宾见到连平时禁不住问道："昨天晚上我在斯旺森家看见你和最迷人的女孩在一起。她好像完全被你吸引住了。你是怎么做到的？""很简单。"连平说，"斯旺森太太把苏珊介绍给我，我只对她说：'你的皮肤晒得真漂亮，在冬季也这么漂亮，是怎么做的？你去哪儿了？阿卡普尔科还是夏威夷？''夏威夷。'她说，'夏威夷永远都风景如画。''你能把一切都告诉我吗？'我说。'当然。'她回答。我们就找了个安静的角落，接下去的两个小时她一直在谈夏威夷。今天早晨苏珊打电话给我，说她很喜欢我陪她。她说很想再见到我，因为我是最有意思的谈伴。但说实话，我整个晚上没说几句话。"

很简单，连平只是让苏珊谈自己。他对每个人都这样——对他人说："请告诉我这一切。"这足以让一般人激动好几个小时。人们喜欢连平就因为他注意他们。

人往往会对那些对自己感兴趣的人产生兴趣，能不厌其烦地听别人倾诉，这在他们看来是对自己极大的尊重，而且直达对方的心灵，从而使双方感情更深一步。所以，人们更愿意和那些尊重自己、能进入自己心灵的人打交道。而那些受欢迎的人无疑是高情商的人。相反，那些只知道谈论自己的人会让人觉得，他们只在乎自己的感受而不在乎别人的感受，这种人一般都是低情商的表现。所以，人们与之交往过一次之后，就不会有继续交往的欲望。

拥有私人银行桑德斯·卡普公司的银行家汤姆·桑德斯说："关键在于先了解对方，他的价值观以及他对投资的看法，再决定你是否能诚实地说出我们的投资方式是正确并对其有利。"要想成为积极有效的聆听者，首先，必须体会聆听的重要性；其次，必须有聆听的意愿；最后，你必须经常练习聆听这种全新的能力。

善于倾听的人是智者

卡耐基曾说："如果你希望成为一个善于谈话的人，那就先做一个注意倾听的人，这才是智者"。这一点，从他本人的经历中也能够得到印证。

有一次，卡耐基应邀参加一场纸牌会。卡耐基不会打纸牌，另有一位美丽的女子也不会打。他们便正好坐下来聊聊天。她知道他在汤姆斯从事无线电事业之前，曾一度做过一位主持人的私人经理，当时卡耐基曾到欧洲各地去旅行，帮助这位主持人预备她要播发的讲解旅行的资料，所以她说："啊，卡耐基先生，我想请你告诉我所有你到过的名胜及所见过的奇景。"

当他们在沙发上坐下的时候，她提到她同她的丈夫最近刚从非洲旅行回来。"非洲！"卡耐基说，"多么有趣！我总想去看看非洲，但除在爱尔裴士停过24小时外，其他地方还没到过。告诉我，你曾游历过遍布野兽的乡间，是吗？多么幸运！我羡慕你！告诉我关于非洲的情形吧。"

那次谈话谈了一个小时。她不再问卡耐基到过什么地方，看见过什么东西了。她不要听卡耐基谈论他的旅行，她所需要的只是一个专注的静听者，以使她能畅快地讲述她所到过的地方。

最佳谈话者？其实要做的只不过是专注地聆听别人的谈论，并不时地称赞几句而已。

有效沟通始于真正的聆听。擅长聆听的人其实少之又少，但成功的领导人却都是那些真正懂得聆听价值的人。善于倾听的人收获总是比他人多，除了获取他人的好感外，更重要的一点是可从他人的言语中获得重要的信息。

一次成功的商业会谈的秘诀是什么？注重实际的学者以利亚说："关于成功的商业交往，没有什么诀窍——把注意力集中到讲话的人身上。没有别的东西会如此使人开心。"其中的道理很明显，你无须在哈佛读上4年书才发觉这一点。但我们也知道，有的商人租用豪华的店面，陈设动人橱窗，为广告花费千百元钱，最后却雇用一些不会静听他人讲话的店员，中止顾客谈话、反驳他们、激怒他们，甚至要将客人驱出店门。这种人就不是智者。

倾听不同声音

玫琳凯在《玫琳凯谈人的管理》一书中，对倾听产生的影响作了如此说

明："我认为不能听取别人的意见，是自己最大的疏忽。"玫琳凯经营的企业能够迅速发展壮大，其成功秘诀之一是她相当重视每个人的价值，而且很清楚员工除了需要金钱、地位外，还需要一个真正能倾听他们意见的知心人。因此，她严格要求自己，并且让所有的下属铭记这条金科玉律：倾听，是最优先的事，绝对不可轻视倾听的作用。

丽塔是纽约劳动保障部门人缘最好的人。但过去的情形不是这样的，她刚来的那几个月里，连一个朋友都没有。因为她话说得太多，她总是不厌其烦地讲自己的旅行经历、工作成绩、性格特长等。

"我干得不错，并且为此自豪。"丽塔在卡耐基的课上说，"可是我的同事对我很冷淡。我希望他们都喜欢我、成为我的朋友。在听了卡耐基先生的一些建议后，我很少再谈自己，我以最大的耐心听同事说话。他们也需要把自己的成就告诉我。现在，我和他们在一起聊天的时候，我就让他们把他们生活中遇到的有趣的事告诉我，我学会了分享他们的快乐。至于我自己，只有在他们问我的时候我才说一说。"

也许你很愿意谈自己，但别人也是这样，因此你老是谈自己别人就会不耐烦。如果你要赢得别人的喜爱，不妨鼓励对方多谈谈他自己，倾听对方的声音，这样的交往方式才属于高情商者的方式。

有一位美国管理学专家说过，高效经理人的秘诀之一，就是先倾听别人的意见。这一方面体现了对别人的尊重。作为下属，如果他的老板能够专心倾听他说话，他会感到幸福；作为合作伙伴，如果对方给他首先说话的机会，他会马上对其产生好感。另一方面，只有听了别人的意见，才能够知道对方心里想的是什么，也就能相应地做出反应，有利于决策的优化。而如果不愿意倾听别人的话，则会让人非常不快，弄不好还会闹出冲突来。

艾萨克·马科森大概是世界上采访著名人物最多的人之一。他说，许多人没有能给别人留下好印象，是由于他们不了解别人的意见，只是自顾自地发表意见。"他们如此津津有味地讲着，却完全不听别人对他讲些什么。许多知名人士对我讲，他们重视首先听别人意见的人，而不重视只管自己说的人。然而，看来人们听的能力弱于说的能力。"

PART 03
破解对方的
身体语言

身体语言之表情语言

在人类的心理活动中，表情最能反映情绪的变化。表情是反映一个人态度、情绪和动机等心理因素的基本线索和外在表现形式，通过对一个人面部表情的观察和分析，可以了解其内心的欲望、意图和状态，借此即可形成对他的认知。而能掌握这一技术的人往往就是高情商的人。

人类具有丰富的面部表情，它是反映人们身心状态的一种客观指标。可以说，人的面部是人体语言的"稠密区"。曾有学者估计，人脸可以做出25万多种不同的表情，这一估计似乎太过惊人，但一般心理学家都认为，人的面部表情变化会在2万种以上。

狄德罗曾说："一个人，他心灵的每一个活动都表现在他的脸上，刻画得非常清晰和明显。"这句话提示了人类表情的重要性。因为现实中，语言的表达远不及人们的表情丰富和深刻。

　　哈佛学者说：表情能够清晰、直接地表达人们的内心想法。所以，仔细观察一个人的表情，我们就可以探听出他的心理活动。

　　那么我们如何从一个人的表情来判断其当时的情绪变化呢？如下这些"脸语"是比较容易读懂的：

　　★蹙眉皱额表示关怀、专注、不满、愤怒或受到挫折等情绪；

　　★双眉上扬、双目张大，可能是表现惊奇、惊讶的神情；

　　★皱鼻，一般表示不高兴、遇到麻烦、不满等；

　　★嘴角拉向后方，面颊往上抬，眉毛平舒，眼睛变小等则是愉快的表现；

　　★嘴角下垂，面颊往下拉，变得细长，眉毛深锁，皱成"倒八字"等是不愉快的情绪表现。

　　面对如此丰富的表情，要去辨别该从何着手？

　　★表情变化的时间

　　每个表情都有起始时间、表情停顿的时间和消逝时间。通常，表情的起始时间和消逝时间难以找到固定的标准，要判断一个人的情绪真假，需要人们不断地进行细微的观察，这样才能准确地掌握表情变化的时间。

　　★变化的面部颜色

　　面部的肤色变化是由自主神经系统造成的，一般难以控制和掩饰。在生活中，面部颜色变化常见的是变红或者变白。

　　一般情况下，人们在害羞、羞愧或尴尬等情形时，脸色会变红；在感到极度愤怒时，面颊则瞬时转为通红。面色发白可能是人们承受了巨大的痛苦和压力，或者感到非常惊骇、恐惧等。

身体语言之手语

　　科学家们发现，人的手上有27块小骨头。这些骨头通过一个网络状的韧带结构相互连接，依靠肌肉的拉伸来完成关节的各种活动。基于生理上的协调活动，人类的双手与大脑之间的神经关联十分紧密，所以每个手指上的细微动作，都将精确地反映出每个人的内心活动。对于很多潜意识，当你还没有觉察到时，已经传导到手部，让你的手指动了起来。

哈佛专家说：手不但有情绪，而且情绪还很多，手除了能让人们灵活地抓举东西之外，也同样细腻地刻画了人们的情绪。

★隐藏的双手

如果在说话的时候，某人不自主地将双手藏起来，那就说明他心有隐藏，在隐瞒一些谈论中关键的信息。一些对自己很重要的事情，将随着双手的隐藏姿势而被隐瞒起来。

★烦躁的双手

双手不停地摆弄东西，或者手指不停地动，指甲断裂等这些情形都说明了行动者的烦躁，心理有较大的压力。尽管很多时候，言语中也会表现出这样的骚动，但人们无意识的动作，会将其表现得更明显。有些时候，这些举动也意味着涌动的愤怒。

★诚实的双手

当某人在表达自己的意见时很坦诚，那么，他的双手通常是手心向外摊开的。这说明了此人对谈话的坦诚和对他人的真挚，是接受别人意见的手势。不过，常使用这种动作的人也非常容易受外界的影响。

实际上，手部动作在给人以深刻的印象时，还会通过肯定的语气来对说话者产生一种暗示的作用，最终真的为说话者增强了信心。那么你的手，该放在哪里呢？

★造成不良印象的手部动作

——手全部插入口袋当中

此类人具有隐藏心思，或者暗中盘算策划的倾向。这种动作在听人讲话的时候是一种非常不礼貌的举动，会让对方产生不被信任、不被接受的感觉。

——手放在臀部站立

此类人多为性子较急的人，他们希望事情能迅速解决，不要拖延，给人以浮躁、不踏实的感觉。

——双手的关节掰得嘎嘎作响

此类人展现给别人的印象是，脾气暴躁、易怒，做事容易紧张，坐立不安，心理承受能力不强。同时，他们的自我表现欲很强烈。这类人通常心直口快、古道热肠，较好打交道。

——手指不停地动弹

这动作表明行为者正处于紧张的状态，不知所措，因此利用不停动弹的手部动作来缓解内心的紧张。

★带来较好印象的手部动作

——谈话时，将右手放在身前，做空中轻握动作

这种动作是指利用拇指尖和其他手指的指尖碰在一起，形成一个完整的动作。它多为演说家所采用，用来反映说话者的思维逻辑清晰、重点突出。

——谈话时，在空中做展开双手的动作

做这类动作手指并拢，手掌在空中微微上翘，全部摊开。当其掌心向上，朝着胸部的时候，反映出说话者有一种想接纳某种思想，囊括各种观点，或者暗示性地将他人拉近自己的意图。掌心向下，则有头脑冷静，克制自己情绪的意思。

身体语言之眼神

我们通常所说的眼睛变化实际上是指瞳孔的变化，即瞳孔的扩大和缩小。研究表明，人的瞳孔是根据他的感情、态度和情绪变化而自动发生变化的。达尔文、赫斯等人曾做过专门研究，结果表明，人的瞳孔变化是中枢神经系统活动的标志，即瞳孔变化如实地反映了大脑正在进行的思维活动。

哈佛学子爱默生曾对眼睛作过这样的描述："人的眼睛表达的情绪和舌头所说的话一样多，不需要词典，却能够从眼睛的语言中了解整个世界，这是它的好处。"眼睛被誉为人"心灵的窗户"，这表明它具有反映人的深层心理的功能，其动作、神情、状态是情感最明确的表现。

既然，眼睛能映射出人内心的感受，那你是否能在见到对方的眼睛时，敏锐地捕捉到他在传播的情感？

那么与人交往时，眼神应该注意什么呢？

★与人交谈时，视线接触对方脸部的时间，在正常情况下应占全部谈话时间的30％～60％，如超过这一平均值，可认为对谈话者本人比对谈话内容更感兴趣。比如一对情侣在讲话时总是互相凝视对方的脸部。若低于此平均值，则表示对谈话内容和谈话者本人都不怎么感兴趣。

★倾听对方说话时，几乎不看对方，那是企图掩饰什么的表现。据说，海关的检查人员在检查已填好的报关表格时，他通常会再问一句："还有什么东西要呈报没有？"这时多数检查人员的眼睛不是看着报关表格或其他什么东西，而是盯着来人的眼睛，如果你不敢坦然正视检查人员的眼睛，那就表明你在某些方面可能有不够老实的地方。

★眼睛闪烁不一定是反常的举动，通常被视为用来掩饰的手段或性格上的不诚实。一个做事虚伪或者当场撒谎的人，其眼睛常常闪烁不定。

★在1秒钟之内连续眨眼几次，这是神情活跃，对某事件感兴趣的表现，有时也可理解为由于个性怯懦或羞涩，不敢正眼直视而做出不停眨眼的动作。在正常情况下，一般人每分钟眨眼5~8次，每次眨眼不超过1秒钟。时间超过1秒钟的眨眼表示厌烦、不感兴趣，或显示自己比对方优越，有藐视对方和不屑一顾的意思。

社交场合，在人们眼神的相互反应中，"注视"是较为常见的一种。从发出动作者的角度来说，注视是一种积极的行为，具有试图判断对方的意思，通常目光的焦点涵盖了对方的所有部分。但是从承受者来说，某些人的注视会让他感到舒服愉快，有些则会让他感到惶恐不安。因为，不同的注视，强烈地表达了不同的情感。

★受到吸引，对对方有好感。英国学者迈克尔·阿盖尔先生发现，在两个人交谈时，如果彼此很喜欢，那么就会一直看着对方。利用注视的目光会让对方体会到彼此的好感，若做出同样回应，则他也可能喜欢对方。在大部分文化背景下，如果想和其他人建立起和善友好的关系，人们都会使用同样的方法，会在谈话时向对方投以注视的目光，而这种做法一般都能让交谈对象对你产生好感。

★过长时间的注视，是被人们认为是挑衅或者失礼的行为。尤其是在日本和一些南美国家，如果长时间盯着对方的眼睛，将会招致不必要的麻烦。因此，在考虑礼貌和各地区的社会文化背景的前提下，应当根据主人谈话时的目光来进行同样的回馈，注视的时间既不要太长，也不要太短。

谈判中的身体语言

哈佛心理学教授曾说：看穿身体语言，掌握谈判优势。在谈判之中，双方为了各自公司的商业利益，展开口舌之战。每个人都步步为营，防止有闪失。在这个时候，如果能够从他人身上的细微之处窥视人心，则可能有事半功倍的效果。

★关注对方的眼部

在谈判中，双方将最先开始从目光接触。而眼睛因为具有反映人们内心深层心理的能力，所以能传达出很多真实的情绪。有经验的谈判者一般都会从见到对手的那一刻到握手达成交易时，都一直保持同对方的目光接触。如果对方不停地眨眼睛，则可能是因为神情活跃，对某事感兴趣，或者因为紧张腼腆而不自觉地做出的调整行为。但若是眼神飘忽不定，则要当心，他可能是想在谈判中为你设置陷阱。

★关注对方的表情

谈判的时候，对方的表情将会是其内在心理变化的外在反映。一般，如果一个人神色紧张，面部肌肉紧绷，露出不自然的笑容时，说明他可能是情绪不安，想要借这样的笑容来调节一下情绪或者因撒谎而使用的掩饰动作。

★对方的举止是否自然

谈判中，如果对方动作生硬，那么你要提高警惕。这很可能表示对方在谈判中为你设置了陷阱。同时，还要注意他的动作是否切合主题。如果在谈论一件小事的时候就做出夸张的手势，动作多少有些矫揉造作，则可能欺骗意味增加，需要仔细辨别他们表达情绪的真伪，避免受到影响。

★咬住的嘴唇

谈判中，如果对方经常咬住自己的嘴唇，那是一种自我怀疑和缺乏自信的表现。因为在生活中，人们遇到挫折时容易咬住嘴唇，惩罚自己或感到内疚。若在谈判中用到，则说明对方已经开始认输，内心开始妥协退让了。

★说话速度快

如果对方的说话速度非常快，则说明他们对谈判已经胸有成竹，势在必得，甚至不会在意你所提出的建议。态度是不满或者莽撞的。若只是在某些地方突然变快，则这里可能隐藏着他们的弱点，不希望他人发现或者揭穿。

★交谈中，多次点头

在谈判中，一边听一边点头，说明对方在仔细聆听。但是如果他的目光并没有投注在你身上，而是其他地方，则表示另有想法。倘若表现出毫无意义地点头或在不恰当的时候点头，则说明他并没有听懂你的谈话，或者他根本就不想听。他是个不想让对方提出异议的人物。

★谈判中五指伸开

在谈判时，将手逐渐伸开，说明他现在的心情放松，或许正想要陈述观点，并可能会继续做出这个动作。伸开的手指就是在释放压力，也是鼓励自己，就像小学生举手回答问题一样，赋予自己自信。

★交叉双臂和双腿

如果对方交叉腿和双臂，呈现一种封闭的姿态。这时，即使继续谈论他也可能都不为所动。所以，你不妨用新的方式来继续谈判，重新解释问题。或者为双方制造一个暂时休会的契机。会议的暂停可以让彼此更充分地考虑谈判策略，并重新做出部署。

★沉默地吸烟

谈判的过程中，如果对方不再说话，而只是沉默地吸烟，并不停地磕烟灰，说明内心有矛盾或者冲突。他很焦虑不安，为了化解内心的情绪，在寻找发泄的途径。这样的表现对继续开展谈判非常不利，可以转换话题，让对方的思维暂时跳出来。

PART 04
从性格看人心

你不可不知的性格

哈佛总是教导学生，无论是在工作还是在生活中，性格都起着决定性的作用，想要了解别人，就需要知道对方的性格。

我们在生活中常见的大量不良情绪都与性格有关，比如，容易忧愁的人一般都比较好强、固执，不善于与人交往。他们经常感到不称心、不如意、满怀忧虑，考虑问题爱钻牛角尖。情绪上经常处于犹豫、疑虑状态的人，性格往往显得被动、拘谨、依赖，缺乏独立性和创造性，总是循规蹈矩，因循守旧。容易烦躁的人，往往过于敏感，而且习惯于将愤懑的情绪埋藏在心底。

可见，如果要保持健康的情绪状态，就必须对自己的性格特征有一个充分的了解，并注意克服性格方面的缺陷。

每个人都对自己周围比较亲密的人的性格很熟悉，但却不一定十分清楚自己的性格。下面我们就来帮助你了解你自己的性格。

以下共有50道题，请根据自己的情况如实回答。符合的，则在该问题后打"√"；难以确定的，则标"？"；不符合的，则打"×"。

1.你与观点不同的人也能保持友好关系，与有代沟的下一代也能成为好朋友。

2.你读书阅报速度较慢，力求完全看懂。

3.你办事干脆利落，但较马虎。

4.你经常自我反省，分析、研究自己。

5.当你生气时，你会不加控制地发泄怒气。

6.在人多的场合你不喜欢引起别人的注意。

7.你从不制订今后几年的生活计划。

8.你待人处世总是小心翼翼。

9.你是个放浪形骸、不拘小节之人。

10.你疑心病很重，常无端猜疑别人，年龄越长这个毛病越明显。

11.你乐意从事领导某个团体的工作。

12.你从不敢在众人面前发表演说。

13.你喜欢听别人说你的好话，那样你会感觉很开心。

14.你希望过平静、轻松、悠闲的生活。

15.你讨厌写回忆录或日记。

16.你常常回忆过去的事。

17.你喜欢不停地变换业余爱好。

18.你常独自一人陷入对某一事物的回想中。

19.你热衷于参加集体活动。

20.周围若有说话声或收音机声，你就无法静下心来读书、学习。

21.你对金钱从不过于精打细算。

22.房间里乱成一团，你就静不下心来。

23.你对待生活的态度非常乐观。

24.你喜欢独自一人待在房间里休息。

25.你从不逃避麻烦的事情。

26.你很在意别人对你的看法。

27.你从不主动制订每天的计划。

28.你常感到自卑。

29.你经常变换自己的观点和看法。

30.你很注意交通安全。

31.你守不住秘密，总想对人说出来。

32.你总是三思而后行。

33.你不大在意穿着打扮。

34.你工作或学习时不喜欢有人在旁边观看。

35.和别人在一块儿聊天时，基本上都是你说他听。

36.你总是独立思考后才回答问题。

37.你的情绪容易波动，极不稳定。

38.你不会轻易相信一个陌生人。

39.你喜欢向他人请教问题。

40.你不善于结交新朋友。

41.你口才很不错。

42.你在交际场合喜欢保持沉默。

43.比起读小说和看电影，你更喜欢旅游和跳舞。

44.你不喜欢和陌生人打交道。

45.你认为实践比探索理论更重要。

46.你忘不了自己的失败经历。

47.你能很快适应新环境。

48.你很在意同伴们的成就。

49.你常过高估计自己的能力。

50.你在购物时常拿不定主意。

评分规则：

题号为奇数的题目，每划一个"√"计2分，每写一个"？"计1分，划"×"的计0分；题号为偶数的题目，每打一个"×"计2分，每标一个"？"计1分，打"√"的计0分。最后将各道题的分数相加，其和在0与100之间。由此数值我们就可以了解一个人内向或外向的程度。

测试结果：

总分为0～19分：属内向型，沉默寡言，孤僻，不善于与人交往。

总分为20~39分：属偏内向型，不善于适应环境，对待突发事件不够沉着。

总分为40~59分：属中间型，情绪容易忽冷忽热，为人处世多数凭感情。

总分为60~79分：属偏外向，能言善辩，具有亲和力。

总分为80~100分：属外向型，活泼开朗，爱好社交，做事情雷厉风行，比较果断。

色彩心理学的历史

现代心理学的鼻祖之一，瑞士著名心理学家、精神分析学家卡尔·古斯塔夫·荣格在前人学说的基础上进一步研究，把性格分为外向型和内向型两大类。其中外向型性格分为外向思维型、外向情感型、外向感觉型、外向直觉型四类，其性格表现为：喜欢竞争，具有冒险精神，喜欢接受各种各样的挑战，直言不讳，不喜欢拐弯抹角等等。而内向性格分为内向思维型、内向情感型、内向感觉型、内向直觉型四类，性格表现为：会不断地思索一个问题，直到找出答案为止，不喜欢为重大的决策负责，当别人诉说自己的困难时，是个好倾听者等等。

不同的色彩能表达不同的含义，也能带给人不同的感受。

一个性情平和、善于克制的人，我们可以说他具有绿色性格。这种人内心非常平静，很少会焦虑不安或感觉到忧愁，他们充满希望和乐观精神，相信所有的事都能更加美好，与他们相处，仿佛身处绿色的原野，被清新宁和的气场包围，分外舒服安心。一个性格外向、活泼好动的人，则可以说他具有红色性格。红色是热烈、冲动的色彩，这类人如跳动的火焰般总是充满热量与激情，与他们相处，你绝对不会觉得单调乏味，他们如同动力十足的马达，每一刻都能想到让生活变得有趣的新点子。而拥有黄色性格的人骄傲而高贵，就像一束黄玫瑰在夕阳中散发出典雅的令人心生崇敬的光辉……

了解了性格色彩心理学，你一定迫不及待地想知道自己是什么颜色的性格，那么，请立刻开始做下面的测试，马上揭秘你的性格颜色！

1.你怎样对待倾诉者？

A.发表自己的看法。

B.为对方剖析事件。

C.为对方做出某种判断。

D.与对方感同身受。

2.你怎样评价自己的控制欲？

A.对他人向来只感染，不控制。

B.制定规则保持控制力。

C.希望控制所有人。

D.不想控制人，也不希望人控制自己。

3.你怎样对待工作？

A.希望从事有趣的工作。

B.做就做到质量一流。

C.保质保量，快速完成。

D.不想做有压力的工作。

4.你会怎样和朋友相处？

A.打开心扉，迅速成为好友。

B.慢热型，可长久维持友情。

C.与朋友相处时占据主导地位。

D.随缘，不会是主动的一方。

5.你希望在下属心目中树立哪种形象？

A.平易近人，助人为乐。

B.有领导能力。

C.值得信赖。

D.被人喜爱并有感召力。

6.你对待目标的态度是：

A.结果不重要，过程才重要。

B.严密计划，逐步实施。

C.过程不重要，结果才重要。

D.目标有风险，保持现状为好。

7.你会如何对待子女？

A.不对子女作过多干涉。

B.发现问题直接指出。

C.用行动教育孩子。

D.和孩子成为朋友。

8.你独自背包旅行，回来的路是：

A.寻找新路，为了好玩。

B.原路返回，安全第一。

C.寻找新路，增加难度。

D.原路返回，图省事。

9.说话时你最注意的是：

A.是否给对方留下深刻印象。

B.表述是否准确。

C.谈话是否达到目的。

D.说话方式是否被人接受。

10.你希望得到怎样的认同？

A.被认同与否无所谓。

B.被重要人士认同。

C.被自己在乎的人认同。

D.被所有人认同。

11.你最渴望处于以下哪种状态？

A.总有新鲜有趣的事情发生。

B.身处安全的环境。

C.总有新的挑战发生。

D.身处安稳的环境。

12.你喜爱哪种类型的团队？

A.轻松活泼，无拘无束。

B.能对事件进行深度研究。

C.能听到不同意见，碰撞出思想火花。

D.气氛和谐，观点一致。

13.以下哪种是你的感情特色：

A.爱激动，情绪变化快。

B.表面波澜不惊，内心情感起伏。

C.直截了当表达感情。

D.平淡如水。

14.你认为自己是个怎样的人？

A.大悲大喜。

B.冷静有条理。

C.做事果断。

D.宁静平和。

15.你会怎样和情人相处？

A.一起做有趣的事情。

B.注重对方的需求。

C.注重沟通。

D.理解包容对方。

16.你一贯做事的方式是：

A.赶在交活儿的最后一刻完成。

B.认真细致地独立完成。

C.马上开始，迅速完成。

D.该怎么做就怎么做，忙不过来请人帮忙。

17.如果被别人伤害，你会：

A.最初下定决心绝不原谅对方，往往最后就会动摇。

B.一辈子不会忘记伤害你的人。

C.抓住一切机会打击报复。

D.尽量不翻脸，得过且过。

18.你如何面对他人的赞美？

A.兴奋异常。

B.怀疑赞美的真实性。

C.与其赞美我，不如欣赏我的能力。

D.无所谓。

19.你如何评价自己的工作表现？

A.热情十足，很有想法。

B.细致认真，质量可靠。

C.不拖泥带水，执行力很强。

D.很有耐心，适合团队作业。

20.一段恋情结束后你会怎样做?

A.找朋友倾诉发泄。

B.无法接受新的恋情。

C.努力忘掉这段恋情。

D.相信时间能愈合心头的伤疤。

21.你对待规则的态度是:

A.讨厌规则的束缚。

B.严格遵守规则。

C.不想遵守规则，想制定规则。

D.尊重规则，可是不能遵守。

22.面对压力你会怎样做?

A.有压力立刻发泄。

B.默默在心中化解压力。

C.化压力为动力。

D.对压力视而不见。

23.朋友们怎样评价你?

A.喜欢倾诉。

B.聊天的时候细致全面。

C.言语犀利，直言不讳。

D.听得多，说得少。

24.人际关系中你最希望得到哪种回应?

A.受到大家欢迎。

B.得到大家理解。

C.得到大家尊敬。

D.得到大家接纳。

25.教过你的老师怎样评价你?

A.喜欢表现自己。

B.孤僻不合群。

C.独立性强。

D.温和低调。

测试结果：

以上各题选项，A代表红色，B代表蓝色，C代表黄色，D代表绿色。数一数哪个选项多，你就是哪种性格色彩。举例说，如果你有23道题选择D，那么是绿色性格无疑。如果有10个选择B，9个选择C，其他选项为6个，那么，就是蓝+黄性格。

红色性格：最有朝气的天使

红色是朝阳，是热血，是火焰，代表了热情、积极、希望、忠诚、兴奋、活泼等充满活力的含义。红色性格者的特点不仅仅是擅长制造话题，他们还有以下几个鲜明的特征：

★不擅长掩饰自己的感情

红色性格者都是直白的人，不擅长掩饰自己的感情，不是他们不想，而是他们不会。无论是高兴还是难过、生气还是忧愁，他们都会明明白白地写在脸上。所以在旁人看来，红色性格者总是那么戏剧化，或许上一分钟还乌云密布，下一分钟就又阳光灿烂了。

★以追求快乐为己任

红色性格的人们就像一群长不大的孩子，总是专注于生活中有趣的事情。他们会对坊间最流行的美食了若指掌，他们会为电影院最新上映的影片蠢蠢欲动，他们会不顾及旁人的眼光在街头大玩儿时玩过的幼稚游戏……红色性格的人的生活从来不缺乏精彩快乐的娱乐项目。

★对他人充满信任感

红色性格的人直白豁达，对人从来"不设防"，这种坦诚是他们受信任的基础。他们能迅速与陌生人打成一片，一方面是他们擅长找话题，更重要的是，他们真诚的态度、心无城府的样子能取得对方的好感，使对方放下戒备，敞开心扉。不过，轻易相信别人亦是他们的软肋，使他们很容易受骗上当。

★不喜欢规章制度

红色性格者有颇为豪放的一面，向往自由的生活，所有条条框框、规章制度是他们最为厌恶的东西。如果在一个制度严格的公司工作，或是从事某种对纪律要求很高的工作，会使他们觉得痛苦不堪。他们喜欢的能释放全部能量和才华的环境，必定是宽松、充满趣味的。他们就像草原上的马匹，喜欢自由奔驰。

对红色性格的人来说，有变化、有挑战才有动力。红色性格的人大都热情大方、开朗好动，他们一般喜欢与人打交道，适合做一些管理类、销售类或是公关类工作。艺术类的工作也适合红色性格的人，譬如表演。他们往往人越多越亢奋，他们比其他性格的人更适合舞台。

总之，"红人"们乐观积极、才思敏捷，是招人艳羡的一群。不过，"红人"们也会有自己的烦心事。"红人"最怕染上浮躁的毛病，一旦心态浮躁，做事情往往既无准备，又无计划，只凭脑子一热、兴头一来就动手去干，但结果必然是事与愿违，欲速则不达。

浮躁是红色性格人的弱点，这种性格不但影响生活和事业，还影响人际关系和身心健康，其害处可谓大矣，故"红人"应该力戒浮躁。

★在比较时要知己知彼

"有比较才有鉴别"，比较是人获得自我认识的重要方式，然而比较要得法，即知己知彼，这样才具有可比性。例如，相比的两人能力、知识、方法、投入应相近，否则就无法去比，由此得出的结论也将是虚假的。有了这一条，人的心理失衡现象就会大大减少，也就不会产生那些心神不宁、无所适从的感觉。

★要有务实精神

务实就是"实事求是，不自以为是"的精神，是"红人"革新求变的基础。

★遇事善于思考

考虑问题应从现实出发，不能只是跟着感觉走。目标要实际，过程要坚实，做一个脚踏实地的人。

★正确对待浮躁心理

偶尔产生浮躁心理是很正常的，这时可以找朋友聊聊天，及时化解浮躁的情绪。

黄色性格：奋斗的使者

黄色易让人联想到辉煌、希望、功名、健康、光辉、透明、光明等，充满着华贵与威严。黄色性格的人坚定而自信，敢说敢做，是永不言败的一类人物。他们有强烈的求胜欲望，征服对他们来说是最大的满足。

对于一个黄色性格的人来说，工作多并不可怕，没事做、闲着喝茶才是最可怕的事情。

黄色人格的人有超越他人的执行力，他们把生命当成竞赛，力争让每一分每一秒都过得有意义。所以，黄色性格者在职场上总是精力十足，表现出强烈的进取心和竞争意识。他们为了工作不知疲惫，敢于冒险，成功是"黄人"们心中最迫切的渴望。黄色性格者有以下几个特点：

★简明扼要的说话风格

在黄色性格者眼中，时间就是金钱，效率比什么都重要，所以"黄人"们讲话绝不拖泥带水，能几句话说完的问题，不会说半天。黄色性格者自身有综观大局的本领，他们总能提纲挈领、一语中的。而且，黄色性格者说话不会拐弯抹角，无论批评还是表扬，都直截了当，非常爽快。黄色性格者务实的谈话方式、直言不讳的建议和忠告，使他们成为出色的领导者。

★擅长设定目标

黄色性格者大多意志坚定，而且胸怀大志。他们不会为自己当下卑微的地位而感到自卑，认为只要努力，什么都可以改变。他们是梦想家，更是实干家，会严格制定目标供自己挑战。每达到一个目标，"黄人"就离成功近了一步，所以"黄人"对目标的制定非常在意，他们会慎重地对待工作中、生活中的每一个目标。

★卓越的领导能力

黄色性格者往往拥有过人的领导能力，他们有危急关头挺身而出力挽狂澜的本事和胆识。他们的做事风格凌厉果断，能迅速理清工作中大大小小事件的头绪，然后调兵遣将，安排合适的人员去解决问题。在"黄人"看来，所谓智慧是借助别人的能力来为自己办好事情，不需要什么事情都亲自去做，所以"黄人"更注重领导，而不是直接插手工作。

★越挫越勇，永不言败

在黄色性格者的字典中没有"失败"一说。黄色性格者有强烈的进取心，他们认为，生命的终点一定是成功，所谓的失败，不过是成功的铺垫。为了尝到成功的滋味，他们能承受常人所不能承受之压力，忍常人不能忍之屈辱。之间的过程不算什么，实现最后的目标才是"黄人"们真正在乎的事。

黄色性格女人卡门坚定自信、爽朗直接，她不仅是气质的女王，更是人格的女王。

想创造财富，却不敢冒风险，那是不可能成功的。黄色性格的男人清楚地知道风险在所难免，但他们仍充满自信地在风险中争取事业的成功。冒风险是因为知道有失败的可能，但会掌握一切有利因素，去赢取成功。黄色男人会时刻留意各种有利的机会，他们相信，风险愈大，机会愈大。

黄色性格的男人事前会预计种种可能的损失，对自己说："情形最糟，也不过如此！"然后拼尽所能去实现目标，即使失败了，也觉得坦然，对自己、对别人无愧。黄色性格男人骨子里的霸气使他们相信自己的眼光，相信自己的实力，相信自己的运气。

黄色性格者的果敢、坦率与自信得到大多数人的认同，黄色性格者在集体中确实能起到主心骨的作用，他们自己也为此而骄傲。可是，黄色性格者强烈的个性也会让他们陷入苦恼中，他们永远认为自己是对的，完全不顾及他人的感受，如果无意中伤害了别人，也会使自己承受着难以言喻的压力。

暴躁易怒是黄色性格自身的局限。所以作为一名"黄人"，一定要注意时时控制自己的脾气。脾气上来时，可以使用以下几种方法控制：

★想想自己远大的生活目标，改变与眼前小事计较得失的习惯，更多地从大局、从长远去考虑一切，不让自己的精力被微不足道的小事绊住，而妨碍对理想事业的追求。

★怒气上涌的时候，会对看不惯的人和事越看越火，此时应该迅速离开使你发怒的场合，去听听音乐、散散步，使心情渐渐地平静下来。

★进行自我暗示，口中默念"别生气，这不值得发火"，"发火是愚蠢的，解决不了任何问题"，用理智战胜愤怒。

★告诉自己，现在的一件使你"怒不可遏"的事情，过一个月、一个星期甚至一个小时之后再看，就会发现当时发怒不值得。

蓝色性格：完美主义者

蓝色是冷色调，表示冷淡、理智、高深、安静。蓝色性格的人多情感细腻，对人体贴入微。他们忠于感情，忠于朋友，能给身边的人带来安全感。

此外，拥有蓝色性格的人如海洋般深刻而有内涵，他们善于思考，喜欢把一切事情都安排得井井有条。

蓝色性格者堪称完美主义者的典范，蓝色性格者有以下几个突出特点：

★严谨认真，追求完美。"蓝人"追求完美，他们谦和稳健的性格是实现这一目标的保障。"蓝人"们工作起来严谨认真，不过，他们严肃工作的样子会让人心生敬畏，有不好接近的感觉。

★忧郁悲观。蓝色是忧郁的色彩，所以蓝色性格者显示出忧郁的气质也不为怪。蓝色性格者喜欢把事情往不好的一方面想，总是忧心忡忡。蓝色性格者的悲观使他们杞人忧天、顾影自怜，总是置身于强烈的不安感中。

★小心谨慎。蓝色性格者思索得多，畏惧得多，所以做起事来也格外谨慎，绝对不会冒险或是做出格的尝试。

综合"蓝人"的性格特点，他们适合在一个固定单位有组织地行动。蓝色性格者办事细心、认真负责、工作踏实，在处理事务、革新和应用方面有真才实学。他们不适合需要频繁地接触人、处理问题的工作，而适合科技、经济规划、作家、歌星、戏剧和短剧演员、摔跤及长、短跑运动等工作。

历数"蓝人"的坏情绪，首当其冲的当属消极悲观。"蓝人"喜欢思考，这是他们的优势，也是他们的软肋。面面俱到、事无巨细的思索很可能使他们陷入思维的死角，为自己臆想出的种种后果担忧。

"蓝人"往往会对往事耿耿于怀，或者对未来忧心忡忡，或者对别人的话思前想后，陷入过度忧虑状态。

"蓝人"要想摆脱这些烦恼，最简单的办法就是找到忧虑的源头，从根源除去烦恼。所以蓝人要在思想观念上做到"通、达、变"。

★通，是要通观全局、通权达变，激发自己应有的能力，摆脱情绪的束缚，使心情保持稳定。

★达，是要豁达大度、性格开朗，要学着忘记烦恼、忧愁、嫉妒，使自己的生活多一些空间，来容纳其他值得吸收的东西。

★变，是要审时度势，力戒保守。人应不断求变，更应在态度上力求进取，才能广纳新知，开阔胸襟。

绿色性格：社交中的"老好人"

绿色性格者淡定低调。他们有温和的天性、柔和的性格，不喜欢与人相争，事事尽量避免冲突。"绿人"能用宽容开放的心态看待一切事情，处变不惊，一笑置之。

绿色性格者是协调人际关系的高手。他们天生有一种温柔的气质，能让每个与之相处的人如沐春风。无论是少年时代与同学朋友的相处，还是成年后与同事、家人的相处，统统难不倒绿色性格的人。绿色性格者有以下特征：

★稳定低调，不张扬

绿色性格者擅长低调地处理各方关系，保证自己的最大利益。绿色性格者奉行的是中庸之道，稳定低调是他们的做事准则。

★能设身处地为他人着想

绿色性格者天生性情平和，富有同情心，所以他们在考虑问题时不仅考虑自己，也会考虑到他人的感受。

★与人相处的圆滑手段

仅仅有一颗宽容的心是不能在人情场合中进退自如的，绿色性格者有过人的交际手腕，能使每个人都感觉被尊重、被喜爱，因而很受大家的欢迎。在工作场合，"绿人"也是受人欢迎的一群，他们能从容地面对来自各方的压力，巧妙地游离于各个利益集团之间，不树敌，悠游自在。

★缺乏上进心

"绿人"面对的最大问题，不是来自他人，而来自他们自己。"绿人"喜欢依照习惯生活，不想尝试改变，所以缺少发展的动力。绿色性格者天性寡欲清心，不会为了追求什么投入很大的热情，这使"绿人"自身的才华和能力不能得到最大的施展，实在是一个遗憾。

绿色性格的人重视沟通协调、尊重别人，人际关系好，适合群体工作。不过"绿人"的一大缺点是做事比较优柔寡断，所以绿色性格的人一般不适合从事需要很强决断力的工作，他们适合做能发挥个人亲和力、与人交流合作的工作。

绿色性格的人容易对自我产生消极情绪，消极的自我评价会使"绿人"产生自卑感，而消极的绿色性格者往往愿意接受别人的低评价，而对外界的高评价则持怀疑态度。其实"绿人"们不用担忧，大量事实表明，消极并不可怕，只要认真调适，就能变得积极起来。"绿人"可以参照下面的方法：

★树立一个积极向上的目标

"绿人"要有目标，对自己有正确的认知。因为一个适当的目标既具有成功的可能性，可以让自己感受到奋斗中的酸甜苦辣，更有目标实现后的欣慰、快乐，亦增加了自信和勇气。反之，目标太低，不仅难以发挥自己的最大才能，亦会因太容易成功而沾沾自喜。

第六篇

——构建完美的
人际关系

影响他人

PART 01
影响力：
永不贬值的实力

阿拉贡的幽灵大军

在电影《魔戒3》中有这样的一个场景：阿拉贡一行三人进入了那个传说中禁锢背叛者灵魂的洞穴，无数的怨灵将他们团团包围，情况变得十分危急，这个时候，阿拉贡承诺，只要亡灵愿意去抵抗索伦，为他而战，那么他将以圣剑主人的身份解除诅咒。渴望自由已久的幽灵最后对阿拉贡俯首称臣。阿拉贡用自己的承诺唤醒了幽灵大军，帮助他消灭了鹰眼的第一拨袭击，这说明了信守承诺的人往往具有很大的影响力。

哈佛告诉学生：人无信则不立。这是千万年来永恒不变的做人之根本。古今中外的人无一不把守信看作是一名君子必备的品质。守信之人往往可以赢得众人的信任和尊重，从而拥有异于常人的影响力。

诚信是可以传递的。如果别人总是能够对你言而有信，你自然就会体会到诚信的分量。既然许下了诺言，就要竭尽全力去达成。一个重诺守信的人才能够赢得别人的尊重，当他需要众人的时候，才可能有很强的影响力，因为大家都相信他是个说话算话的人。哈佛历代杰出的人才无不秉持诚信这一美德。

情商与影响力

哈佛告诉学生，高情商的人往往都是一些影响力很强的人。

提及影响力，人们习惯性地认为它与权力相同，其实不然。与权力不同，影响力不是强制性的。它是一个微妙的过程，是以一种潜意识的方式来改变他人的行为、态度和信念的过程。它确实涉及了权力的某些方面，但它是通过人际劝服来影响他人的过程。与赤裸裸的权力相比，影响力没有那么直观——从它的本质来看，影响力比较间接和复杂。别人甚至意识不到你在使用影响力技巧。而这种非直观的、更为微妙的本性赋予影响力一种内在的力量。

拿破仑发动一场战役只需要两周的准备时间，换成别人会需要一年。之所以会有这样的差别，正是因为他那无与伦比的影响力。战败的奥地利人目瞪口呆之余，也不得不称赞这些跨越了阿尔卑斯山的对手："他们不是人，是会飞行的动物。"

拿破仑在第一次远征意大利的行动中，只用了15天时间就打了6场胜仗，缴获了21面军旗、55门大炮，停虏15000人，并占领了皮德蒙德。

在拿破仑这次辉煌的胜利之后，一位奥地利将领愤愤地说："这个年轻的指挥官对战争艺术简直一窍不通，用兵完全不合兵法，他什么都做得出来。"

但拿破仑正是用更多的情商而不是智商让他的士兵跟着他，从一个胜利走向另一个胜利。

一个人的影响力之大，大到可以让很多人为了他冒着放弃可贵生命的危险，足见其个人魅力——影响别人情绪的能力。因此，我们要想增加自己的影响力，一定要有很高的情商，这样才能既控制自己的情绪，还能影响到别人的情绪，从而形成较强的影响力。

传递给别人积极的情绪

心理学家研究表明，在生活当中，人们的情绪可以传染，也就是说，在人际关系中，大部分的人在看到别人表达情感时，往往会激发自己产生出与别人相同的情感，虽然很多的时候，我们并不能意识到这一点，但它确确实实存在。

一天清晨，在一列开往柏林的老式火车的卧铺车厢中，查尔斯和另外4名男士正挤在洗手间里刮胡子。经过了一夜的疲困，隔日清晨通常会有不少人在这个狭窄的地方洗漱一番。此时的人们多半神情漠然，彼此间也不交谈。

就在此刻，突然有一个面带微笑的男人走了进来，他愉快地向大家道早安，却没有人理会他的招呼。之后，当他准备开始刮胡子时，竟然自若地哼起歌来，神情显得十分愉快。男人的这番举止让查尔斯感到很奇怪，于是他用开玩笑的口吻问道："喂！老兄，你好像很得意的样子，遇到什么好事了？"

"是的，你说得没错。"男人回答，"正如你所说的，我是很得意，因为我真的觉得很愉快。"然后，他又说道："我是把使自己觉得幸福这件事，当成一种习惯罢了。"

后来，在洗手间内所有的人都把"我是把使自己觉得幸福这件事，当成一种习惯罢了"这句深富意义的话牢牢地记在心中。

到达柏林后，查尔斯仍然时时想起这句话。他时时警醒自己，要把幸福当成一种习惯，在这种情绪的激励下，他也慢慢变得开心多了。

在上面这个例子中，查尔斯就是受到了那个男人强烈的情绪传染，变成了一个快乐的人。当然我们不能忽视一点，那就是强烈的消极情绪也可以给别人以影响，但是这种影响往往是消极的、不良的。为了使自己成为一个有好的影响力的人，我们一定要注意使自己成为一个传递积极情绪的人。

坚持互惠的原则

人生就像是战场，人与人之间有时候难免会处于互相对立的位置，但是人生毕竟不是战场。从更根本的利益来看，互惠是人类社会永恒的法则，它是各种交易和交往得以存在的基础。坚持互惠的原则往往可以让我们在社会的交往当中利用到更多的资源，获得更多的帮助。

一位心理学教授为了证明互惠原理的巨大作用，就做了一个小小的实验。他在一群素不相识的人中随机抽样，给挑选出来的人寄去了圣诞卡片。虽然他也估计会有一些回音，却没有想到大部分收到卡片的人，都给他回了一张。而其实他们都不认识他啊！

给他回赠卡片的人，也许根本就没有想到过打听一下这个陌生的教授到底是谁。他们收到卡片，自动就回赠了一张。也许他们想，可能自己忘了这个教授是谁了，或者这个教授有什么原因才给自己寄卡片。不管怎样，自己不能欠人家的情，给人家回寄一张，总是没有错的。

这个实验虽小，却证明了在社会生活和人际交往中，互惠定律无时无刻不在发挥着作用。事实上，我们常常都会有类似的体会，如果一个人帮了我们一次忙，我们会时刻记着找机会帮他一次；如果一个人送了我们一件生日礼物，我们也会努力记住他的生日，届时也给他买一件礼品；如果一对夫妇邀请我们参加了一个聚会，我们通常也会记得邀请他们到我们的一个聚会上来……

互惠原则存在于我们生活的各个角落，在不知不觉中影响着我们的决定和行为。

哈佛一位德高望重的教授常对他的学生说："要想得到我们想要的东西，我们必须给予人想要的东西，只有这样，我们才能互惠共生，达到双赢。"

他常常在课堂上给学生们讲这样一个故事：

从前，有两个饥饿的人得到了一位长者的恩赐：一根鱼竿和一篓鲜活硕大的鱼。一个人要了一篓鱼，另一个要了一根鱼竿，于是，他们分道扬镳了。得到鱼的人原地就用干柴搭起篝火煮起了鱼，他狼吞虎咽，还来不及品出鲜鱼的肉香，转瞬间，连鱼带汤就被他吃了个精光，不久，他便饿死在空空的鱼篓旁。另一个人则提着鱼竿继续忍饥挨饿，一步步艰难地向海边走去，可当他已经看到不远处那片蔚蓝色的海洋时，他浑身一点气力也没有了，他也只能眼巴巴地带着无尽的遗憾撒手人寰。

又有两个饥饿的人，他们同样得到了长者恩赐的一根鱼竿和一篓鱼。只是他们并没有各奔东西，而是约定共同去找寻大海，他俩每次只煮一条鱼，他们经过长途跋涉，来到了海边。

从此，两个人开始了捕鱼为生的日子，几年后，他们盖起了房子，有了各自的家庭、子女，有了自己建造的渔船，过上了幸福安康的生活。

从上面的例子我们可以看出来，要想双赢，必须坚持互惠的原则，互惠原则不仅会使我们得到意想不到的好处，在关键的时刻甚至还可以救人一命。

从很多高情商的成功人士身上，我们都可以看到，懂得互惠是一种聪明的生存之道，因此，在与别人的交往过程当中，他们往往很少想着自己，而是经常会为别人付出，因为他们明白，给予别人好处，从某种程度上就是帮助了自己，在某种程度上可提高自己的影响力。这也往往是他们能够最终成功的一个重要原因。因为，在这个崇尚合作的世界里，没有一个人能担当全部，一个人价值的体现往往就维系在与别人互惠的基础之上。

对比影响力

为了影响到别人，很多时候，我们都要运用对比的方法，而对比影响力在实际中的运用也很广。在表演舞台上将光柱照射到主要演员身上，就是为了引起观众的注意；在学校里，教师用白色粉笔在黑板上写字，黑白两色形成极大的反差，从而引起学生的注意；在出租房屋的时候，为了增加客户对房子的满意度，那些推销员总是先领他们去看那些破烂得无法居住的房子等等。在很多时候，运用对比的方法对对方施加影响力可以使对方很快转变想法，从而接受自己的提议。

哈佛教授在课堂上教导学生：对比是一种非常实用也是非常成功的成交法，你可以用简单、轻松、愉快的方式来使用它。在与别人的交往过程中，运用对比影响力甚至还可以使对方重新鼓起生活的勇气。

威尔玛·鲁道夫从小就"与众不同"，她在家中22个孩子中排行20。她出生时因早产而险些丧命。4岁时她患了肺炎和猩红热，后来又患了小儿麻痹症，由于左腿不能正常使用，她只能穿着固定腿的金属绷带。童年时候的她不要说像其他孩子那样欢快地跳跃奔跑，就连平常走路都做不到。寸步难行的她非常悲观和忧郁。

随着年龄的增长，她的忧郁和自卑感越来越重，甚至，她拒绝所有人的靠近。但也有例外，邻居家的残疾老人却是她的好伙伴。老人在一场战争中失去了一只胳膊，但他非常乐观，她也喜欢听老人讲故事。

有一天，威尔玛被老人用轮椅推着去附近的一所幼儿园，操场上孩子们动听的歌声吸引了他俩。当一首歌唱完，老人说道："让我们为他们鼓掌吧！"她吃惊地看着老人，问道："你只有一只胳膊，怎么鼓掌啊？"老人对她笑了笑，解开衬衣扣子，露出胸膛，用手掌拍起了胸膛……

那天晚上，威尔玛·鲁道夫让父亲写了一张纸条贴在墙上："一个巴掌也能拍响！"

从那之后，她开始配合医生做运动。无论多么艰难和痛苦，她都咬牙坚持着。有一点进步了，她又要求更大进步。甚至父母不在家时，她自己扔开支架，试着走路……蜕变的痛苦牵扯到筋骨。她坚持着，相信自己能够像其他孩子一样行走、奔跑！

在她16岁仍在上中学的时候，她已经成为一名非常优秀的田径运动员，她代表美国参加了1956年在澳大利亚墨尔本举行的奥运会，她是美国代表队中最年轻的选手，在接力跑4×100米接力比赛中获得了一枚铜牌。

1960年，罗马奥运会女子100米决赛，当她以11秒18第一个撞线后，掌声雷动，人们都站起来为她喝彩，齐声欢呼着她的名字："威尔玛·鲁道夫！威尔玛·鲁道夫！"那一届奥运会上，威尔玛·鲁道夫成为当时世界上跑得最快的女人，她共摘取了3枚金牌，也是第一个黑人奥运女子百米冠军。

可见，对比影响力在人的生活中有很重要的地位，可以让别人感到幸福，增加生活的勇气和快乐。

PART 02
与周围的人保持
适度距离

让别人喜欢你

　　我们每个人都生活在社会中，扮演着社会人的角色，人与人之间的交往要想进行得顺利，从表面上看，需要具备各种场合和条件，而从深层来看，是需要交往的双方能够找到共同点，拉近彼此的距离，扫除交往障碍，接下来的事情就会变得容易很多。简而言之，就是如果你想让自己成为一个可以影响别人的人，首先是要成为一个让别人喜欢的人，而这点往往会带来意想不到的效果。

　　要想尽快成为别人喜欢的人，增加亲密感，增加成功的概率，我们可以试着练习以下的一些交往技巧：

　　★与人初次相见，坐在他的旁边较易进入状态。相信每个人都有过这样的经验，那就是与人面对面谈话时，往往会特别紧张。相反的，与人肩并肩谈话，在精神上绝对比面对面谈话要来得轻松。因此与人初次相见，坐在他的旁边往往较容易进入状态。这一点同样适用于与异性约会的时候。

　　★尽量制造与对方身体接触的机会，可以缩短彼此间心理的距离。事实上，每个人都拥有一个无形的"自我保护圈"。通常除非是非常亲密的人，否则不容易侵入这个范围。但反过来说，若对方已经侵入了这个圈内，则往往就会产生对方是自己亲密者的错觉。因此，若想在短时间内缩短与刚认识者间的心理距离，最简单的方法就是尽可能地制造与对方身体接触的机会。

★若与对方有共同点，就算再细微的也要强调。这样就可以很快消除彼此间的陌生感，产生亲近的感觉，不但可以使对方感到轻松，同时也具有使对方说出真心话的作用。

★常用"我们"这两个字可以拉近彼此间的距离。事实上，我们在听演讲时，对方说"我认为……"带给我们的感受，将远不如他采用"我们……"的说法，因为采用"我们"这种说法，可以让人产生团结意识。

★每次见面都找一个对方的优点赞美，是拉近彼此间距离的好方法。如果我们每次见面都被人夸赞，自然而然地会想再见到这位赞美我们的人，这是任何人都会有的心理。因此每次见面都找出对方的一个优点来赞美，可以很快地拉近彼此间的距离。

★闲聊自己曾经失败的事比谈自己成功的事，更易拉近彼此间的距离。人们在一起的时候，常会聊一些话题，来拉近彼此间的距离。此时若谈自己曾经失败过的事，会比谈自己成功的事，更容易拉近彼此间的距离。因为老是炫耀自己成功的光荣事情，容易让人产生反感，留下不好的印象。

★将与自己关系密切的人名，写在电话记事簿的首页，会让他欣喜万分。每个人对自己都非常敏感，因此一旦发现自己受到与众不同的待遇时，不是感到非常兴奋就是感到非常愤怒。如果将与自己关系密切的人名写在备忘录的首页，往往可以让对方感到高兴，并收到意想不到的效果。

如果我们能够像高情商的人那样，掌握一些基本的交往技巧，我们也会成为让别人喜欢的人，这无疑会增加我们成功的概率。

吸引力法则

哈佛智慧告诉我们：你想要什么，你便会得到什么。我们每个人都是一个活磁铁，我们生命中的财富、成功、幸福、健康都是我们吸引而来的。同样，一个人之所以失败、贫穷，也是因为他内心吸引的结果。这便是"吸引力法则"。

仔细想想，这个法则似乎不合常理——我们每一个人都希望自己拥有健康、富裕的幸福生活，但是事实上并非如此。

那么，我们是不是就可以说，吸引力法则失效了？绝非如此。很多人之所以没有过上他们"希望"的美好生活，主要是因为他们通常并没有专注于拥有这些事物——而是专注在他们没有这些事物上。

有一个很有钱的商人，他精明能干，生意越做越大，拥有世上最大的店铺。尽管富甲一方，他却一直有一个苦恼，那就是他没有办法让自己的儿子快乐起来。看着儿子整天愁眉不展的样子，他十分心疼，于是不惜重金寻找让儿子快乐的办法。商人的奴仆建议他让儿子去很远的地方寻找一位全世界最有智慧的人，或许能学到快乐的秘密。

商人同意了，他给儿子准备好行囊后，就让这个一直被苦闷折磨的少年出发了。少年穿越沙漠，跋涉了40天，终于来到一座盖在山顶上的美丽城堡。那是智者住的地方。

和很多人猜想的一样，这位少年也以为自己将见到一个超凡脱俗、仙风道骨的修道高人，可当他踏进城堡的大厅时，发现里面闹哄哄的，人们进进出出，还有人坐在角落里聊天。智者正在和周围的人闲谈，似乎没有时间搭理这位少年。

少年想了一下，默默地站在角落里，耐心等待。两个小时后，智者终于走到他面前。"我不快乐，而且也觉得没有什么事情值得我快乐。"少年低声说。

"哦，是这样。可是我现在没有时间给你解释快乐的秘密，你还是在我这里四处逛逛，两个小时后我们再谈吧。"智者对少年说，"在这段时间里，我要让你做一件事情。"智者说着，给了少年一个汤勺，上面放上了两滴油。"当你出去逛的时候，一定要注意不要让油流出来。"

"嗯。"少年答应了，他走出了大厅，围着城堡的四周绕了一圈。虽然周围的风景不错，但少年的眼睛丝毫不敢离开那两滴油。两个小时以后，他回大厅找到了智者，将那个汤勺交璧归赵。

"很好。现在我来问你，你出去逛的时候，看见餐厅上挂着的那幅壁画了吗？你有没有很细心地看我精心布置的花园？有没有注意到图书馆里有一张漂亮的羊皮纸？"

"没有，你让我注意汤勺里的油，所以我什么也没看到。"少年低沉地回答。

"那你再回去欣赏一下这座城堡吧。"智者说，"你应该多了解这房子的布局，才能更相信他的主人。"

听智者这么一说，少年放松了心情，开始认真地探索这座城堡。他仔细看了天花板，欣赏了壁画，也看过了花园。他发现，这里真是一个不错的地方。等到再回到智者的身边时，他将自己所看到的一切都绘声绘色地描述了出来，话语间充满了美慕和钦佩之情。

"很好。这就是你想知道的快乐的秘诀。"智者说："当你把焦点放在汤勺里的油上时，你就看不到周围美好的事物。可是，当你把心灵的焦点放在周围的景物上的时候，你就会发现很多美好的事物。快乐也是如此，当你关注在一些能够让你高兴的事情上时，你就不会觉得难过，相反的，你就会一直苦闷下去。"

这从另外一个角度阐释了吸引力法则的正确性——"关注什么便吸引什么"。如果你能专注于自己如何获得健康，如何获得财富，如何快乐地生活，那么你的生活将会充满希望。

如果你渴望获得什么，那么请你首先想象一下获得它之后的感受，这是你吸引它的唯一途径。然后，你要让自己相信，你一定能拥有这一切，你也值得拥有这一切。最后，你要时刻都专注于上述积极的想法和感受。

思想决定现实，一个人想什么，他就会做什么，最后他就会得到什么。"吸引力法则"强调个人的主观能动性，特别是强调人的思想和信念对事件结果拥有决定性的影响。它告诉我们要牢记"心在哪里，宝藏就在哪里"。

微笑，心灵的召唤

加利福尼亚大学心理学教授詹姆斯说，微笑永远有魅力。这是有科学依据的：当你在微笑时，你的精神状态最为轻松，全身的肌肉都处于松弛状态，而且，你的心理状态也相对稳定，当你那充满笑意的目光与别人的目光相遇时，你的笑意会通过这道"无形的眼桥"传递给他，他会被你的快乐情绪所感染。自然而然地，你们之间的气氛会变得和谐。你们相处得融洽，交流起来也容易多了。反过来如果你老是皱着眉头，挂着一副苦瓜脸，那没有人会欢迎你的：想获得交往的乐趣，首先就必须使对方和自己快乐才行。

微笑作为一种表情，它不仅是形象的外在表现，而且也往往反映着人的内在精神状态。一个奋发进取、乐观向上的人，一个对本职工作充满热情的人，总是微笑着面对生活、面对社会的。在交际中，微笑的魅力是无穷的。它就像巨大的磁铁吸片一样，吸引着你周围的人们，甚至会因此改变你的生活。

纽约股票场外经纪人瓦利安·史达哈德就有一段"微笑改变生活"的经历：

"我结婚已18年了，在家中，我应该算得上是世界上最难伺候的丈夫了吧，因为我从没有对妻子展露过笑容。为了完成关于笑的试验，我决定试着笑一个礼拜看看。就在隔天的早上，我边整理头发，边对镜中板着脸孔的自己说：'比尔，今天收起不愉快的表情，赶快笑一下吧！'早餐的时候，我就一边对太太说早安，一边对她微微一笑。

"我太太非常吃惊。事实上，不但如此，她简直是深受震撼。从此我每天都那样做。到目前为止，已经持续了两个月。

"态度改变以来的这两个月，那种前所未有的幸福感，使我们的家庭生活十分愉快。

"现在，每天走入电梯我会对服务生微笑道早安，对守卫先生也以微笑招呼，在地铁窗口找零钱也是这么做的。即使在交易所，对那些没看过我笑脸的人，也都报以微笑。

"不久我发现，大家也都还我一笑，而对于那些有所不满、烦忧的人，我也以愉快的态度与其相处。在带着微笑倾听他们的牢骚后，问题的解决也变得容易多了。而且笑容也能使人增加很多财富。

"我也不再责备人，相反的懂得去褒扬别人；绝口不提自己所要的，而时时站在别人的立场体贴人。正因为如此，生活上也整个发生了变化。现在的我和以前的我完全不同，是一个收入增加、交友顺利的人了。我想，作为一个人，没有比这更幸福的了。"

微笑不仅仅是一个简单的面部表情，它还是一种积极的生活态度。

哈佛学子不一定是智商最高的人，但他们多半是在困境中还能保持微笑，并一直笑到最后的人。在平凡的生活中，一抹微笑就是一道阳光，它不仅能够照亮自我阴暗的心空，还能照亮我们前行的道路，并给周围的人以希望和信心。

从这个意义来说，我们要向哈佛学子学习：无论我们周围的世界多么令人痛苦不堪，无论我们心灵的天空如何阴霾密布，我们都应当微笑。如果我们一开始不善于微笑，那么我们现在就要学着微笑。

按照已故的哈佛大学教授威廉·詹姆斯的说法："行动似乎是跟随在感觉后面，但实际上行动和感觉是几乎平行的。而控制行动就能控制感觉。"因此，如果我们不愉快的话，要使自己愉快起来的积极方式就是：使自己微笑，慢慢地，我们就会真的开心起来。

赞美的影响力

哈佛告诉学生：赞美是人际交往中最好的润滑剂。

幽默作家马克·吐温说：一句赞美可以支撑我活两个月。美国总统罗斯福有一种本领，对任何人都能给予恰当的赞美。

林肯也是善于使用赞美的高手。韦伯这样评价林肯："拣出一件足以使人自矜并引起兴趣的事情，再说一些真诚又能满足他自矜和兴趣的话，这是林肯日常必有的作为。"

人类最渴望的就是精神上的满足——被了解、被肯定和被赏识。对我们来说，赞美就如同温暖的阳光，缺少阳光，花朵就无法开放。

赞美别人是给予的过程。许多人总是记得，在沮丧、绝望、萎靡不振时，别人的赞美曾经给予过他们多么大的快乐，多么大的帮助。不管是多么冷漠的人，对于赞美和认可也很少设防，往往一句简单又看似无心的赞美，一个认可的表情就是良好关系的开端，人与人的距离由此拉近。

赞美不仅会提升被赞美者的自信心，增加他们生活的勇气，还可以使赞美者受益。在人际交往中，约翰·洛克菲勒就善于真诚赞美他人，以此来维系良好的人际关系，使对方为自己更努力地工作。

一次，洛克菲勒的一个合伙人爱德华·贝德福特，在南美的一次生意中，使公司损失了100万美元。然后，贝德福特丧气地回来见洛克菲勒，洛克菲勒本可以指责他的过失，但是他并没有这样做，他知道贝德福特已经尽力了，更何况事情已经发生了，并不能因此而把他的功劳全部抹杀，于是洛克菲勒另外寻找一些话题来称赞贝德福特，他把贝德福特叫到自己的办公室，对他说：

"这太好了，你不仅节省了60%的投资金融，而且也为我们敲了一个警钟。我们一直都在努力，并且取得了几乎所有的成功，还没有尝到失败的滋味。这样也好，我们可以更好地发现自己的错误和缺点，争取更大的胜利。更何况，我们也并不能总是处在事业的巅峰时期。"

洛克菲勒的几句话，把贝德福特夸得心花怒放，并下决心下次一定要好好注意，不再犯类似的错误。

可见，学会真诚地赞美别人是多么的重要。学会赞美别人不但符合时代的要求，还是衡量现代人素质和交际水平的一个重要标准。但是赞美不是奉承，也不是毫无来由的乱夸，而是要讲求一定的技巧：

★借别人之口转达赞美。

★赞美要真诚、公正。

★赞美要得体。

★赞美要及时而不失时机。

★寻找对方最希望被赞美的内容。

★赞美要从细节着手，忌俗套、空洞。

如果我们每个人都会发自内心地赞美别人的长处，反省自己的不足，无疑会使我们自己在人格上变得更完善，也更易得到别人的认可和欢迎。学会真诚地赞美别人还是修养性情的需要，它有助于我们达到更高的人生境界。

明智之人知道给自己留条后路

哈佛告诉学生：给别人留有余地，就是给自己留后路。即使是敌人，也不要将其置于死地。

在与别人的交往当中，我们也必须牢记，凡事都不能把别人往死里逼，而应有一颗宽容之心，得饶人处且饶人。

宾州哈里斯堡的佛瑞·克拉克讲述了一件发生在他公司里的事：

"在我们的一次生产会议中，一位副董事长以一个非常尖锐的问题，质问一位生产监督，这位监督是管理生产过程的。他的语调充满攻击的味道，而且明显就是要指责那位监督的处置不当。为了不愿在他攻击的事上被羞辱，这位监督的回答含混不清。这一来使得副董事长发起火来，严斥这位监督，并指责他说谎。

"这次遭遇之前所有的工作成绩，都毁于这一刻。这位监督，本来是位很好的雇员，从那一刻起，对我们的公司来说已经没有用了。几个月后，他离开了我们公司，为另一家竞争的公司工作。据我所知，他在那儿还非常称职。"

这个例子里的副董事长因为没有给自己的雇员留有任何余地，导致自己多了一个强硬的对手。而真正的聪明人明白，凡事给别人留有余地，其实就相当于给自己留有余地。

在社会生活当中，我们每个人可能都会遇到或多或少的尴尬和困境，对于那种时刻，我们需要的不会是嘲笑、讥讽，而是包容和善意的安慰，如果对方给了我们包容，给我们留足了面子，我们常常会十分感激，并因此拉近与对方的距离。可见，给别人留点余地是多么重要。

说服需要揣摩

哈佛告诉学生，要想说服别人，必须要先熟悉对方的心理，明白对方需要的是什么，找到问题的关键所在，然后才能成功。这与俗话说的"打蛇打七寸"是一样的道理。

在人际交往中，有些人在说服他人的时候，只知一味地滔滔不绝，希望把自己的意见加诸给对方，这样做往往并不能真正说服对方，正所谓是"强扭的瓜不甜"。

如果说服别人之前能够多一点思考、揣摩一下对方的想法，那么等到真正进行的时候就会事半功倍。

妻子："听说汤姆买了房子，而且还是座小型花园别墅，总共有120平方米。真好啊！我们的一些朋友都已经陆续有了自己的家。唉，真是让人羡慕，什么时候我们也能和他们一样呢？"

丈夫："啊，汤姆？真是年轻有为啊！我们也得加快脚步才行，总不能在这里待上一辈子吧。可是贷款购房利息又沉重得惊人。"

妻子："汤姆还比你小5岁呢。为什么人家可以，你就不行呢？目前贷款购房的人比比皆是，况且我们家也还负担得起。试试看嘛！不如这个星期我们去看看吧。现在正是促销那种花园别墅的时机呢。买不买是另一回事，看看也不错！"

于是星期天一到，夫妇俩就带着孩子去参观正在出售的房子。

妻子："这地方真好啊！环境好又安静，孩子上学也近，而且房价也是我们负担得起的。一切都那么令人满意，不如我们干脆登记一户吧！"

丈夫："嗯，是啊！的确不错。我们应该负担得起。就这么决定吧！"

这位妻子为何能够如愿以偿呢？因为她懂得揣摩丈夫的心理，进而采取相应的说服对策。她先举出邻居汤姆的例子，继而运用"大家都买了房子"、"大家都不惜贷款购屋"等一连串话语来激发丈夫自己做出决定，成功把丈夫说服了。

可见，我们要想使对方接受我们的建议或者意见，就一定要会揣摩透对方的心理，只有这样，我们才能事半功倍，成功说服对方。

交往需要技巧

不管是在哪个领域，我们总是会时不时地看到哈佛人的身影，他们看起来十分健谈，所有听他们讲话的人都会显得聚精会神，出现这样的情景往往并不是因为他们有很高的智商，而是因为他们有着很好的人际交往技巧，人们往往会不由自主地被其吸引。

我们每个人几乎每天都在与别人打交道，但是并不是所有的人都掌握了交往的技巧，那些成功的人往往都是一些很懂得交往技巧的人。有很多学业优秀的学生走向社会之后并没有做出骄人的成绩，如果仔细探究其中的原因，我们往往会很容易地发现，他们的失败是因为他们缺乏一些人际交往的技巧。

在总结了很多高情商的成功人士之后，我们发现人际交往的技巧有这么几类：

★说话前，先喊出对方的名字

★让你的声音甜美而有韵律

★尊重他人的意见，切勿对他说："你错了！"

★如果是你错了，立即承认

★以友善的态度开始

★设法使他立即说："对，对！"

★多让他说话

★让他觉得，这主意是他想到的

★真诚地试图从他人的角度去了解一切

★理解他人的想法与愿望

★将你的想法作戏剧化的说明

总之，只要我们能够多注意运用人际交往中的一些小技巧，我们的人际交往能力就会得到有效的提高，从而使我们在与别人交往时，不但使别人感到舒服，愿意与我们进一步交往，还可以达到我们自己的目的。

PART 03
展现你的自信

自信的人才有魅力

通常会有这样的情况：一个人可以毫不费力、轻而易举地得到某个职位；而另一个人，虽然可能更有才能，但或许费了九牛二虎之力依旧是徒劳无功。这是为什么呢？如果我们愿意停下来，好好地想一想，调查一番，我们往往会发现，那个成功获得职位的人往往有着更强的自信，这种自信以一种潜意识的形式改变着别人对他的看法、态度和信念，没有人能够抗拒它，因为它来得悄无声息，等你察觉时，早已经被它俘虏。

高尔基曾经说过，人类已经千百次地证明，一个人想成为怎样的人，就能成为怎样的人。"人生是为成功，不是为失败。"美国哲学家亨利·戴维·梭罗说，"自信是成功的第一秘诀。"

上面名人们的那些话从不同侧面表达了自信的重要性，自信不仅仅是面对生活和困境时的态度，它还体现在当自信的人受到质疑时，他们那种胸有成竹的表现。

他是英国一位年轻的建筑设计师，很幸运地被邀请参加了温泽市政府大厅的设计。

他运用工程力学的知识并根据自己的经验，很巧妙地设计了只用一根柱子支撑大厅天顶的方案。

一年后，市政府请权威人士进行验收时，对他设计的一根支柱提出了异议。他们认为，用一根柱子支撑天花板太危险了，要求他再多加几根柱子。

设计师十分自信，他说："只要用一根柱子便足以保证大厅的稳固。"他通过精细的计算和列举相关实例加以说明，拒绝了工程验收专家的建议。

他的固执惹恼了市政官员，年轻的设计师因此险些被送上法庭。

在迫不得已的情况下，他只好在大厅四周增加了4根柱子。不过，这四根柱子全部都没有接触天花板，其间相隔了无法察觉的两毫米。

时光如梭，岁月更迭，一晃就是300年。

300年的时间里，市政官员换了一批又一批，市政府大厅坚固如初。直到20世纪后期，市政府准备修缮大厅的天顶时，才发现了这个秘密。

消息传出，世界各国的建筑师和游客慕名前来，观赏这几根神奇的柱子，并把这个市政大厅称作"嘲笑无知的建筑"。最为人们称奇的，是这位建筑师当年刻在中央圆柱顶端的一行字：自信和真理只需要一根支柱。

这位年轻的设计师就是克里斯托·莱伊恩，一个很陌生的名字。如今，能够找到有关他的资料实在微乎其微了，但在仅存的一点资料中，记录了他当时说过的一句话："我很自信。至少100年后，当你们面对这根柱子时，只能哑口无言，甚至瞠目结舌。我要说明的是，你们看到的不是什么奇迹，而是我对自信的一点坚持。"

哈佛教育学生，要有自信，因为有自信的人，才最有希望冲向成功的终点。西班牙作家塞万提斯认为："丧失财富的人损失很大，可是丧失信心的人什么都完了。"有自信往往表现为一种自我肯定、自我鼓励、自我强化，坚定自己一定能成功。没有自信，就谈不上热爱生活，谈不上有探索拼搏的勇气和力量。自信是人生不竭的动力，它能帮你战胜自卑和恐惧。只有自信的人，才能让别人也信赖你。

机会是靠自信抓住的

自信是一个人成功的开始。自信的人相信自己，并会为此付出不懈的努力。哈佛的教育启示我们，你可以仰慕别人，但是绝对不能忽略了自己；你可以相信别人，但最应该相信的人就是你自己。每个人都是自己成功人生的缔造者。在一个人的一生中，能力并不是决定成败的关键因素。只有内心相信自己很优秀，才能够走出成功人生的第一步。所以，哈佛的学子们从迈入哈佛校园的那一天起，他们就把自己当成了未来的冠军，也正是因为这份信心，使他们在人生的道路上把握住了一次又一次的机会。

像哈佛学子那样，许多成功的人士，往往也是那些相信自己的人，他们因为相信自己，所以才能把握一切机会。

哈佛医学院的一位著名教授曾遇到过一个名叫威尔逊的人。威尔逊在创业之初，全部家当只有一台分期付款赊来的爆米花机，价值50美元。第二次世界大战结束后，威尔逊做生意赚了点钱，便决定从事地皮生意。如果说这是威尔逊的成功目标，那么，这一目标的确定，就是基于他对自己的市场需求预测充满信心。当时，在美国从事地皮生意的人并不多，因为战后人们一般都比较穷，买地皮修房子、建商店、盖厂房的人很少，地皮的价格也很低。当亲朋好友听说威尔逊要做地皮生意时，异口同声地反对。

而威尔逊却坚持己见，他认为反对他的人目光短浅。他认为虽然连年的战争使美国的经济很不景气，但美国是战胜国，它的经济会很快进入大发展时期。到那时买地皮的人一定会增多，地皮的价格会暴涨。

于是，威尔逊用手头的全部资金再加一部分贷款在市郊买下很大的一片荒地。这片土地由于地势低洼，不适宜耕种，所以很少有人问津。可是威尔逊亲自观察了以后，还是决定买下这片土地。他的预测是：美国经济会很快繁荣，城市人口会日益增多，市区将会不断扩大，必然向郊区延伸。在不远的将来，这片土地一定会变成黄金地段。

后来的事实正如威尔逊所料。不出3年，城市人口剧增，市区迅速发展，大马路一直修到威尔逊买的土地的边上。这时，人们才发现，这片土地周围风景宜人，是人们夏日避暑的好地方。于是，这片土地价格倍增，许多商人竞相出高价购买，但威尔逊不为眼前的利益所惑，他还有更长远的打算。后来，威尔逊在自己这片土地上盖起了一座汽车旅馆，命名为"假日旅馆"。由于它的地理位置好，舒适方便，开业后，顾客盈门，生意非常兴隆。从此以后，威尔逊的生意越做越大，他的假日旅馆逐步遍及世界各地。

由此可见，只有自信的人才能把握住机会，才有勇气做出别人想都不敢想的事情。很多情商高的人也都像威尔逊那样是充满自信的人。

自信是引导生命的一盏明灯，一个人没有自信，只能脆弱地活着，甚至会把到手的机会让给别人；而自信的人往往因为他们自信的惊人力量，从而把握住一个又一个的机会，并走向成功。

自信源于积极的心理暗示

哈佛告诉学生，自信源于积极的心理暗示，为了使自己变得自信，必须时不时地激励自己，给自己打气。

事实确实如此，心理学研究表明，当你在潜意识中制造消极的观念后，潜意识便会将制造过的此类错误想法，不分时候地任意归还于你，因此在你的思考过程中，极可能会被误导。

而自信也是一种心理暗示，只不过它是一种积极的心理暗示。也就是说，如果你在脑海中不断培养积极的想法，久而久之，潜意识也会不自觉地用这些积极的想法影响你的思维和行为。

看来一个人最大的敌人是自己，胜利属于那些在失败时不断地为自己打气，对自己说"我能行"的人。

无论在培养这种积极想法之初，你的信心是多么微小，只要持续保持这种想法，每天对自己说"我能行"，你必能获得成功。

自信是成功的秘诀

哈佛告诉学生：坚信自己能够成功往往是成功的最深层动力，这种动力甚至可以让宇宙为你创造条件，助你成功。

一个人成功的因素有很多，而居于这些因素之首的就是相信自己，相信自己已经得到。只有坚定这样一个信念的人才能对梦想发出足够大力量的召唤，让整个宇宙感受到你对它的要求。20世纪最伟大的心灵导师戴尔·卡耐基在全美的多次演讲中都曾经提及过这一点，并把他所说的话应用在自己的生活中。可以说，卡耐基的成功也归功于他的自信和对梦想的坚定。

美国作家罗伯特·克里尔曾经说过："要当作你已经拥有自己所想要的事物，知道它将会在你需要的时候到来。然后，接受它的到来。不要为它感到焦虑、担忧，不要去想你缺少它。想想它是你的、它属于你、它已经为你所有。"如果能用成功的姿态面对整个宇宙，那么整个宇宙就会感应到你的信号，引领你迈向成功之路。

其实，这就像我们去寻找思路一样。成功只属于那些肯于挖掘的人，只属于相信自己能够实现梦想、并在心中早已构筑好理想画面的人。只要你抱着积极的心态去不断激荡心灵的宝藏，你就会有用不完的能量，你的思路也会不断扩展，从而引领自己走向成功。

让自信成为一种习惯

哈佛告诉学生：自信也可以成为一种习惯，只要你不断坚定你的自信心，久而久之，它就可能成为你生活中的一个良好习惯，而这种习惯一旦养成，必然会使你受益终生。

当我们看到那些在电视中、讲台上侃侃而谈、风度翩翩又不失幽默的人时，不禁要问：真的会有一些人是天生的强者，他们来到这个世界上的时候就带着自信吗？答案当然是否定的，如果说那些成功人士比我们多拥有一些什么的话，那就是良好的自信习惯。

美国第40届总统——罗纳德·里根就是一个有着良好自信习惯的人。

从22岁到54岁，罗纳德·里根从电台体育播音员到好莱坞电影明星，整个青年到中年的岁月他都陷在文艺圈内，对于政坛完全是陌生的，更没有什么经验可谈。这一现实，几乎成为里根涉足政坛的一大拦路虎。

然而，当机会来临，共和党内保守派和一些富豪竭力怂恿他竞选加州州长时，里根毅然决定放弃大半辈子赖以为生的影视职业，决心开辟人生的新领域。对于任何人来说，这可能都是一个非常艰难的决定，但面对这种状况，里根满怀信心，觉得自己一定可以干得很好，这是因为他有着良好的自信习惯，下面的两件事可以很清楚地说明这一点。

一是当他受聘担任通用电气公司的电视节目主持人时，虽然这个任务艰巨，但他对自己充满着信心。为办好这个遍布全美各地的大型联合企业的电视节目，通过电视宣传、改变普遍存在的生产情绪低落的状况，里根花大量时间蹲守在各个分厂，同工人和管理人员广泛接触。这使得他有大量机会认识社会各界人士，全面了解社会的政治、经济情况。人们什么话都对他说，从工厂生产、职工收入、社会福利到政府与企业的关系、税收政策等。

里根把这些话题吸收消化后，并通过节目主持人身份反映出来，立刻引起了强烈的共鸣。这一次，使他赢得了民众的大力支持。

另一件事发生在他加入共和党后，为帮助保守派头目竞选议员，募集资金，他利用演员身份在电视上发表了一篇题为《可供选择的时代》的演讲，在他自信满满的演讲中，大家看到他是一个具有远大抱负的人，演讲大获成功，立即募集了100万美元，以后又陆续收到不少捐款，总数达600万美元。《纽约时报》称之为美国竞选史上筹款最多的一次演说。

以前只是一个演员的里根，竟然一夜之间成为共和党保守派心目中的代言人，这不得不说，他的自信为他加了不少分。

也正是里根在处理事情时所显示出来的自信，最终赢得了民众的好感和支持，使他最终打败了竞争对手，成为了美国的总统。

成功和幸福的全部奥秘其实就在于坚信我们会成为理想中的人物，就在于坚信我们能使自己努力从事的事情获得成功，就在于我们所养成的良好的自信习惯。

正如英国的罗伯特·希里尔所说的："对自己有信心，是所有信心当中最重要的部分。缺少了它，整个生命都会瘫痪。"而如果我们能使自信成为一种良好的习惯，那么我们的生命将会充满着更多的生机和活力。

PART 04
积极主动，
方能操之在我

善于找方法，掌握主动权

哈佛告诉学生，要想成功，就要懂得善于找方法，掌握主动权的艺术，只有这样，才能实现自己的目标，一步步走向成功。

很多成功的人士都是那些能够主动找方法，并最终掌握主动权的人。

美国船王丹尼尔·洛维格获得的第一桶金，乃至他后来数十亿美元的资产，就和他善于寻找方法的特点息息相关。

创业初期，他需要向银行贷款。当他第一次跨进一家银行的大门，人家看了看他那磨破了的衬衫领子，又见他没有什么可做抵押的东西，自然拒绝了他的申请。

他又来到大通银行，千方百计见到了该银行的总裁。他对总裁说，他有一个计划，购买一艘货轮，他把货轮买到后，立即改装成油轮，他已把这艘尚未买下的船租给了一家石油公司。石油公司每月付给的租金，就用来分期还他要借的这笔贷款。他说他可以把租契交给银行，由银行去跟那家石油公司收取租金，这样就等于在分期付款了。

之前的银行听了洛维格的想法，觉得荒唐可笑，且无信用可言。大通银行的总裁却不那么认为。他想：洛维格一文不名，也许没有什么信用可言，但是那家石油公司的信用却是可靠的。拿着他的租契去石油公司按月收钱，这自然十分稳妥。

洛维格终于贷到了第一笔款。他买下了他所要的旧货轮，把它改成油轮，租给了石油公司。然后又利用这艘船做抵押，借了另一笔款，又买了一艘船。这种情形继续了几年，每当一笔贷款付清后，他就成了这条船的主人，租金不再被银行拿走，而是顺顺当当地进了自己的腰包。

当洛维格的事业发展到一个时期以后，他嫌这样贷款赚钱的速度太慢了，于是又构思出了更加绝妙的借贷方式。

他设计一艘油轮或其他用途的船，在还没有开工建造，还处在图纸阶段时，他就找好一位顾主，与他签约，答应在船完工后把船租给他们。然后洛维格才拿着船租契约，到银行去贷款造船。

当他的这种贷款"发明"畅通后，他先后租借别人的码头和船坞，继而借银行的钱建造自己的船。这样他有了自己的造船公司。

就这样，洛维格靠着银行的贷款，爬上了自己事业的巅峰。

可以说，洛维格的例子就是一个善于找方法，并最终掌握主动权的成功例子。调查表明，失败者，往往相信困难比方法更多，而那些成功的人士，总是那些在困难或者逆境前面，能够主动寻找方法的人。他们信奉"方法总比困难多"的哲学，因此他们往往能够最终取得成功。在这点上，值得我们每个人学习。

主动出击，拓展人脉

斯坦福研究中心曾发表过一份报告："一个人赚的钱，12.5%来自知识，87.5%来自关系。"

美国石油大亨洛克菲勒在总结自己的成功经验时表示："与太阳下所有能力相比，我更关注与人交往的能力。"正是这种卓越的人脉交往能力成就了他辉煌的事业。其实，在生活中，很多成功人士都深刻意识到了人脉资源对自己事业成功的重要性。

哈维·麦凯从大学毕业那天就开始找工作。当时的大学毕业生很少，他自以为可以找到很好的工作，结果却徒劳无功。好在哈维·麦凯的父亲是位记者，认识一些政商两界的重要人物，其中有一位叫查理·沃德。查理·沃德是布朗比格罗公司的董事长，他的公司是全世界最大的月历卡片制造公司。4年前，沃德因税务问题而入狱。哈维·麦凯的父亲觉得沃德的逃税一案有些失实，于是赴监狱来看望沃德，写了一些公正的报道。沃德非常感激那些文章，他几乎落泪地说："在许多不实的报道之后，哈维·麦凯终于写出了公正的报道。"

出狱后，他问哈维·麦凯的父亲是否有儿子。

"有一个在上大学。"哈维·麦凯的父亲说。

"何时毕业？"沃德问。

"他刚毕业，正在找工作。"

"噢，那正好，如果他愿意，叫他来找我。"沃德说。

第二天，哈维·麦凯打电话到沃德的办公室，开始，秘书不让见。后来他3次提到他父亲的名字，才得到跟沃德通话的机会。

沃德说："你明天上午10点钟直接到我办公室面谈吧！"第二天，哈维·麦凯如约而至。不想应聘变成了聊天，沃德兴致勃勃地谈到哈维·麦凯的父亲的那一段狱中采访，整个谈话过程非常轻松愉快。

聊了一会儿之后，他说："我想派你到我们的'金矿'工作，就在对街——品园信封公司。"

为找工作奔波了一个月的哈维·麦凯，现在站在铺着地毯、装饰得富丽堂皇的办公室内，不但顷刻间有了一份工作，而且还是到"金矿"工作。所谓"金矿"是指薪水和福利最好的单位。

那不仅是一份工作，更是一份事业。42年后，哈维·麦凯仍在这一行继续勤奋开采着"金矿"，他已成为全美著名的信封公司——麦凯信封公司的老板。

哈维·麦凯在品园信封公司工作期间，熟悉了经营信封业的流程，懂得了操作模式，学会了推销的技巧，积累了大量的人脉资源。这些人脉成了哈维·麦凯成就事业的关键。

事后，哈维·麦凯说："感谢沃德，是他给了我工作，是他创造了我的事业。"试想，如果没有沃德的帮助，麦凯可能也就没有如此辉煌的成就了，所以，丰富的人脉，可以让你的生活更精彩。

当然，哈维·麦凯的第一个机会是利用他父亲的人脉得到的，但是他后来取得的巨大成功更多的是因为他自己对人脉资源的拓展，即使有现成的人脉利用，如果自己不再注意积累和拓展更多人脉的话，早晚也逃脱不了失败的命运。从这个意义来说，要想取得人生的主动权，必须主动出击，拓展人脉。

每一个伟大的成功者背后都有另外的成功者在支撑着。没有人是只靠自己一个人达到事业顶峰的。所以，如果你想成为出类拔萃的人，就一定不能忽略人脉的拓展。

学会自我保护

哈佛告诉学生，在与人的交往当中，我们要遵循以下的两点准则，以保护我们自己：一是要特别警惕那些站在你的立场上说话或者办事的人，因为没准他就是那个想从你这儿获得更多利益的人；二是我们要切忌盲目服从权威。

通过一些简单的例子，我们可以看出来这两点对于我们进行自我保护有多么重要。

从前，在西方的某个国家，有个名叫迈克的人，经营宰牛卖肉的生意。由于他聪明机灵、经营有方，生意做得十分红火。

一天，国王派人找到迈克，对迈克说："国王看你卖肉也挺辛苦，就准备了丰厚的嫁妆，打算把女儿嫁给你做妻子，这可真是天大的好事呀！"

迈克听了，非但不惊喜，反而连连摆手说："不行啊，我身体有病，不能娶妻。"

后来，迈克的朋友知道了这件事，不断地劝迈克，说："你一个卖肉的，能娶国王的女儿是多大的福分，你却拒绝了，真不知你是怎么想的。"

迈克笑着对朋友说："国王的女儿肯定有缺陷。"

迈克的朋友摸不着头脑，问他："你见过国王的女儿？"

迈克说："我虽没见过国王的女儿，可是根据卖肉的经验，我肯定国王的女儿有缺陷。"

朋友不服气地问："何以见得？"

迈克胸有成竹地回答说："就说我卖牛肉吧，当牛肉质量好的时候，只要给足分量，顾客拿着就走，我用不着加一点、找一点的。当牛肉质量不好的时候，我虽然给顾客加一点这，找一点那，他们依然不要。现在国王把女儿嫁给我一个宰牛卖肉的，还加上丰厚的礼品财物，我想，他的女儿一定有缺陷。"

迈克的朋友觉得迈克说得十分在理，便不再劝他了。

过了些时候，迈克的朋友见到了国王的女儿，发现国王的女儿果然有缺陷，她双目失明，需要人搀着才能行走。

这位朋友不由得暗暗佩服迈克的先见之明。

迈克是清醒的，国王嫁女这种好事，怎会平白无故落在他这个普通人身上，其中定有蹊跷。有些事情虽没有直接的联系，但道理是相通的。如果迈克不是以自己的生活经验去举一反三地思考生活中的现象，那说不定就要为了丰厚的嫁妆而娶回一个需要照顾一辈子的人了。

在我们明白这个简单的道理之后，我们是不是也应该警惕一下生活中那些看起来好像是站在你的立场上、为你好的人呢？因为在现代社会，很多人都深谙要想得必须先舍的道理，他们为了从对方身上得到更大的好处，往往会先让对方尝到点甜头，所以，为了能更好地保护自己，还是应该保持一些警惕心。

正如哈佛告诉学生的那样，我们除了要警惕一些表面是为你好的建议之外，在日常的生活当中，我们还要切忌盲目服从权威。

一次，著名空军将领科本要执行飞行任务，但他的副驾驶在飞机起飞前生病了，于是临时给他派了一名副驾驶员做替补。和这位传奇式的将军同飞，这名替补觉得非常荣幸。

在起飞过程中，科本哼起歌来，并用头一点一点地随着歌曲的节奏打拍子。这个副驾驶员以为科本是要他把飞机升起来，虽然当时飞机还远远没有达到可以起飞的速度，他还是把操纵杆推了上去。结果，飞机的腹部撞到了地上，螺旋桨的一个叶片割入了副驾驶员的背部，导致他终生截瘫。

事后有人问副驾驶员："既然你知道飞机还不能飞，为什么要把操纵杆推起来呢？"他的回答是："我以为将军要我这么做。"

这是一个悲剧，但是类似的悲剧在航空工业界并不少见，在航空工业界有一个现象叫"机长综合征"，就是在很多事故中，机长所犯的错误都十分明显，而飞行员们往往没有针对这个错误采取任何行动，最终导致飞机坠毁。其实不单单在航空工业界是这样，在很多领域都是如此，因为从心理学的角度来看，我们对权威的信任确实要远远超出对常人的信任，也正因为这样，我们更需要时时警惕，切忌过分服从或盲目崇拜权威，以更好地保护自我。

当然，从另一个方面来说，进行自我保护，还意味着要区分那些想从你身上得到更大好处的人和那些真正的朋友，也意味着要听得进权威的正确意见。

敢于承担责任

哈佛告诉学生，要敢于承担责任，因为一个人承担的责任越多越大，证明他的价值越大。如果一个人有一颗崇高的责任心，那么他就拥有了生命的脊梁。因为，人们从来不会指望一个游手好闲、没有责任感的人能够成功。一个人只有在真正懂得了责任的意义和内涵，并付诸行动时，才预示着他开始走向成功的历程。

"1965年，我在西雅图景岭学校图书馆担任管理员。一天，有同事要推荐一个四年级学生来图书馆帮忙，并说这个孩子聪颖好学。不久，一个瘦小的男孩来了，我先给他讲了图书分类法，然后让他把已归还图书馆却放错了位的图书放回原处。

"小男孩问：'像是当侦探吗？'我回答：'那当然。'接着，男孩在书架的迷宫中穿来插去，小休时，他已找出了3本放错地方的图书。

"第二天他来得更早，而且更加努力。干完一天的活后，他正式请求我让他担任图书管理员。又过两个星期，他突然邀请我上他家做客。吃晚餐时，他的母亲告诉我他们要搬家了，到附近一个住宅区。他听说转校却担心：'我走了谁来整理那些站错队的书呢？'

"我一直记挂着他。但没过多久，他又在我的图书馆门口出现了，并欣喜地告诉我，那边的图书馆不让学生干，他妈妈把他转回我们这边来上学，由他爸爸用车接送。'如果爸爸不带我，我就走路来。'小男孩说。

"其实，我当时心里便应该有数，这小家伙决心如此坚定，又浑身充满责任感，天下无不可为之事。不过，我可没想到他会成为信息时代的天才、微软电脑公司大亨——比尔·盖茨。"

这是卡菲瑞先生回忆起比尔·盖茨小时候写下的文字。从中我们看出，许多伟大或杰出人物身上总有优于常人之处。比尔·盖茨对待图书馆工作这样的小事，已经表现出一种超乎同龄人的责任感，难怪他能在信息时代叱咤风云。

责任，是一种天赋的使命。每个人来到这个世上，都需要承担相应的责任，没有责任感的人生是空虚的，不敢承担责任的人生是脆弱的。在社会生活中，个人的行为总会对社会和他人产生直接或间接影响，因而人的行为必须对他人或社会负责，必须按一定的社会规范去行动。如果人与人之间互不负责，互不尽义务，社会就不成其为社会了。

责任心一旦树立，成为性格的组成部分，就具有稳定性，使人能自觉、主动、积极地尽职尽责。当一个人完满地尽到自己的责任时，会产生满意的、愉快的情感；如果没有尽到自己的责任，会深感不安和内疚。可以说，敢于承担责任，并使之成为性格，个人的价值才能得到充分、合理的体现。

为原则而活

讲求原则是做人做事的一大要素，没有原则性的人，常常会做出一些越位的事情。史蒂文森说过："为原则斗争容易，而为原则活着难。"

哈佛告诉学生：当你踏入社会之后，不论干什么，都应该先做一个坚持原则的人，这点在任何时候都不应该改变。而哈佛大学在世界上的名气与地位不能不说与他们的校长坚持原则有一定的关系。

第一次世界大战期间，哈佛大学心理学教授穆斯特伯格被怀疑是德国间谍，校内外很多人向哈佛大学施加压力，要求将其解聘。

昔日的一位校友甚至提出：只要解聘穆斯特伯格，他愿意为学校捐资1000万美元。

为了平息当时的舆论和压力，穆斯特伯格教授也主动表态：只要那位校友把500万美元汇入学校账户，他立即辞职。但是，时任校长的洛厄尔明确表示："哈佛虽然乐于接受捐助，但不会为了钱去损害学术自由，更不会为此辞退教授或接收教授的辞呈！"

坚持原则可以获得别人的尊敬和信任，而不能坚持自己原则的人往往会迷失自我。

十多年过去了，约克还是忘不了1995年的圣诞之夜，那天晚上，约克刚参加了大学同学组织的圣诞晚会。晚会结束时，将近凌晨了，在这种时候，谁不想早点儿到家呢？约克走得飞快，只差跑起来了。

刚走到路口，红绿灯就变了。对着约克的行人灯转成了"止步"：灯里那个小小的影儿从绿色的、大步走路的形象变成了红色的、双臂悬垂的立正形象。

这个时候，约克看着没什么车辆，就毫不犹豫地走向马路……

"站住！"身后传过来一个苍老的声音，打破了沉寂的黑暗。约克的心悚然一惊，原来是一对老夫妻。

约克转过身，惭愧地望着那对老人。

老先生说："现在是红灯，不能走，要等绿灯亮了才能走。"约克的脸突地烧了起来。他喃喃地说："对不起，我看现在没车……"

老先生说："交通规则就是原则，不是看有没有车。任何情况下，任何人都必须遵守原则！"从那一刻起，约克再也没有闯过红灯，他也一直记着老先生的话，在任何情况下，都必须遵守原则，不然就会丢失自己！

如上面的例子一样，在日常生活中，我们常常也会遇到类似的一些情况，使我们在放弃还是不放弃原则之间徘徊，这个时候，我们不要有很多的顾虑，只要坚持自己的原则就好。

因为如果失去原则，这就等于没有了衡量对与错的尺度。

当然，坚守原则不等于不知变通，我们也是要随着变化着的社会而做出不断的调整。另外，原则还要能够适合时代的要求，不要让原则束缚和禁锢自己的思想。

总之，原则不可忽视。适度地把握原则，能够不断完善人生，并在不断的进步中快乐自己，奉献社会。

PART 05
高情商创造
强大气场

气场，人类的精神名片

每个人都有不同的气场，有的强，有的弱。尽管气场产生作用的过程是向内的力，但是影响力产生的结果却是向外的力。

当一个人的语言和行为有鲜明的个性风格，如果这种风格不断带来正面的结果，这样的刺激闭环被重复加强的时候，它就会为周边的人所发现，这一切都无处不在、无时不有地发挥着自己的影响力。

几年前，哈佛大学的罗宾斯博士去巴黎参加研讨会，开会的地点不在他下榻的饭店。他仔细地看了一遍地图，发觉自己仍然不知道该如何前往会场所在的五星级宾馆，于是他走到大厅的服务台，请教当班的服务人员。

这位身穿燕尾服、头戴高帽的服务人员，是位五六十岁的老先生，脸上有着法国人少见的灿烂笑容。他仪态优雅地摊开地图，仔细地写下路径指示，并带罗宾斯博士走到门口，对着马路仔细讲解前往会场的方向。

他的热忱及笑容让人如沐春风，他的服务态度彻底改变了罗宾斯博士原来觉得"法式服务"冷漠的看法。

在致谢道别之际，老先生微笑有礼地回应："不客气，祝您顺利地找到会场。"接着他补了一句，"我相信您一定会很满意那家饭店的服务，因为那儿的服务员是我的徒弟！"

"太棒了！"罗宾斯博士笑了起来，"没想到您还有徒弟！"

老先生脸上的笑容更灿烂了："是啊，25年了，我在这个岗位上已经工作了25年，培养出无数的徒弟，而且我敢保证我的每一个徒弟都是最优秀的服务员。"他的言语中流露出发自内心的骄傲。罗宾斯博士看着他，心里有一种很奇怪的感觉。

"什么？都25年了，您一直站在旅馆的大厅啊？"

罗宾斯博士不禁停下脚步，向他请教乐此不疲的秘密。

老先生回答说："我总认为，能在别人生命中发挥正面影响力，是件很过瘾的事情。你想想看，每年有多少外地旅客来到巴黎观光，如果我的服务能帮助他们减少'人生地不熟'的胆怯，而让大家感觉像在家里一样，因此有个很愉快的假期的话，这不是很令人开心吗？这让我感觉到自己成为每个人假期中的一部分，好像自己也跟着大家度假一样的愉快。

"我的工作是如此的重要，许多外国观光客就因为我而对巴黎有了好感。所以我私下里认为，自己真正的职业，其实是'巴黎市地下公关部长'！"他眨了眨眼，爽朗地笑道。

罗宾斯博士被老人的回答深深地震撼了，他从老人朴实的言语中感受到了一种不同寻常的力量。

热情就如同生命。凭借热情，我们可以释放出潜在的巨大能量，发展出极有影响力的气场；凭借热情，我们可以把枯燥乏味的工作变得生动有趣，使自己充满活力。

历史上的许多巨变和奇迹，不论是社会、经济、哲学或是艺术的研究和发展，都是因为参与者100%的热情才得以进行。对生活充满热情的人都有着积极的心态、积极的精神状态。在人群中，他们的"气场"通过一种极富感染力的表达方式传递到他们的周围，使大家都能感受到这种精神的魅力。

杰克是一个企业终端科的员工，只负责对销售终端布置的规范性进行指导和提供咨询。可杰克除了完成自己的本职工作外，还总喜欢接手一些相关的工作——客串企业培训导购员时，他是当仁不让的组织、策划和对口管理者；依仗灵活多变的谈判能力和对消费者需求的熟知程度，积极参与促销活动所需的礼品采购；他还大包大揽地承接了信息收集工作，为此安排专人每日为企业高层与相关职能部门整理、报送各项最新资讯……同事都觉得杰克是"傻瓜"，甚至有人对他冷嘲热讽。

杰克对此处之泰然，他说："我不光是为老板打工，更不是为了赚钱，我是在为自己的梦想打工，为自己的前途打工。我要在业绩中提升自己，我要使自己工作所产生的价值远远超过所领的薪水。只有这样，我才能得到我想得到的东西——工作的快乐，成功的快乐。"

他一直坚持着，潜移默化地，他身边的同事都受到他的影响，都逐渐朝他看齐。他俨然成了公司的"气场"人物。

"气场"就像人类的精神名片，周围的人就通过这张精神名片来认识和评价你。所以，我们也要像那些成功的高情商人士学习，保持一种焕发的精神状态，把这张名片制作得更精美、更有影响、更让人难以忘记，并尽可能把它散发到更广阔的天地。

如何赢得陌生人的好感

哈佛告诉学生：但要善于与熟人联络一个人获得快乐的重要乎都需要跟陌生人打交转化过来的，从这点分必要。看看那些

要想生活得和谐，每天保持良好的心态，不感情，更要善于赢得陌生人的好感，这是条件之一。因为现代社会，我们每个人几道，而且我们的很多熟人都是以前的陌生人来看，拥有一些赢得陌生人好感的技巧十交际高手，我们可以得到如下启示：

★ 注意良好的

外在形象和内在修养，努力给别人留下第一印象

当然，良好的第它在于平时的修炼。好形象的人，总能于信任，总能在逆境中得不断找到发挥才干的机响别人，活出真正精彩

一印象不是刻意被打造出来的，一个注意自身形象并自觉保持第一时间内，在人群中得到到帮助，也必定能在人生的旅途中会，最终做到时刻用自己的魅力影的人生。

★寻找对方感兴趣的话题

俗话说"酒逢知己千杯少"，我们在和陌生人交往时，不妨多多寻找彼此在兴趣、性格、阅历等方面的共同之处，可以使双方在越谈越投机的过程中获得更多关于对方的信息，迅速拉近距离，增进感情。

★学会多听少说

从心理学的角度讲，善于倾听会使对方心情愉快；会换来对方的理解、信任和欢乐；会使对方吐露出内心的苦恼或喜悦；最重要的，它还使说话者感觉到自身价值的存在，从而满足对方渴望被重视的心理，双方的交往也因此变得愉快。

★给对方接受你的时间

交往是个彼此慢慢接受的过程，要给对方缓冲的时间来决定是否接受你，千万不要操之过急，以免造成尴尬的局面。

★与陌生人交谈时，如果说起熟人，要真诚地说他们的优点

在与陌生人交往时，如果他要你评价你的朋友，要真诚地说他们的优点。这无疑会给你加分，使陌生人觉得你是一个真诚而值得信任的人。

当然，用什么方法来赢得陌生人的好感都是次要的问题，最主要的是，在与陌生人交往时，要有真诚的态度，毕竟赢得陌生人的好感只是交往的第一步。

亲和力——创造气场的有力武器

哈佛告诉我们，一个人的亲和力在人际交往中十分重要，要想使别人认可你，并一直愿意与你交往下去，亲和力往往在其中起着非常重要的作用。

那是1960年10月的一天，在报社办公室里那张工作人员任务单上，科宁斯简直不敢相信自己的眼睛，反复把那一行字看了几遍：科宁斯——采访安娜·埃莉诺·罗斯福。

这不是非分之想吧？科宁斯成为《西部报》报社成员才几个月，还是一个新手呢，怎么会给他如此重要的任务？科宁斯拔腿去找责任编辑。

责任编辑停住手中的活，冲科宁斯一笑："没错，我们很欣赏你采访那

位哈伍德教授的表现，所以派给你这个重要任务。后天只管把采访报道送到我办公室来就是了，祝你好运，小伙子！"

"祝你好运！"说得轻巧，科宁斯觉得自己即将面对的是前总统夫人，她不但曾和富兰克林·罗斯福共度春秋，而且有过不凡之举，而科宁斯觉得自己只是个毫无名气的毛头小伙子。

科宁斯急匆匆地奔进图书馆，寻找所需要的资料。科宁斯认真地将要提的问题依次排序，力图使其中至少有一个不同于她以前回答过的问题。最后，科宁斯终于成竹在胸，对即将开始的采访甚至有点迫不及待了。

采访是在一间布置得格外别致典雅的房中进行的。当科宁斯进去时，这位75岁的老太太已经坐在那里等他了。一看见科宁斯，她马上起身与他握手。她那敏锐的目光，慈祥的笑容给人以不可磨灭的印象。科宁斯在她旁边落座以后，便率先抛出一个自认为别具一格的问题。

"请问夫人，在您会晤过的人中，您发觉哪一位最有趣？"

这个问题提得好极了，而且科宁斯早就预估了一下答案：无论她回答的是她的丈夫罗斯福，还是丘吉尔、海伦·凯勒等，科宁斯都能就她选择的人物接二连三地提出问题。

罗斯福夫人莞尔一笑："戴维·科宁斯。"

科宁斯不敢相信自己的耳朵：选中我，开什么玩笑？

"夫人，"他终于挤出一句话来，"我不明白您的意思。"

"和一个陌生人会晤并开始交往，这是生活中最令人感兴趣的一部分。"她非常感慨地说，"你这么辛苦地采访我，真是非常感谢你……"

科宁斯对罗斯福夫人一个小时的采访转眼结束了。她在一开始就使他感到轻松自如，整个过程中，他无拘无束，十分满意。

这篇采访报道见报后获得了全美学生新闻报道奖。然而科宁斯最重要的收获是：罗斯福夫人教给他的人生哲学——有时候亲和力比威严更让人怀念。多年来，科宁斯一直都要求自己也要做个像罗斯福夫人那样具有亲和力的人。

不但成功人士的亲和力让人觉得十分可贵，即使一个普通人的亲和力也往往会让人无限地怀念，从而成为个人的招牌。

有一天，美国著名职业演说家桑布恩迁至新居不久，就有一位邮差来敲他的房门。

　　"上午好！桑布恩先生！我叫弗雷德，是这里的邮差。我顺道来看看，并向您表示欢迎，同时也希望对您有所了解。"他说起话来有一股兴高采烈的味道，他的真诚和热情始终溢于言表，并且他的这种真诚和热情让桑布恩先生既惊讶又温暖，因为桑布恩从来没有遇到过如此认真的邮差。他告诉弗雷德，自己是一位职业演说家。

　　"既然是职业演说家，那您一定经常出差旅行了？"

　　弗雷德点点头继续说："既然如此，那您出差不在家的时候，我可以把您的信件和报纸刊物代为保管，打包放好。等您在家的时候，我再送过来。"

　　这简直太让人难以置信了，不过桑布恩说："那样太麻烦了，把信放进邮箱里就行了，我回来时取也一样的。"

　　弗雷德解释说："桑布恩先生，窃贼会经常窥视住户的邮箱，如果发现是满的，就表明主人不在家，那您可能就要深受其害了。"桑布恩先生心里想，弗雷德比我还关心我的邮箱呢，不过，毕竟这方面他才是专家。

　　弗雷德继续说："我看不如这样，只要邮箱的盖子还能盖上，我就把信件和报刊放到里面，别人就不会看出您不在家。塞不进邮箱的邮件，我就搁在您房门和屏栅门之间，从外面看不见。如果那里也放满了，我就把其他的留着，等您回来。"弗雷德的这种认真负责的态度实在让桑布恩先生感动，但是他说话时带着的那种温暖的笑容更是深深地打动了桑布恩。以前，桑布恩甚至从来没有注意过邮差是什么样子的，他只对自己能否按时拿到邮件感兴趣。

　　桑布恩在这个社区长久地住了下来，后来他才发现，感觉到弗雷德身上具有一种神奇魔力的并不是他一个人，社区的很多邻居都非常喜欢弗雷德，并亲切的称呼他为"我们的弗雷德"。

　　可见，亲和力是一种魔力，它使伟大人物变得如我们身边的人一样可以亲近，使普通的人身上也充满着魅力的光环。

助人就是助己

　　哈佛告诉学生，帮助别人就是帮助自己，在别人困难的时候，只有你帮助别人，在你困难的时候别人才能帮助你。

确实如此，每个人的力量都是有限的，在面对复杂的社会环境时，我们就可能需要别人的帮助，以弥补自己力量的不足。而要想获得别人的帮助，就要先帮助别人，在帮助别人的过程当中，我们不但可以收获到别人的感谢甚至是回报式的帮助，还可以享受到助人的快乐，一举两得的事情，我们何乐而不为呢？

韦利是一个患有先天性心脏病的小男孩。一天晨练，他发现一个人晕倒在广场上，随时都有危险。韦利顾不上考虑自己虚弱的身体俯身拉起他的衣服。就这样，12岁的韦利用尽全身力气一点点地把这个人在地上拖行了200米。终于有人发现了他们，韦利只说了一句"快送他去医院"便昏倒在地。

韦利醒来后看到的是陌生人一脸的关切和自责。他说一定要报答韦利。韦利想了想说："我真的不需要你对我有什么报答，只是希望你能像我救你一样，尽自己所能，去救助比自己的处境还要差上许多的陌生人。"

许多年过去了，韦利活过了比医生的预言长数倍的时间。但是韦利的病终于在一个冬天的早晨击倒了他。

韦利醒来时发现自己躺在医院里，身边站着一个十几岁的男孩，正瞪着一双大眼睛关切地看着他。韦利很感激地握住男孩的手说："你是怎么发现

我的？"男孩很开心地说："我早上要去爷爷家陪他，正好路过那个地方，看到你躺在地上，我就想起了爷爷说他年轻的时候被一个和我一样大的男孩救起的事。我想我也一定能够做到，于是我就使出全身的力气拉你。幸好你还不算重，我终于成功了！"

上文的韦利只是出于爱心而伸出援手，并没有想让那个晕倒的人回报他，但是没想到却因此救了自己的命，对他人施与善行，往往能收到意想不到的回报。这样的事情还有很多，有的人冒着生命危险去帮助别人，到最后却发现他帮助了自己。

帮助别人在很大程度上就是帮助自己。只有懂得帮助别人的人才能得到别人的帮助。这是一个很简单的辩证法，但是并不是谁都能够熟练地运用它，而那些高情商的人都很明白这点，他们往往都是乐于助人的人，因此他们也能得到别人回报式的帮助，从而使自己变得更易成功和快乐。

幽默是最好的语言

有一次，美国329家大公司的行政主管参加一项幽默意见调查。由一家业务咨询公司的总裁霍奇先生主持此项调查，结果显示：

97%的主管人员相信，幽默在商业界具有相当的价值。

60%的人相信，幽默感能决定一个人事业成功的程度。

哈佛告诉学生，幽默是人生中不可缺少的利器，它用诙谐的形式，不但可以反讽一些不合适的现象，还可以化解尴尬、增进感情、解决问题、反击责难等等。有很多名人、伟人都是运用幽默的高手，他们往往具有很高的情商，通过幽默的语言，或反讽，或豁达，或巧妙化解困境，更使自己充满了魅力。

意大利著名作曲家罗西尼听人说，他的一批有钱的爱慕者准备在法国为他建一座雕像。他问道："他们准备花多少钱？"

"听说1000万法郎吧。"

"1000万法郎？"罗西尼大为吃惊，"如果你肯给我500法郎，我愿意亲自站在雕像的底座上！"

一句略显夸张的玩笑，将罗西尼的对花大量金钱为他建雕像的不满表达出来，还没有使气氛僵化，可谓是充满智慧。

幽默还可以化解尴尬，表现出豁达的人生态度。

有一次，柏林空军俱乐部招待贵宾，主客是空军将领乌戴特将军。在敬酒时，一位年轻的士兵不慎将酒泼到了将军的光头上，全场顿时鸦雀无声，士兵也十分惊慌，不知所措。将军慢慢地摸了几下头，拍着士兵的肩膀说："兄弟，你以为这种治疗会有作用吗？"人们开怀大笑，紧绷的心弦松弛下来了，将军也因他的大度和幽默而显得更加可亲可敬。

有幽默感的人，凡事都能健康思考，保持正面态度，将遇到的困难化险为夷。

英国首相丘吉尔当议员时，有一位议员在议会上演说，看到了丘吉尔摇头表示不同意，便说："我想提醒议员注意，我只是在发表自己的意见。"丘吉尔道："我也想请演讲者注意，我只是在摇我自己的头。"

在他75岁生日茶话会上，一个记者对丘吉尔说："首相先生，我真希望明年还能祝贺您的生日。""这位先生，"丘吉尔拍拍记者的肩膀说，"你这么年轻，身体又这么壮，应该没有什么问题的。"

幽默还是反击对方无礼责难的一种法宝。

一位牧师向一位黑人领袖提出诘难："先生既有志于黑人解放，非洲黑人多，何不去非洲？"这位机敏的黑人领袖马上反驳道："阁下既有志于灵魂解放，地狱灵魂多，何不下地狱呢？"

法国名人波盖取笑美国人历史太短，说："美国人没事的时候，往往喜欢怀念祖宗，可是一想到祖父一代，就不得不打住了。"

马克·吐温回敬说："法国人没事的时候，总是想弄清他们的父亲是谁，可是很难弄清楚。"

加拿大外交官切斯特·朗宁在竞选省议员时，因幼年时吃过中国奶妈的奶水而受到政敌的攻击，说他身上一定有中国血统。朗宁回击说："你是喝牛奶长大的，那身上一定有牛的血统了！"对方哑口无言。

从以上的例子我们可以看出，幽默是气场强的高度体现，是一种简洁而深刻的表达艺术，它可以直达他人的内心深处。卑微时，幽默使人赢得尊严；高贵时，幽默使人保持朴素平和的心态。

马克·吐温说："幽默具有悦人惠己的神效，在交际场合恰如其分地幽默，会赢得大家的好感，使你的形象在群体中迅速显现出来，成为一个极受大家欢迎的人。"

　　幽默不仅反映出一个人随和的个性，还显出了一个人的聪明、智慧以及随机应变的能力。但需要注意的是，幽默既不是毫无意义的插科打诨，也不是没有分寸的卖关子、耍嘴皮。幽默要在入情入理之中，引人发笑，给人启迪。而这都需要一定的素质和修养。

第七篇

团队情商
——放大『一股绳』力量

PART 01
情商与团队合作

创造高绩效团队

什么是高绩效团队？高绩效团队是由员工和管理层组成的一个共同体，该共同体能够合理利用每一个成员的知识和技能协同工作、解决问题，达到共同的目标。高绩效团队必须具备以下5个构成要素：

★目标

团队应该有一个既定的目标，为团队成员导航，如果没有目标，这个团队就没有存在的价值。团队的目标必须跟组织的目标一致，此外，还可以把大目标分成若干小目标具体分到各个团队成员身上，大家合力完成这个共同的目标。同时，目标还应该时时被有效地向团队成员传播、灌输，让目标时刻驻扎在团队成员脑中，激励团队成员奋进。有时甚至可以把目标贴在团队成员的办公桌上或会议室里，以此激励团队的干劲。

★人

人是团队建构的核心力量。人数根据团队目标而定，通常3个或3个以上的人就可以组成一个团队。

★定位

定位包含两层意思：一是团队的定位。团队在企业中处于什么位置，由谁选择和决定团队的成员，团队最终应对谁负责，团队采取什么方式激励下属。二是团队成员个体在团队中的定位。作为成员在团队中扮演什么角色，是制订计划还是具体实施或评估。

★权限

权限也包含两层意思，其中明确团队的权限更为重要：团队在组织中拥有的权力，比方说财务决定权、人事决定权、信息决定权。另外，也要明确个人在团队中的权力，如否定权或者决策权的归属等。

★计划

目标的实现，需要一系列具体的行动方案，可以把计划理解成目标的具体工作的程序。提前按计划进行可以保证团队的进度，只有在计划的操作下，团队才会一步一步地接近目标。

这5个要素构成了一个高绩效团队的基础，并贯穿于团队运作的整个流程之中。

团队精神是一个企业发展不可缺少的原动力，如何形成团队精神便成了每一个企业和企业的每一个成员都必须面对的问题。下面有几种有效的方式，将有助于形成高效、透明、上进的团队，以及培养出优秀的团队精神。

★员工必须对团队高度忠诚

团队成员应该对团队有着强烈的归属感，强烈地感受到自己是团队的一员，绝不允许有损害团队利益的事情发生，极具团队荣誉感。他们把自己的前途与团队的命运牢牢地系在一起，愿意为团队工作尽心尽力。他们反对个人主义、本位主义及山头主义，在个人利益与团队利益相冲突时，个人利益服从团队利益。

★员工之间以及员工与领导之间的相互信任

高绩效团队的一个特点是团队成员相互高度信任。美国管理学家罗

宾斯在他的《管理学》一书中，将信任这个概念划分为五个方面：

——正直。即诚实、可信赖。

——能力。具有技术和处理人际关系的知识。

——惯性。可靠，不是变色龙，不会朝三暮四，行为可以预测。

——忠实。保全别人的面子。

——开放。敞开心扉，与他人倾心交流，共享信息。

★尊重

决定团队精神形成的最重要原则无疑是尊重。一个特定团队内部的每个成员间能够相互尊重、彼此理解，是团队精神能够形成的基本条件。一个团队工作的全部要点在于，它允许组织依靠员工的思想观点，而且，如果组织不尊重那些人的意见，团队工作就不可能成功。人们只有相互尊重，尊重彼此的技术和能力，尊重彼此的意见和观点，尊重彼此对组织的全部贡献，团队共同的工作才能比个人单独工作更有效率。

★不断进取

——团队学习。团队成员不断地提高自己的素质，需要舍得在学习方面进行大量持续的投入。让整个团队弥漫着"活到老，学到老"的气氛。

——迎接挑战。每个团队成员都应该能勇敢地迎接一个又一个挑战，在失败中崛起，从挫折中学习，胜不骄、败不馁，让团队不断地进步。

——对外开放。团队充满开放的气氛，鼓励不断吸收新鲜事物，有着很好的对变化实行监测的预警系统与习惯，能对技术的变革做出迅速反应，对价值观的变化做出调整，并经常能创造性地解决问题。

员工与老板绝不是天生的一对冤家，而是互惠互利、创造双赢的合作者。一般说来，那些时刻同老板立场一致，并帮助老板取得成功的人，才能成为企业的中坚力量，才有可能建立一个高绩效的团队。

效率才是硬道理

我们强调的效率是指掌握良好的工作方法，而不是延长工作时间。有些人非常繁忙，似乎有许多事情要做，他们也常常为了完成任务而拼命加班，但所有的时间管理专家都不鼓励你为完成工作任务而延长工作时间，因为那样只会把工作的战线越拖越长，提高时间利用率、提高工作效率才是正确的解决之道。整天像一只无头苍蝇一样忙个不停的人是不会有高效率的。

提升团队效率，团队中的每个成员，都必须做到以下六点：

★积极主动地倾听

我们经常没有听完对方说的话，就以为自己知道对方的意思了，因此经常造成误会。其实，听比说更重要。借由倾听，我们才能真正了解对方的想法及立场。

★以关怀支持的心态说出事实

团队中最容易伤人的，便是那些没有考虑别人的立场与感受就说出口的话，而这些话通常不具建设性。所以我们必须内心抱有善意，从关怀与支持的角度来述说事实。

★保持适当的弹性

当团队中的每一分子都坚持自己的观点，并且没有一定的弹性空间时，便会出现僵局。当然，对于不可改变的真理与原则我们必须坚持，但是在处世的方法和沟通的态度上，必须保持适当的弹性。

★支持所同意的事

对于经过协调而全体同意的事，必须真心地接纳。若只是表面上同意，却在私下报怨，就会产生负面的影响。因此，凡事不要轻易同意，但全体同意的事就要全力支持。若是同意的事在实行之后失败了，也要共同承担责任，不要互相数落。

★分析生活压力

工作和生活通常都有高峰和低谷，有时忙得要死，有时较为轻松。假如长期觉得心力交瘁，应重新编订工作程序，尽早完成既定任务，腾出时间应付突发或艰巨的任务。假如仍没有改善，应考虑改变做事方式。

★勇敢迈出第一步，并坚持到底

万事开头难，可是踏出第一步便会发现不再如想象中那样困难。其实凡事拖延的成因，除了有行动滞后的特点外，无非是恐惧失败或顾虑，导致不能尽善尽美，因此消除恐惧的办法是将任务化整为零，按部就班处理自会事半功倍。完成一部分后会信心大增，斗志将更旺盛。

合作力量大

生物科学家曾做过一个有名的实验：将一小群工蚁放到一个适合筑窝的地方，出于本能，这些小蚂蚁会立刻动手建筑蚁穴。但当蚂蚁的数量小于一定级别的时候，这些忙碌而勤奋的蚂蚁只会建造半个门拱，它们会反复建筑许多半个门拱，就是无法建起一个完整的门。当达到一定数量级别时，那些乱哄哄的蚂蚁好像突然得到完整的建筑图纸一样，一下子变得有序起来，不一会儿，一个完整的蚁门就会完成。

一小群蚂蚁为什么不能建立一个蚁门，而大群蚂蚁却可以轻而易举建起蚁门？其实经营企业也是一样，一小队人的力量毕竟有限，而一个群体的力量就非常可观。

团队精神是如此重要，因为无论古代还是现代，没有别人的合作是不可能创造文明的，即使是像米开朗琪罗一样的大艺术家，也需要助手、手工艺人等合作才能完成他的作品。

14世纪时，只有教堂里才有风琴，而且必须派一个人躲在幕后"鼓风"，风琴才能发出声音。有一天，一位音乐家在教堂举行演奏会，一曲既终，观众报以热烈的掌声。音乐家走到后台休息，负责鼓风的人兴高采烈地对音乐家说："你看，我们的表现不错嘛！"音乐家不屑地说："你说我们？难道是指你和我？你算老几？"说完他又重回台前，准备演奏下一首曲子。但是他按下琴键，却没有任何声音。音乐家焦急地跑回后台，对鼓风的人低声下气地说："是的，我们真的表现得不错。"

音乐家没有他人的配合，便无法完成演出工

作。同样，一个天才如果没有别人的协助，那他也只能做个平凡的人。个人的力量都是有限的，要想到达目的地，与人合作是非常必要的。

世上现存的植物当中，最雄伟的当属美国加州的红杉。红杉的高度大约是90米，相当于30层楼的高度。科学家深入研究红杉后，发现了许多奇特的事实。一般来说，越高大的植物，它的根基应扎得越深，但红杉的根只是浅浅地浮在地表而已。理论上，根扎得不够深的高大植物，是非常脆弱的，只要一阵大风就能将它连根拔起，红杉又为何能长得如此高大，且屹立不倒呢？

研究发现，红杉生长的地方，必定是一大片的红杉林。这一大片红杉的根彼此紧密相连，一株连着一株，结成一大片。自然界中再大的飓风，也无法撼动几千株根部紧密连接，面积超过上千公顷的红杉林，除非飓风强到足以将整块地皮掀起。

独木难成林，一人难为众，单凭自己的力量在残酷的竞争中难以生存，此时，唯有协作，才能产生强大的竞争力。生命的河流总是曲曲折折，人生的路也不免坎坎坷坷，困难就像一块巨大的拦路石挡在你必经的路途上。面对这块巨石，我们不能回避、退缩，而是应当真诚地与他人协作，发挥集体的力量，渡过一个又一个难关。只有把自己的能力与别人的能力结合起来，才能增强我们的竞争执行力，才能取得更大的成就，我们的人生之路才能走得更远、更顺畅。

当今社会将是一个集团竞争、团队至上的时代，所有事业和成就都将围绕着团队而展开。有了团结合作这一笔财富，个人和团队才能在残酷的竞争中求得生存。

PART 02
团队情商的艺术

明确团队角色

美国西点军校毕业生、西尔斯公司第三代管理者金斯·罗伯特·伍德说："再强大的士兵都无法战胜敌人的围剿，但我们联合起来就可以战胜一切困难，就像行军蚁一样把阻挡在眼前的一切障碍消灭掉。"想要发挥团队的最大"战斗力"，就要求我们明确团队的角色，不要急功近利。

美国的西点军校，历来注意对学员们团队精神的培养。学员们在有团队精神的集体里，可以实现个人无法独立实现的目标。他们明白自己是团队中的一员，他们看到在团体中的每一个人都会变得更有力量，而不是变得微小或默默无闻。

每一个团队中，每个成员所扮演的角色各有不同，就是说，一个团队总是由不同的角色组成的。而优秀的团队成员总能够在团队内部找到适合自己的角色，并能为团队做出贡献。他知道何时应承担他最适合的角色，发挥他的最大价值，同时，他还能够根据团队的要求调整自己。

公司作为一个团队，更是由不同的角色组成。研究表明，团队中一般有8种不同的角色，它们是：贯彻者、协调者、塑造者、培养者、资源调查者、监督评价者、协力工作者、完善者。研究表明，每一种角色的作用都是不同的，只有他们密切配合、互动合作，团队的工作才能走向完美。

让团队动起来：激发公司活力的"鲶鱼效应"

在企业界和社会组织中，"鲶鱼效应"是应用极为普遍的一条管理原理。它常常被用于企业管理，并逐步演变为一种组织内的竞争机制，在根治组织活力缺失方面有着很好的效果。有管理经验的人常会发现，一个企业如果人员长期稳定，就会缺少新鲜感和活力，产生惰性，出现组织内部人浮于事、缺乏效率等情况。如何改变这种情况呢？我们可以运用"鲶鱼效应"，即引进一些个人素质高、业务能力强、有着较强感召力的人员，让他们在组织中可以拥有一定范围内的权力，依靠个人魅力去带动和激励组织中的其他人员。他们新官上任，公司上下的"沙丁鱼"们便会立刻产生紧张感。

运用"鲶鱼效应"可以为企业相对封闭的环境推开一扇窗，为企业吹入一阵变革的清风，让企业中的每个人都重新精神抖擞起来。所以，借助经济危机让企业重新进行资源整合的机会，为企业注入新的活力和能量，这未尝不是一件好事。要知道一个发达国家的政党人才流动率通常保持在15%左右，过高过低都将不利于社会经济的发展。同样，如果一个企业没有一定比例的员工流动，那么企业就会进入停滞状态，最后成为一潭死水。

凡事预则立，不预则废。企业一定要在问题出现之前，在其演变为危机之前解决问题，威胁一出现就尽可能快地采取行动。一个没有忧患意识的企业，必定会成为走下坡路的企业；一个没有忧患意识的雇员，必定会成为被淘汰的雇员！

"鲶鱼"的活动能力会打破现有的平衡，他们的积极向上、领导对他们的关注和支持以及他们待遇上的巨大变化，会给周围的人群带来压力，会刺激周围人群的自尊心。在"你能我也能"的强烈意识支配下，引导得当，则会出现"比、学、赶、超"的良好局面。

严明的纪律是团队不可或缺的

哈佛校训告诉我们：没有规矩，不成方圆。任何组织都必须制定相应的管理制度，建立正常的工作秩序。要在工作中推行落实理念，就必须设定严明的纪律，因为，落实是以纪律和秩序为前提的。如果一个组织有令不行，有禁不止，再好的发展战略也不可能得到有效的落实。

英国克莱尔公司在新员工培训中，总是先介绍本公司的纪律。首席培训师总是这样说："纪律就是高压线，它高高地悬在那里，只要你稍微注意一下，或者不是故意去碰它的话，你就是一个遵守纪律的人。看，遵守纪律就这么简单。"

员工在公司中，要有强烈的纪律意识，只有保持良好的纪律意识，该干什么就毫无保留地干什么，工作和事业才能成功发展，就如同火车只有沿着轨道才能高速前行。因此，每个员工都要把纪律这个"轨道"烙在脑中，才能顺利开创工作的新局面。

化妆品巨头玫琳凯在阐述她对纪律的看法时说："我每次遇到员工不遵守纪律时，会先同这个员工商量，采取哪些具体措施以改进工作，我提出建议并规定一个合情合理的期限。不过，如果这种努力仍不能奏效，我只能决定不要他，因为遵守纪律没商量。"任何一个企业都不能忽略纪律的制定和执行，否则，便会遭受损失。因为纪律是企业之本，如果没有了纪律的约束，那么企业就像一盘散沙，毫无生命力可言。

在那些著名企业中，员工纪律主要涉及这样一些基本内容：

★品行操守。这主要表现为员工为人处世的基本原则，比如忠诚、诚信、友善等，这些基本品性是一个企业优秀员工的基本人格要求。

★工作态度。不管从事什么工作，态度决定成败。做工作是否勤奋，是否认真，是否规范，是否负责，是对员工是否爱岗敬业的衡量标准。

★工作质量。工作质量是起码的准则，一个优秀的员工要善于学习，敢于创新，有所追求，有所奉献，同时爱护环境、注重安全。这都是员工纪律应当考虑的内容。

★团队协作。著名企业要求企业员工具有团队精神，能平等待人、真诚沟通、公平竞争、顾全大局。

★仪表举止。名牌企业员工首先是一个现代人，是一个文明人。因此，仪容仪表、行为举止、语言谈吐、待人接物等，在员工纪律规范中都应当有所要求。

企业的活力来源于各级员工良好的职业精神面貌、崇高的职业道德。在残酷的商业竞争中，企业需要营造员工自觉遵守纪律的文化氛围，需要建立严格的制度和规范，这些制度和规范需要员工去配合遵守，这是任何一家企业都不可动摇的铁的纪律。

提升学习热情

哈佛教授常教导学生：心有多大，学习的路就有多长，产生的效果就有多好。

在现今的企业环境里，没有打不破的铁饭碗。你的工作在今天可能不可或缺，可是这并不意味着明天这个职位仍然有存在的必要。无论是谁，除了努力工作外，都应把一部分精力放在自己的再学习上。

下面为大家提供几种适用于职场的学习方法，供大家参考：

★在工作中学习

工作是任何职业人员的第一课堂，要想在当今竞争激烈的商业环境中胜出，就必须学习从工作中吸取经验，探寻智慧的启发，获取有助于提升效率的资讯。

通过在工作中不断学习，你可以避免因无知滋生出自满，进而避免损及你的职业生涯。不论是在职业生涯的哪个阶段，学习的脚步都不能稍有停歇，要把工作视为学习的殿堂。你的知识对于所服务的公司而言可能是很有价值的宝库，所以你要好好自我监督，别让自己的技能落在时代后头。

★争取培训的机会

很多公司都有自己完备的员工培训体系，培训的投资一般由公司作为人力资源开发的成本开支，而且公司培训的内容与工作紧密相关，所以争取成为公司的培训对象是十分必要的。如果你觉得自己完全符合条件，就应该主动向老板提出申请，表达渴望学习、积极进取的愿望。老板对于这样的员工是非常欢迎的，同时技能的增长也是你升迁的保障。

★注意自修，补抢先机

在公司不能满足自己的培训要求时，也不要闲下来，可以自掏腰包接受"再教育"。当然首选应是与工作密切相关的科目，还可以考虑一些热门的项目或自己感兴趣的科目，这类培训更多意义上被当作一种"补品"，在以后的职场中会增加你的"分量"。

★多读书，读好书

犹太人是最爱读书的民族，古代犹太人将书看得破旧得不能再看了，就和孩子一起挖个坑庄重地将书埋葬。他们对孩子说："书是有生命的东西。"他们还在自己的经典上涂上蜂蜜，让不识字的孩子去舔。犹太人的孩子很小的时候就知道书其实是甜的东西。我国古代也有"书中自有黄金屋"的说法。读书是学习的一个有效的途径。

真正的成长是与团队共成长

公司是每一个工作着的人的精神归宿，就好像孤雁需要雁群一样，人人都离不开公司大团队的庇护和提携。所以人们只有和团队共同成长，才能真正体会到收获的快乐。

★与团队快乐成长

当你在一个企业或团队中工作时，这个企业或团队就已经和你的人生联系在一起了。团队的成功，就是你个人的成功；团队的失败，当然也就是你个人的失败。想在一个团队里充分发挥自己，那么就要与团队共同成长，这才是我们的最佳选择。

★打造不断前进的团队

每一位员工必须认识到，只有我们的团队成长壮大了，我们才能从中收获更多。团队与个人的关系就是"一荣俱荣，一损俱损"，认识到这一点，那么我们每个人都应该主动为团队做事，帮老板获取成功，同时在这个过程中，自己也会得到相应的回报。

★搞好人际关系

我们每个人都需要生活在群体之中，能否与周围的人和谐相处不仅会影响到自己的心情，而且直接影响到工作层面，只有在一个友好、和谐、温馨的氛围中，我们才能愉快地工作，只有与周围的人欣然相处、愉快合作，我们才能保持人脉，得到更多的帮助和支持。在最关键的时候，也许周围的人就是你生命中最重要的贵人。

不难看出，如果想在一个团队里健康地成长，必须有一个良好的人际关系。

★提高自己的能力

哈佛学生常说：只有时刻提升自己的各项能力，实现和公司的同步发展，公司才能赋予你相应的使命，你也才能实现个人的成长。

在竞争激烈的市场中，一个人可能要不断转变角色，适应不断变化的局势。虽然外部的变化我们无法控制，但我们能改变自己更好地去适应环境。因为只有善于改变，我们才能不断拉长自己的"素质短板"，增强自己的竞争力，更好地融入团队。

融入团队，杜绝小圈子

一滴水只有融入大海，才永远不会枯竭；一个员工，只有充分地融入整个企业、整个市场的大环境中，他的才能才可以充分地发挥，才能为企业创造最大的效益。石油大王保罗·盖蒂说："我宁可用100个人每人1%的努力来获得成功，也不要用我一个人100%的努力来获得成功。"

独木难成林，再优秀的人，如果不能与团队合作，也很难取得成功。这是千古不变的至理名言。单枪匹马在任何工作中都不可能出彩。

休斯公司的副总裁艾登·科林斯曾经评价苹果公司董事长乔布斯说："我们就像小杂货店的店主，一年到头拼命干，才攒那么一点财富，而他几乎在一夜之间就赶上了。"

乔布斯22岁就开始创业，从赤手空拳打天下，到拥有2亿多美元的财富，他仅仅用了4年时间。不能不说他是一个创业天才，然而乔布斯却因为从来都独来独往，拒绝与人团结合作而吃尽了苦头。

他骄傲、粗暴，瞧不起手下的员工。就连他亲自聘请的高级主管——优秀的经理人、百事可乐公司饮料部前总经理斯卡利都公然宣称："苹果公司如果有乔布斯在，我就无法执行任务。"对于二人水火不容的形势，董事会必须在他们之间作取舍。当然，他们选择的是善于团结员工、和员工拧成绳的斯卡利，而乔布斯则被解除了全部的领导权，只保留董事长一职。

对于苹果公司而言，乔布斯确实立下了汗马功劳，他是一个才华横溢的人才，如果他能和手下员工们团结一心，相信苹果公司是战无不胜的。可是他选择了孤立独行，这样他就成了公司发展的阻力，他越有才华，对公司的负面影响就越大。所以，即使是乔布斯这样出类拔萃的老员工，如果没有团队精神，公司也只好忍痛舍弃。

哈佛学者请你永远记住：单打独斗的时代已经过去了！在现代企业里，你要学会找到"战友"。

一个善于合作、善于寻找"战友"的人，就是一个善于制造双赢、善于走向成功的人。在现代社会里，唯有精诚合作才能创造奇迹，唯有善于团结合作的人才能走向成功。

美国作家爱默生说："没有任何一名船员，会因为个人划得特别卖力而受到赞美。"企业这艘巨大的舰船，要乘风破浪，要避开暗礁急流，就要求全体船员必须有同心协力的团队精神。

IBM资源部经理李清平曾说过这么一句话："团队精神反映一个人的素质。一个人的能力再强，但团队精神不行，IBM公司也不会要他。"

个人主义在职场上是根本行不通的。作为职场中的个体，你可能会凭借自己的才能取得一定的成绩，但你绝对无法取得更大的成功。如果一个人总是以"自我封闭"的方式工作，不愿与别人共同分享团队合作的果实，那么他就无法顺利开展自己的工作，这不仅对企业来讲是一个损失，对员工个人来说也是一个损失，是一个"双输"的结局。

PART 03
修炼"一览众山小"的领导力

你的情商决定这支队伍的气势

领导是一个团队的灵魂人物，他的情商往往决定着一个队伍的气势，一个糟糕将领可以毁掉一个团队，同样一个优秀将领也可以成就一个团队。

100多年前，一位美国男子创立了美容化妆品"雅芳"，100多年后雅芳已发展为全美500家最有实力的企业之一。

1999年，是美国有史以来最大的经济繁荣期，雅芳的股票却一落千丈，公司运营走入低谷。许多女性开始不愿意推销雅芳的产品，产品销售量也急剧下降，品种似乎已经与时代脱节了。雅芳在步入生命第43个年头的时候，钟彬娴接手了雅芳。她也是雅芳百年历史上第一位华裔女CEO。

1999年12月，在她上任4个星期后的一次分析研讨会上，推出了一项"翻身"计划。她说，要开拓全新的产品领域，开发一鸣惊人的产品。最令人惊讶的是，她没有放弃表面上看来已经过时的直销销售方式，同时提出通过零售点销售雅芳产品——这是在雅芳115年的历史中从未有过的。通过这种方式，仅一个季度，雅芳的销售代表总数就增长了将近10%。

雅芳的起死回生与钟彬娴的高情商是分不开的。一个好的高情商的领导者，可以改变企业的不利处境，将原本普通的企业培养成为精锐的部队。

作为团队权利的"高情商君主"，领导也必须要有自知之明，如果在自己不擅长的方面自作主张，在重要的场合说不符合自己身份的话，都会让自己的领导地位被动摇、失去民心。

福特二世在29岁时就开始了对福特汽车公司的领导。他年轻气盛，重用一些他喜欢而且易于相处的部属。福特二世认为只有拥有他最满意的个性和品格的人，才能够成功地领导其他员工，因而在他周围影响决策的公司管理人员基本上呈单一的领导风格。由于他自己具有高度自制、竞争的个性，因此在管理人员的选择上，忽视严谨深思的人，以至于在这家历史悠久的公司中，麦克纳马拉和艾柯卡这类个性的人凤毛麟角，且难以长期容身。

显然，他并没能够充分地认识到领导风格的基本原理，也未能了解心理学的相关知识，以致不能发现其他众多公司管理人员所具有的不同个性和品格。福特公司后来在经营上一度蒙受重大的损失，其重要原因就在于管理人员未能进行思考和反省，从而无法及时而敏感地意识到市场的变化，发现消费者在购买汽车时的心理变化。

实际上，福特二世是一个称职的领导，他果断、坚忍、勇敢，但是他极度缺乏弹性与合作精神，因而刚愎自用，一意孤行。在他的领导期间，福特的竞争力大不如前。

一个高情商的领导可以带活企业，然而一个低情商的领导会阻碍企业前进的脚步。每一个领导的决策都是希望自己可以把公司带进更好的发展空间。但是一个团队要面临的问题非常驳杂，每一个领域都需要有专业的人士来管理。如果仅仅按照领导自己的喜好来运用权力，最后就可能让人才流失，适得其反。

西方管理理论认为领导者是在最上层的，整个组织都为其服务，德国社会学家韦伯提出的科层制就是很好的理论代表。他创立了社会组织内部职位分层、权力分等、分科设层、各司其职的组织结构形式及管理方式。科层制的主要特征是：

★内部分工，且每一成员的权力和责任都有明确规定。

★职位分等，下级接受上级指挥。

★组织成员都因为具备各专业技术资格而被选中。

★管理人员是专职的公职人员，而不是该企业的所有者。

★组织内部有严格的规定、纪律，并毫无例外地普遍适用。

★组织内部排除私人感情，成员间只是工作关系。

领导是位于金字塔的尖顶、还是圆轮的中心，与员工最大的区别在于他需要对多少人负责。金字塔顶端的人只需要对手下的一两个主要助手负责，但是居于圆心的领导者则要尽可能多地接触到周围的人，综合各方面的信息，迅速沟通和处理好存在的问题。

随着人与人之间社会联系的进一步加深，人性化管理越来越被重视，人与人之间的微妙关系十分重要，正确地处理这些关系会让你做起事来觉得得心应手，这也是高情商领导者应具备的能力。

修炼领导力

领导力专家琼斯说："处于任何层次的职员都可以对整个组织做出自己的贡献，每个人都能以这种方式发挥其领导力。"我们每个人都应该修炼个人影响力以推动自身与企业的发展。不需要身处高位，企业中的班组长和普通员工也可以修炼领导力。

对于很多目前的领导人来说，与其花大量的精力在培养某一方面的特长上，不如从自我的整体素质考虑。

领导力还体现在沟通交流能力上，这点无论在生活中还是工作中都十分重要。一个善于与别人交流的管理者，可以让自己的设想被部下所理解与接受，因此能保证命令的可靠执行，也可以得到部下的充分信任，让部门中充满团结协作的气氛。

高超的沟通能力，是管理者事业成功的基础和保障。下面来做一个小测试，看看你在管理中的沟通能力吧。请阅读下面的题目，并根据自己的实际情况回答"是"与"否"。

1.我经常召开部门会议，既讨论工作问题，又探讨一些大家感兴趣的问题。

2.我会定期与每位部下谈话，讨论其工作进展情况。

3.我每年至少召开一次总结会，表扬先进，鞭策后进，同时广泛征求群众意见，让大家畅所欲言。

4.我尽量少下达书面指示，多与部下直接交流。

5.当单位内出现人事、政策和工作流程的重大调整时，我会及时召集部下开会，解释调整的原因及这些调整对他们今后工作的影响。

6.我经常鼓励部下畅谈未来，并帮助他们设计未来。

7.我经常召集"群英会"，请员工为单位经营出谋划策。

8.我喜欢在总经理办公会上将本部门工作进展公布于众，以求得其他部门的合作与支持。

9.我常在部门内组织协作小组，提倡团结协作精神。

10.我鼓励员工积极关心单位事务，踊跃提问题、出主意、想办法，集思广益。

11.我喜欢做大型公共活动的组织者。

12.我在与人谈话时喜欢掌握话题的主动权。

答"是"得1分，答"否"得0分，计算总分。

8~12分：你表现得很好，善于与他人，尤其是与部下交流，促进互相了解，因此能避免各种由于沟通不足所产生的问题。在原则问题上，你既善于坚持、推销自己的主张，同时还能争取和团结各种力量。你自信心强，部下也信任你，整个部门中充满着团结协作的气氛。

4~7分：你比较重视将自己或上级的命令向下传达，但不太注重听取下级的意见，认为众口难调，征求意见只会使问题复杂化。因此在你的部门内，虽然各项任务都能顺利进行，但下属的意见不受重视。这样不但浪费了宝贵的人力资源，也会打消下属的工作积极性，使得他们感觉自己只是一台机器，机械地执行命令，却不能有自己的想法。

0~3分：由于你对交流能力的重视不够，导致你距优秀管理者尚有一段不小的距离。要知道，作为一名管理者，你有责任主动将充分的信息传达给下属，而不应让他们千方百计地自己寻找信息。

耳聪目明，不拘一格，唯才是举

哈佛学者告诉人们：一个高情商的领导者是需要懂得用人之道的。

领导者的用人之道表现在考察周围的人。如何考察？这就需要每一个领导者的心中有一杆秤。

在一个团队中，发挥每一个团队成员的个人优势是十分重要的，而一个高情商的领导者就要明白如何用他们的优势。

科学研究发现，人类有400多种优势。这些优势的数量并不重要，最重要的是你作为领导应该知道每个团队成员的优势是什么，之后要做的就是将团队的协作建立在成员们的优势之上，搭配成最有力的组合，使团队的力量达到最强！

福特注意到自己手下有一个郁郁寡欢的德国人埃姆，他技艺精湛，而且善于调兵遣将，但一直没有什么机会来考验他的实力。于是，福特就给埃姆特殊的权利。在用人上，埃姆可以自己说了算，这使他身边聚集了许多骨干业务员：被誉为"外部眼睛"的采购员摩根那，对机器设备有一种天赋的鉴赏能力，只要到同行的供应场上看一遍，就可以发现哪些是新的设备，然后回来向埃姆描述。很快，仿制或加以改进的新机器就会在福特汽车厂里出现；机器设备检验专家韦德罗专门负责向埃姆汇报安装的自动机床试车的情况，也是他的得力助手。

福特发现了埃姆，埃姆发现了其他优秀的员工，埃姆自己发明的新式自动专用机床在当时世界上堪称最先进的，埃姆被

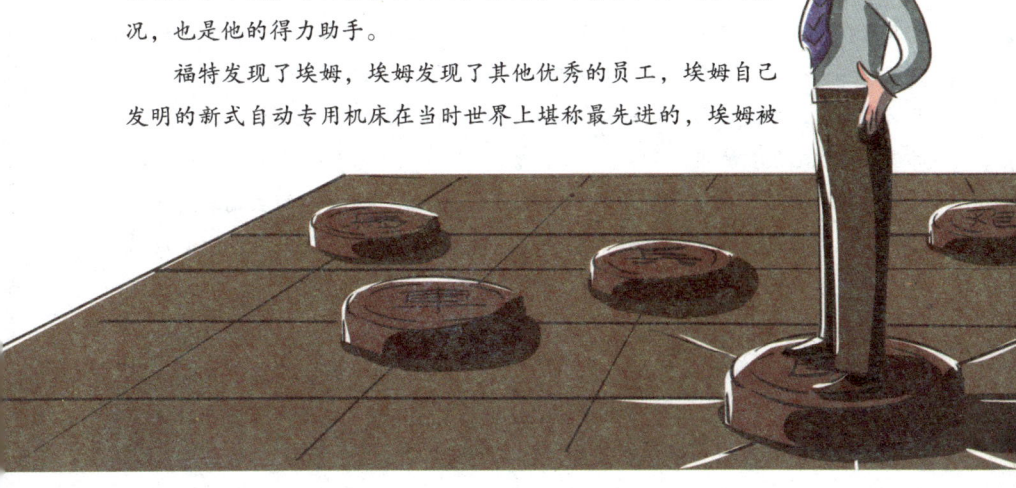

公认为是在汽车工业革命方面贡献最大的人。所有这些成绩的取得，都是在福特给他提供的平台上创造出来的。

库兹恩斯对汽车业的经营有着丰富的阅历和经验，雄心勃勃，但是他虚荣、自私、性情粗暴，因而被开除，福特却用其所长，委以重任。库兹恩斯独创了一种推销方式，为福特的销售打开了全国市场。

每个人身上都带着一定的缺陷，但是恰到好处的配合却可以弥补这种残缺，"巧匠无废砖"，如何利用好不同的缺陷，这正是很多领导者面临的一个难题，需要在不断的尝试和总结中找到答案。

精明的人善于用人。也许你可以凭借自己的勤奋和聪明才智获得一定的财富，但是如果你能把自己和别人的想象力与智慧完美地结合起来，那不是更完美吗？

放弃可以借用的头脑和智慧，恰好证明自己没有头脑和智慧。

顺势利导，果断决策

无论哪种领导者，都必须具备的一个特质就是决断力，当断则断，不断则乱。

1947年，美国著名的贝尔实验室发明了晶体管。相对于电子管而言，晶体管具有体积小、耗电少等显著优点，许多专家都认为电子管将要被晶体管所取代，但他们认为这种改变绝非短期内可以实现。当时在世界电子行业中称雄的几家大公司，如美国无线电公司和通用电气公司以及荷兰的飞利浦公司也认为晶体管取代电子管绝非易事。

当时，盛田昭夫领导下的日本索尼公司并不认同大公司的主流看法。此时的索尼公司还是名不见经传的小公司。盛田昭夫认为，如果索尼能顺应形势，将快速成长为一家大公司。

于是，这家在国际上还鲜为人知，而且根本不生产家用电器产品的公司，仅仅以2.5万美元令人"可笑的"价格，就从贝尔实验室购得了技术转让权，两年后，索尼公司率先推出了首批便携式半导体收音机，与市场上同功能的电子管收音机相比，重量不到五分之一，成本不到三分之一。3年后，索尼占领了美国低档收音机市场，5年后，日本占领了全世界的收音机市场。

索尼的成功经验，让很多小企业看到了光明。善于把握形势，走在时代的前列，正是小企业做大的机会。索尼依靠这一发明，获得了巨大的战略价值，也缔造了今日的电子帝国。而作为企业的领导者，必须有着顺势利导、果断决策的高情商。

哈佛学者告诉我们：领导者要运用顺势思维，关键在于找到势，根本的势是市场之势，是顾客的需要。

决策伴随着企业家和经理人管理生活的始终，无论是在企业发展的哪一阶段，领导者都必须明确自己想要达到的目标及实现的可能，都必须审慎地认识到决策的有效性及可操作性。

管理方面的大师德鲁克认为，决策是领导者特有的任务，决策需要注意五方面的问题：

★必须明确所要解决问题的性质。有些问题属于常规问题，有些问题则是偶发问题。决策者常犯的错误在于，把常规问题当作一连串的偶发问题，或者是把一个新的常规问题开始当作是偶发问题。决策者必须根据情况变化，敏锐地把握市场，真正搞清楚自己所面临的是什么性质的问题。

★要明确所要解决问题的"边界条件"，即决策的目标是什么？决策想达到什么样的目的？达到这个目的需要哪些基本的条件？市场的变化能不能实现这些条件？企业自身的状况能不能解决所面临的问题？

★解决问题有哪些方案？这些方案需要具备什么样的条件？如果要实现自己的方案，可能遇到哪些阻力？应该做出哪些必要的妥协？要怎样沟通才能达成共识？

★有效的决策必须能够执行和操作。

★在执行决策过程中，还应该重视反馈，以便印证决策的正确性和有效性。

领导者扮演着运筹帷幄的角色，决胜还要靠千里之外的大军。士兵的生死和企业的成败就在领导者做出决策之间，一个人的武艺总归有限，但是一个人的智慧却可以超过千万人的武艺。

PART 04
高情商领导的
多种面孔

平易近人，多一个朋友多一条路

哈佛告诉学生：不要因为自己是领导觉得了不起，应该把自己看作是一个普通人，与所有人都站在一个起跑线上。生活中最不值钱的就是"架子"。

多一个朋友就会多一条路，无论什么身份的人都希望自己能够有贵人相帮，在关键时候遇上熟人提携。多一个朋友，就少一个陌生人，有时候甚至是少一个敌人，高情商的领导者就会与员工成为朋友，这样平易近人的做法，无疑是一种聚人心的好途径。

帕尔梅首相在瑞典是十分受人尊敬的领导人。他虽贵为首相，但仍住在平民公寓里。他生活十分简朴，且平易近人，与平民百姓毫无二致。帕尔梅的信条是："我是人民的一员。"

　　除了正式出访或特别重要的国务活动外，帕尔梅去国内外参加会议、访问、视察和参加私人活动，一向很少带随行人员和保卫人员。只有在参加重要国务活动时，他才乘坐防弹汽车，并有两名警察保护。

　　同普通群众打成一片是帕尔梅为人的重要特点。帕尔梅从家到首相府，每天都坚持步行，在这一刻钟左右的时间里，他不时同路上的行人打招呼，有时甚至与同路人闲聊几句。

　　帕尔梅同他周围的人关系处得都很好。在工作之余，他还经常帮助别人，毫无高贵者的派头。帕尔梅一家经常到法罗岛去度假，和那里的居民建立了密切的联系，那里的人都将他看作朋友。

　　帕尔梅喜欢独自"微服私访"，去学校、商店、厂矿等地，找学生、店员、工人谈话，了解情况，听取意见。他从没有首相的架子，谈吐文雅、态度诚恳，也从不搞前呼后拥的威严场面。这些都使他深得瑞典人民的爱戴。

　　放下身段，绝不会使高贵者变得卑微，相反，倒更能增强人们的崇敬之情。这样的人把自己的生命之根深深扎在大众这块沃土之中，自然是根深叶茂、令人敬重！

　　然而再平易近人的领导也需要有一定的威严，而保持一定的距离才能树立威严。领导者要搞好工作，应该与下属保持亲密关系，这样做可以获得下属的尊重。但也要与下属保持心理距离，以避免下属之间的嫉妒和紧张。

　　领导一方面想当下属的好朋友，另一方面想当好管理者，同时想扮好这两个角色有时会让领导吃力不讨好。但如果能权衡两者之间的关系，那么就会有事半功倍的效果。不即不离，亲疏有度，这才是良好的上下级关系。

赏罚分明，你有区别对待的权利

　　好领导要靠优秀的团队，维系领导与成员之间的关系的是依靠牢固的人伦法则、恩威并济的手段。领袖提供资源，成员努力做事，这是一个良好的理性交换行为，在"利益均沾"的原则下，每个人都会得到好处，集体的资源和人脉可以相互借用，发挥的效果也就更好。

管理者在运用各种激励手段对员工进行奖励的同时，也不能忽视惩罚的作用，既要有"胡萝卜"的奖励，又不能忘了"大棒"的警觉效果。要让员工知道，企业的制度、企业的规则如果被人打破，那么"吃螃蟹"的人就要受到惩罚。对待违反制度的员工，要采取相应的惩罚措施，虽然残忍，但是要让他记住遵守规则的重要性。高情商的领导都懂得赏罚分明，因为这是平衡员工关系的关键。

在企业里，管理者就好像员工的家长，他要对员工的行为负责。对员工的激励应该像写文章一样，中心思想要明确，表扬员工时候，一定要说明表扬他的原因，这样才能有的放矢，取得良好的效果。

热炉最佳的效果，给予人的不仅是烫，而且还有温暖的感觉。要在组织内塑造一种热炉效应：赏罚分明的企业文化氛围。这样的话，企业要鼓励员工行使自身的权利和义务，以合理化建议等正常渠道完善惩罚制度，积极寻找更多替代惩罚的其他办法。

很多人觉得对待下属要用同一个标准，这样才是公平的。但是对优秀的人和一般的人都一样的奖励，到最后往往起不到奖励的效果。通用的领导者韦尔奇就深有体会。

1961年，25岁的韦尔奇以化学工程师的身份在通用电气公司的一家研究所里工作，年薪是1万多美元，年终还涨了1000，他觉得待遇不错。不久，他发现原来办公室里的4个人薪水是完全一样的，他就去找领导说理，没有任何结果。愤愤不平的他决定离开通用。

就在韦尔奇闹情绪的时候，主管鲁本·加托夫来到研究所检查工作。他与韦尔奇曾在几次业务会议上碰过面，加托夫对他有很好的印象。当他知道韦尔奇将要离去时，花了4个小时的晚餐时间极力挽留，并表示要改变这种薪资方式。半夜的时候，他又在高速公路旁的电话亭里打投币电话，继续游说韦尔奇。

"黎明就要到来，在欢送我的聚会举行之前，我决定留下来。从此，我再也没有离开通用。加托夫的认可——他认为我与众不同而且特殊——给我留下了深刻印象。从那以后，区别对待便成了我进行管理的一个基本组成部分。"韦尔奇回忆说。

有些人认为区别对待的做法会严重影响到团队精神，但这是不对的。你可以通过区别对待每一个人而建立一支强有力的团队。棒球队的每个人都必须认为比赛里有自己的一份，不过这并不意味着队里的每一个人都应该得到同等对待，比赛就是如何有效地配置最好的运动员。谁能够最合理地配置运动员，谁就会成功。区别对待表明了团队对个性的尊重。

领导者首先要以身作则。在此基础上，领导者要经常教育下属，谁若以身试法，就一定要对其惩处，以儆效尤。惩处必须在错误行为发生后立即进行，绝不拖泥带水。

分清局势，展现出类拔萃的能力

哈佛告诉人们：对于竞争激烈的市场经济，认清局势是领导们需要具备的能力。

从很大程度上衡量一个领导是否合格，往往体现在他是否分清局势，是否能展现出类拔萃的判断力来。

★改革体制

任何有成就的领导，都是在常规上做出了改进、改良、改革。所以，要成为一个真正的杰出领袖，必须拿出埋葬旧体制的魄力和智慧。

★分清局势

作为操作视窗软件的垄断者，微软如果以强势的形象进行打击盗版，必然会引起整个行业的敌对。因此，微软在中国先故意放纵盗版，然后在适当的时候再收拾盗版：一方面通过盗版打击国产的正版软件，据了解，国产办公软件WPS的金山公司曾经被认为是中国软件企业中最有实力与微软对抗的企业，然而面对盗版的巨大压力，尽管金山公司采取了降价等一系列措施，最终还是将发展重点转向了网络游戏软件，因为网络游戏软件的收入主要是通过用户玩游戏时付费，而不是软件本身的销售。另一方面，微软反盗版战略从法律诉讼转移到了行政申诉，对使用盗版软件的企业和用户要求巨额索赔。最先受到索赔的就是网吧，微软公司正式向浙江杭州的网吧业主们发出公开信，要求在规定时间内使用正版软件，否则将会索赔。这一狠招使微软获利匪浅，以网吧为例，一套服务器操作系统Windows2003SERVER需要8200元，可涵盖10台电脑，另外90台电脑每台软件授权费用为230元。也就是说，一个有100台电脑规模的网吧，购买正版软件需要28900元。作为新兴的产业，全国仅正规网吧就拥有350万台以上的电脑，而这些电脑基本上都使用着盗版的Windows软件。而且，消费者的使用习惯以及此类软件兼容性等问题，也使网吧基本上不可能选择采用Linux操作系统，除使用Windows操作系统之外，他们别无他法。仅此一项，微软的潜在收入就有10亿元之多。

微软先让盗版普及，然后再来收拾，在知识产权的大旗下坐收渔利。这展现了其领导的能力与谋略。

★独树一帜

商场上同行之间为了抢夺顾客，常常发生恶性竞争两败俱伤的结局。"不战而全胜"对商家来说，既要不竞争又要胜出，就必须另辟蹊径，别具一格，成为没有竞争者的赢家。

思维活跃，成为团队真正的智囊

一位哈佛教授说："企业的领导就要思维敏捷，能成为团队的智囊。"一个好的企业领导往往都是智商与情商兼备的人。

钓鱼的人不知道鱼的习性，注定会徒劳无功。任何事情都不会完全按照我们的主观意志去发展、变化，要获得成功，就得首先去认识事物的性质和特点，然后再根据实际情况来调整自己的对策。只有如此，我们才能在顺应事物变化的同时，驾驭变化、走向成功。

对于领导而言，这种头脑也必须运用到公司管理上来，方可达到企业健康有序的发展。企业领导的思维活跃还体现在对于企业改革的管理上。

怀曼对美国哥伦比亚广播公司的改革也同样大胆而漂亮：首先进行的改革是，在管理中奉行民主，尽量避免管理过程中独断专行的作风。他规定重大的决策需经10人组成的管理委员会通过，在他自己的行动中也贯彻了这种作风。他作为管理委员会的主席，每两周召集一次各业务部门和财政部门负责人的碰头会，其意义在于：一方面鼓励部下参与公司各项方针政策的制定工作，一方面有助于制止一直存在于各部门之间的钩心斗角。为了了解下情，他还常和基层的职员、妇女和少数民族集团成员共进工作早餐。

其次，大力抓广播电视业的振兴，并在广播电视技术上革新。为把重点放在广播电视业上，他裁掉了那些吞噬了公司财富的赔本机构，该关闭的关闭，该转卖的卖掉，并拨出1.5亿美元，在电视网中增播新闻和日间节目，在黄金时间推出吸引观众的电视片。采取上述措施后，公司发行的股票由公布于众的每股33美元上升为55美元，从1982年至1983年，各季度黄金时间的电视收视率在三大公司中居首位。

怀曼的成功之处在于他大胆地革除了以前管理中那种独断专行的作风，实行民主管理，发挥了各部门的集体智能。从而使哥伦比亚广播公司从1983年开始扭亏为盈，1984年获得数亿美元的利润。为哥伦比亚广播公司带来了由衰到盛的福音。

能不能看出团队存在的问题，提出有效的解决方案，这是能力上的问题；能不能把心中的想法实施在具体的操作中，哪怕会得罪一部分旧体制中的获益者，这就是领导者的思维问题。也许在能力问题上，可以说每个人的水平不同不能强求，但是在思维上的进步，领导者没有任何借口拒绝，也不需要太多理由。

居安思危，不让小事乱大局

哈佛学者说：在企业的发展中，任何状态都是可以调整的，只要善于转化，总会找到有利的位置，然而在这变化当中，领导要有居安思危的情商，才可立于不败之地。

世界上最成功的公司中，最有名的大概就是微软了。每天，比尔·盖茨醒来，他的财富就会增加2000万美元。微软的实力让同行艳羡，更让外行崇拜。然而，当微软利润超过20％的时候，比尔·盖茨强调利润可能会下降；当利润达到22％时，他还是说会下降；到了今天，他仍然说会下降。他认为这种危机意识是微软发展的原动力。微软有一则著名的口号："不论你的产品多棒，你距离失败永远只有18个月。"

成功者总是提醒自己离破产有多远，实际上是给自己制造危机。对于很多目前比较成功的企业领导而言，我们或许可以借用比尔·盖茨的一句话，来提醒这些成功者不要死于自己的成功之中，这句话就是：你的企业离破产有多远？

"丢一只钉子，坏一只蹄铁；坏一只蹄铁，折一匹战马；折一匹战马，伤一位将军；伤一位将军，输一场战斗；输一场战斗，亡一个帝国。"这是西方流传甚广的一段民谣，从丢失一只钉子，到灭亡一个国家的是一整个连锁效应。然而作为一个企业的领导更要有这种居安思危的思想，千万不要让小事乱了大局。

1983年，刚上大一的戴尔18岁，就面临了自己人生中的一个重大抉择：留在学校还是离开。因为学校不满意他到处贴广告，把宿舍弄得乌烟瘴气。在高中时代，戴尔拿自己赚的钱买了一辆奔驰。面对校方给出的要么留在学校里读书，把宿舍的电脑都清理掉，要么结束学业自己到外面去开店的选择，他想，我不能就这样每天安逸地生活，我要创造自己的一片天来，所以他离开了大学。

离开学校以后，戴尔面临着新的选择，即到底以什么方式来卖自己的电脑呢？是和其他公司一样呢，还是选择一个新的方案？经过一番慎重思考，戴尔又做出一个新的选择，那就是自己组装，然后采取电话直销的方式来卖电脑。这个选择非同小可，它造就了一个神话。

1988年，戴尔公司上市，戴尔本人成为23岁的千万富翁，拥有1800万美元的资产。公司的业绩虽持续增长，但是随后就出现了管理危机，戴尔面临着一个新的问题，就是如何跨越增长极限来实现公司经营的发展。戴尔果断地请来了管理专家担任公司的领导职务，自己放弃了一部分管理公司的权力，从而帮助公司顺利地度过了危机。年轻的戴尔用自己敏锐的眼光和出色的应变能力创造了一个戴尔神话。将这个神话一步一步实现的就是他的居安思危与决断能力。

PART 05
队员如何提高情商

创新能量是团队的新鲜血液

一滴水只有融入大海才能生存，才能掀起滔天巨浪。同样，一个人也只有融入团队才能生存、成长。创新也是一样，员工只有在团队中才能体现出最大的能量。

可见，"群策群力"就是发挥团队中所有人的创新能量，使每个人都有机会着手做那些高价值的事情，而剔除低价值的"忙碌"，从而使企业绩效达到最优。团队中，一个人的创新精神是可以感染其他人的，而只有大家都创新了，团队才能体现出最大的能量。

英特尔的创始人摩尔从20世纪70年代起就构筑了其赖以成功的商业模式——不断改进芯片的设计，以技术创新满足计算机制造商及软硬件产品公司更新换代、提高性能的需要。摩尔提出，计算机的性能每18个月翻一番，只有不断创新，才能赢得高额利润并将获得的资金再投入到下一轮的技术开发中去。

英特尔始终占据着微处理器市场的极大市场份额，利润连年上升，但英特尔并不满足于现状，依然以极大的频率"自己淘汰自己"。

创新是团队的精神支柱，可以为团队注入新鲜血液，作为员工，要有一个创新的头脑，从而丰富自己，也能丰富自己生存的团队。

和谐的团队，和谐的队员

团队精神能推动团队有效运作和发展。它对团队成员的集体意识具有一种强化作用，能够形成一种强大的内在凝聚力。团队成员之间具有强烈的认同感，成员对团队具有强烈的归属感；每个团队成员对团队目标、团队领导和团队决策都持有肯定和支持的态度；团队成员认可和接受团队的共同价值观，并在实践中维护和发展团队的价值观。

在团队精神的作用下，团队成员产生了互相关心、互相帮助的交互行为，显示出关心团队的主人翁意识，并努力自觉地去维护团队的荣誉，自觉地以团队的整体利益为重点来约束自己的行为，从而使团队精神成为团队生存以及团队成员自由而全面发展的内在动力。

和谐才能合作，它是团队的润滑剂。融洽的人际关系，舒适的生存环境，处理问题的高效和最佳的精神状态等，都源于内在世界的高度和谐。

如何才能使自己成为一个有团队精神的人呢？可以尝试以下几点去做：

★收起你的锋芒

作为员工就要时刻谱写和谐的音符，千万不要过于锋芒外露。有些人锋芒毕露，以为这样就可以得到别人的赞许和羡慕。殊不知，太露锋芒也会招来很多小人的迫害。作为员工，也要适当地收起锋芒，才会有一个和谐的团队。

★激情四射

如果你是一个乐观积极、充满激情的人，那么周围所有的人都会感受到你的激情，他们也会因此而变得充满激情起来。一支正在执行作战任务的舰队，有了正确的战略和船长的合理指挥，船员们在斗志昂扬的状态下，就一定能打胜仗。

现代公司里的团队也是如此，如果公司里工作氛围融洽、员工工作积极性高，就能提高工作效率，工作成果也会稳步提高。用你的激情感染所有的人，让快乐的情绪充满公司的每一个角落，那么整个企业就会是一个充满激情和战斗力的团队。

自律，让队员的行动规范化

自律是一种美德，无论做什么事都要严格要求自己。因为你这样是对自己负责，并不是为了做给别人看，所以有没有人监督你并不重要。杰克·韦尔奇认为，一名优秀的职员应该具备出色的自律能力，不然是无法胜任任何职位的，当然，最终他也不会成为一名好职员。

那么如何提高自己的自律能力呢？我们可以遵循以下几个步骤：

★正确思考

如果不开动脑筋，就不可能把事情做好。剧作家乔治·萧伯纳说："在一年之中有两到三次用心去认真思考问题的人不多。我之所以在世界上有点名气，就是因为我每周都认真思考一到两次。"如果你始终让大脑保持活跃，经常考虑富有挑战性的问题，不断思索需要认真对待的事情，你就能培养出有规律的思维习惯，这对于控制你的个人行为将会很有帮助。

★合理控制情绪

著名作家奥格·曼狄诺说过："强者与弱者的唯一区别在于，强者用行为控制情绪，而弱者只会任由情绪主宰自己的行为。"衡量一个人自制力强弱的关键，就在于他是否能够有效地控制自己的情绪。

★行为规律化

富兰克林在《我的自传》中，将自制称为自己获取成功的13种美德之一，认为自己之所以能够取得如此骄人的成就，主要获益于"做事有定时，置物有定位"的良好习惯。我们应当像富兰克林那样，学会控制自己的行为。

★强化你的工作习惯

自制力意味着在合适的时间，为了适当的理由去做需要做的事情。总结一下你的首要任务和行动，看看你的方向是否正确，每天做些必须做但又让自己不那么愉快的事，以培养自制力。

★挑战自我

为坚定你的信念和决心，选择一项超出你的想象的任务，全身心投入其中并完成它。为此，要求你思维敏锐，行动规律化。坚持下去，你会发现自己能做到的远远超出自己原先预期的。

学会信任与分享

互信才能合作，分享才能共赢。任何成功都是建立在互信合作的基础上，任何成功都是团队智慧的结晶，是共同劳动的结果。为了打造优质团队，为了成就常青企业，我们必须学会信任和分享。

分享才能共赢。人普遍都是利己的，但给予总是相互的。我们都不是孤立地存在于社会之中的，人与人之间总会有着各种各样的密切联系，这都需要直接或间接的给予和接受，无论少了哪个环节，必将影响到不可分割的整体，而自己也必然受到一定的影响。只有当自己能够信任别人并能够与别人分享时，不仅自己获得了财富，也帮助别人获得了财富，取得了双赢的成果。

要赢得他人信任必须具备优秀的个人品质及过硬的专业技能。作为团队成员，必须诚信、负责，对自己所经手或承办的事诚信、负责，也能对团队其他成员诚信、负责。时刻牢记自己是团队的一员，时刻牢记自己所从事的工作关系到整个团队目标的实现与否，关系到其他成员事业的成功与否。

欲赢得同事合作，获得对方的信任是必要条件。获取他人信任你可采用如下方法：

★为得到对方的共鸣，必须对对方的话有所回应。

★夸奖的言辞要能满足对方的自我意识。当对方对自己的赞美有良好反应时，不要就此结束，而必须改变表达方式一再地赞美。

★对具有绝对信心的人加以贬抑，反而能更加亲密。

★忽视在事前听到的有关对方的传闻，而从另一方面赞赏他。

★与有自卑心理和戒备心理的人第一次会谈是很困难的，要拆除对方心理上所筑的"防卫墙"，就应表现得平易近人。

★听对方的笑话而发笑，比自己说笑话更容易使关系融洽。

★初次见面时，先谈有关对方的事，再转向自己，才是打开对方心扉的最有效方法。

★在交谈时，以对方的姓名代替其头衔更有亲切感。

★使对方看出自己的某一缺点，最能松懈其戒心。

★想托人办事或是道歉时，最好能拜访对方的家庭。

★事先了解对方的出生地及毕业学校，便不怕没话题。

★虽然说话内容非常普遍，但如加上句"不要告诉别人"有助于彼此建立共同立场。

★与一位木讷的人谈话，最好能由与事实或经验有关的话题开始，如"你曾去过国外吗"，使对方在毫无困难地回答之后，再回答难以回答的问题。

★评价对方的敌人，可以制造说话机会。

★与长辈谈话时，尽量以他年轻时代的事作为话题。

★提到对方可能不知道的事时，若能先说"你可能知道"，较容易引起对方的兴趣。

★重复对方的话，能让对方觉得自己正在专心地聆听。

★扼要叙述前面说过的话，可解除空当时间的尴尬场面。

★对方如果不注意听你说话，倒不如故意沉默片刻以吸引对方的注意力。

★如果初次见面的对象是多数人，须注意陪坐的人。如果到某人家庭拜访，不要忽略了他的家人。

★要想让对方不断说话，便须装糊涂，以知为不知，让对方有一种满足感。

信任是相互的，对于企业中的每个人来说，在赢得他人信任的同时也要信任他人。每个人都应具备豁达的胸襟，充分信任他人，认可他人的个人品质及专业素养。或许你认为他人在某些方面不如你，但你更应该看到他人的强项和优点，并对他人寄予希望。每个人都有被别人重视的需要，特别是那些具有创造性思维的知识型员工更是如此。有时一句小小的鼓励和赞许就可以使他释放出无限的工作热情。

打破心墙，相互合作

在职场中，只有学会珍惜，学会关爱同事，才能与同事打破心墙，相互鼓励，从而提高团队的整体工作绩效。

企业的发展需要每个员工的协同配合，这就要求每一名员工都要具备强烈的合作意识，注重与其他公司成员之间的合作。我们常说这样一句话："世界上没有完美的人，只有完美的团队。"如果不注意与别人合作，能力再强的人也无法出色地完成任务。如果注重与别人的合作，那么就能够以最小的代价，获取最大的成功。

那么如何打破合作者之间的心墙呢？那就是沟通。

在团队的精诚团结中，如何沟通是一门大学问。假设团队成员间没有默契，缺乏沟通，就不可能达成共识，也难以发挥团队绩效。所以，"沟通"也是建设团队需要修炼的。

沟通是企业日常管理中最重要的组成部分。它不仅仅是企业管理者最为重要的职责之一，也是企业员工之间相互协作的最佳状态。一方面，领导者与基层的有效沟通，有利于领导更好地把握公司的生产和生活情况，便于领导者在制订企业战略措施时有章可循、有据可依。另一方面，员工之间在日常工作中互相沟通，能及时准确地了解自己工作的进程，有利于更高效地完成工作。

那么怎样才能提高员工的团队精神呢？下面的几条建议或许对你会有所帮助：

★主动交流

交流是协调的开始，你与同事之间在经历、知识、能力方面会存在某些差别，主动把自己的想法说出来的同时也多听听别人的想法。

★保持乐观心态

即使是在工作上遇到了麻烦，也不要悲观丧气，要乐观，对同事说："我们是有能力的，肯定会把这件事解决好的。"

★谦虚友善

纵然你或许在各方面都比同事优秀，即使凭借你一个人的力量就可以解决眼前的工作，也不要过于张狂，要明白，你以后并不一定能独自完成一切。

★坦然接受别人的批评

请把你的同事当成你的朋友，坦然接受他的批评。一个面对批评暴跳如雷的人，每个人都会对他敬而远之的。

★注重群策群力

两个人的力量比一个人强，整个团队的力量则更强大了。如果每一名员工都可以提出令顾客满意的建议，并在其他团队成员遇到困难时及时提供帮助，那团队的业绩必然更加出色了。

★既确认团队贡献，又肯定个人成绩

如果团队取得了成绩，我们就应当肯定每一名成员的贡献，没有大家的参与，团队是不可能获得成功的。

★相互信任，解决问题

每一位成员只有主动地表达不同看法，才能有效地解决问题。例如，你把对优质服务的看法分享给大家，就可以使工作伙伴更加有效地工作。

★积极听取他人意见

有效沟通可以明确表达自己的想法，并倾听他人的意见。团队中的成员都应该与其他成员进行沟通。

成为落实型员工

哈佛教授经常教育学生：任何一件该你去落实的事，要立即去做。试一试，才知道结果。做，也许会失败；不做，只有失败。

立即落实你应该落实的事。任何时刻，当你感到拖延苟且的恶习正悄悄地向你靠近，或当此恶习已迅速缠上你，使你动弹不得之际，你都需要用这句话来提醒自己。"落实型员工"必须要有良好的工作作风。

★快速

培养雷厉风行的工作作风，以高涨的工作热情，快节奏、高效率地干好每一项工作，严禁办事拖拉。

★准确

培养一丝不苟的工作作风，是认真负责的精神体现，是保证工作质量的关键。

★细致

培养周密细致的工作作风，这就要求员工要有不厌其烦的耐心。

★严谨

对自己时刻保持严谨的工作态度和严肃的工作作风，端正自己的工作态度和作风，要坚持严格管理。

★求实

培养求真务实的工作作风，出实招、说实话、办实事，在任何情况下都不弄虚作假，说老实话、办老实事、做老实人。

在工作中时刻能以"快、准、细、严、实"来要求自己，想要成为一名优秀的"落实型员工"便指日可待。

做一个落实型员工，就要恪守"精益求精"的准则。精益求精，是一个员工专业度和敬业度的最好体现。要做就做到最好，否则就拒绝执行。因为这样公司将会安排更合适的人来做这个工作。不论什么行业，什么工作，这是每一位立志做落实型员工的人都应秉持的工作信念。"要做就做到最好"，这是一种高度的自驱力，一种找准目标绝不放弃的执著精神，一种知道自己该干什么、该怎样干的负责精神。

精益求精的反面是应付了事、虎头蛇尾。马虎工作对组织造成的危害，要远远超过拒绝执行。而糊弄工作的最终结果只能是让你成为"职场滞销品"。

要做就做到最好，否则就让给更好的人来做。作为一名优秀的员工，做任何事情都要力求做到最好，即使是打扫卫生，也要打扫得最干净。从每一件小事情做起，把每一件事情做到最好。不安于现状、追求完美、精益求精，是成为落实型员工的必备素质。落实型员工的与众不同之处就在于无论做什么，都力求达到最佳境界。

情商不仅仅是开启心智大门的钥匙，
更是影响个人命运的关键因素。

情商的核心前提是"认识自己",辨认和开阔地接纳自身的情感正是现代情商的组成部分。

——卡尔·罗杰斯